우리,
독립
출판

우리, 독립출판

© 북노마드 2016

초판 1쇄 인쇄 2016년 10월 6일
초판 1쇄 발행 2016년 10월 20일

엮은이 북노마드 편집부
처음학교 '편집자 되기' 2기
– 강경선 김효정 박은정 배단비
성서연 유성은 윤여준 이선미
이원경 이현주 전지윤 박화수

펴낸이 윤동희

편집 윤동희, 처음학교 '편집자 되기' 2기
디자인 정승현
사진 김효정 윤여준 임소라 임진아 이은영
제작처 영신사(인쇄), 한승지류유통(종이)

ISBN 979-11-86561-32-4 03300

펴낸곳 (주)북노마드
출판등록 2011년 12월 28일 제406-2011-000152호

주소 04003 서울시 마포구 월드컵로 12길 45(서교동 474-8) 2층
전화 02-322-2905
팩스 02-326-2905
전자우편 booknomadbooks@gmail.com
페이스북 /booknomad
인스타그램 @booknomadbooks
트위터 @booknomadbooks

이 책은 아모레퍼시픽의 아리따글꼴을 사용하여 디자인했습니다.

www.booknomad.co.kr

우리,
독립
출판

북노마드

THE KOOK 05

1 UP
00000

THE
BIGBANG

THE KO

Se
Mystery

Easy-to-ues
spot No.

New look
guide

Amazing place
Listing

TH

03

KOOH

KIT BOOK

꿈 수 집 가

독립출판 작가들,
그들이 사는 세상

2016년 2월, '파스텔 뮤직'과 출판사 '북노마드'가 '처음학교−편집자 되기 2기'
수강생을 모집한다는 소식을 SNS(사회관계망서비스)에서 보았습니다.
단순히 이론을 전달하는 데 그치지 않고 참여자가 직접 책을 기획하고 편집에
참여하는 '체험형' 수업이라는 점이 마음을 두드렸습니다.
　　2016년 3월 8일, 얼굴과 손끝에 아직 냉기가 느껴지던 이른 봄날 저녁.
서울 마포구 합정동에 자리한 파스텔 뮤직 5층 작은 다락방에서 우리는
첫 인사를 나누었습니다. 아직은 어색한 고갯짓과 눈인사는 어쩔 수 없었지만
하나같이 기대에 찬 얼굴이었습니다.
　　첫 수업에서 우리는 자기소개를 하며 서로를 알아갔습니다.
다른 사람의 책을 만드는 편집자도 있었고, 독립출판 방식으로 자기 책을
만들고 싶은 예비 작가도 있었습니다. 300페이지를 훌쩍 넘는 소설을 쓰고 있는
사람, 예술가로서 자신만의 아트 북을 만들고 싶은 사람, 오랫동안 서점에서
일하며 편집자의 꿈을 키워온 사람…… 그렇게 서로 다른 12명이었지만,
우리에게는 책에 대한 짙은 애정을 가진 사람들이라는 공통된 교집합이
있었습니다. 북노마드 윤동희 대표의 말대로 어제까지 서로의 존재를 알지
못했던 사람들이 책에 대하여, 편집공학(editorial engineering)에 대하여,
그리고 우리가 함께 만들어갈 책에 대하여 나눈 그 첫날은 자기소개,
즉 '자기 편집'의 시간이었습니다.
　　우리는 출판 현장에서 활발히 활동하고 있는 윤동희 대표를 통해
편집자는 어떤 사람인지, 그들은 어떤 일을 하고, 책은 어떻게 나오는지 등
출판의 전반적인 과정을 배웠습니다. 무엇보다 '편집자 되기' 수업은 이론을

공부하는 데 그치지 않고 수강생들이 직접 '편집자'가 되어 공동으로
책 한 권을 만든다는 것이 다른 출판 수업과 달랐습니다. 우리는 자연스럽게
자기 자신만의 책을 완성한 독립출판 작가들을 소개하는 책을 만들기로
했습니다. 그렇게 우리는 2015년에 출간된 『우리, 독립책방』의
두번째 시리즈인 이 책에 '편집자'로 참여하게 되었습니다.

'자기 편집'에서 '타인'의 마음으로, 그 편집의 시간
『우리, 독립책방』이 제목 그대로 최근 문화 지형도를 새롭게 써내려가고 있는
독립책방을 소개했다면, '편집자 되기' 2기 수강생이 만든 이 책은 그곳을
알차게 채우는 독립출판물의 주인공을 소개하고 있습니다. 독립출판은
'누구나 책을 낼 수 있다'는 것이 매력입니다. 그러나 한 개인이 출판사를
거치지 않고 원고 집필, 편집, 디자인, 제작, 그리고 유통까지 직접 해야 하기
때문에 쉽지 않은 분야이기도 합니다. 하나의 독립출판물이 세상에 모습을
드러낼 때까지 개인은 '편집자'이면서 '디자이너'이고, '제작자'이면서
'유통업자'여야 합니다. 거의 모든 독립출판물 작가들이 직접 글을 쓰고,
그림을 그리고, 사진을 찍어서 손수 편집하고 디자인한 후 인쇄소를 찾습니다.
제본 등을 거쳐 책이 나오면 책을 들고 독립책방을 찾습니다. 몇 줄의 글로
요약되는 작업이지만 '편집자 되기' 수업을 들으며 우리는 알게 되었습니다.
세상에 무엇 하나 쉽게 이루어지는 것은 없다는 것을, 하물며 자신의 이름을
걸고 책을 만들어 책방에 내놓는다는 것은 단순한 일이 아님을 알았습니다.
그래서 처음 시작과 달리 우리는 한결 신중한 마음으로 그 힘든 과정을
'우리보다 먼저 스스로' 해낸 작가들을 만나기로 했습니다. 우리가 준비한
질문이 그들의 시간이 헛되지 않았음을 보여주고, 그들이 책을 통해 무엇을
이야기하려 했는지 들려주고, 지금-여기 독립출판 지형도를 소개하고
전망할 수 있기를 바랐습니다. 우리는 많은 이야기를 나누었습니다.
'편집자'를 지망하는 우리의 마음의 키도 더 자랐습니다.

내 곁의 작가, 독립출판의 시간

우리는 우선 독립책방을 찾았습니다. 책방에는 재생지로 만든 책부터 손수
제본한 책, 매우 얇은 그림책, 사전 두께의 사진집 등 기존 출판의 고정된
형식과 내용에 구애받지 않는 책으로 가득했습니다. 소소한 일상을 고스란히
담은 책에 고개를 끄덕이고, 누구나 한 번쯤 겪어야 했던 이별의 아픔을 담은
책에 깊이 공감하고, 무심코 지나치던 주변 풍경을 다시 돌아보게 하는 책에
놀라워하며 책방 여행을 마쳤습니다. 작가가 만들고 싶은 대로 만든, 자기가
가장 좋아하는 것을 여과 없이 담은 '날것'이 얼마나 우리를 들뜨게 하는지,
그리고 작은 위로를 주는지 알 수 있었습니다.

그렇게 독립책방을 다녀온 뒤, 우리는 자신의 마음을 이끈 책을
선정했습니다. 예비 편집자 모두가 책을 사랑하는 사람들이었지만 저마다
취향이 달라서 놀랐습니다. 누구는 시를 좋아하고, 누구는 소설을 찾았고,
누구는 그림으로 가득한 책을 가져왔습니다. 예비 편집자들이 선정한 작가들
가운데 겹치는 이가 한 명도 없었습니다. 독립출판계에서 이미 큰 사랑을 받은
책도 있었지만 전혀 생소한 책도 있었습니다. 그 다양한 선택만큼 우리가
만난 작가들도 당연히 달랐습니다. 그래서 좋았고, 그래서 재미있었습니다.
우리는 작가들에게 묻고 싶은 이야기를 함께 고민했습니다. 모든 작가들에게
공통된 질문을 만들었고, 자신이 선택한 작가에게만 따로 전하는 질문을
고치고 다듬었습니다. 책에 대한 이야기를 빼놓을 수 없었고, 그들이 살아온
시간과 우리가 함께 살아가는 동시대에 대해서도 묻고 싶었습니다. 독립출판
'제작자'의 입장에서 그들을 바라보는 시선도 놓치지 않았습니다. 우리의
나눔이 자신만의 책을 만들고 싶은 예비 독립출판 작가들에게 실질적인 도움이
되면 좋겠다는 바람도 담았습니다. 그렇게 고르고 고른 낱말들로 완성한
질문을 이메일에 담아 보냈습니다. 혹여 잘못된 것은 없는지 몇 번을
다시 보고, 이메일 주소를 확인하며 조심스럽게 '보내기' 버튼을 눌렀습니다.
그리고 다른 일을 하다가도 애꿎은 메일함을 몇 번이고 열어보며 작가들의
답변을 기다렸습니다.

우리는 이 책을 만드는 동안 서로를 '예비 편집자'로 불렀습니다. 윤동희 대표
역시 여섯 차례의 수업을 '편집회의'로 불렀습니다. '예비 편집자'라는 이름은
이 책을 진행하는 원동력이었지만, 한편으로는 부담스럽기도 했습니다.
우리가 만든 책이 서점에 놓이고 사람들이 관심을 갖고 지갑을 열어 '사서 읽는'
책이 된다는 사실이 내내 마음을 눌렀습니다. 그때마다 '내가 만들고 싶은 책을
만든다'는 생각으로 시간을 견뎠습니다. 인터뷰를 마치고 사진 촬영을 하며
직접 마주한 독립출판 작가들도 자신의 경험을 들려주며 '예비 편집자'들을
응원해주었습니다.

편집, 또 하나의 현실을 꿈꾸는 용기

어느덧 6주 수업을 마치고 각자의 일상으로 돌아간 6월 어느 날. 수업을 위해
만들어놓은 모바일 채팅 단체창에 '예비 편집자들의 수고로 만들어진 교정지가
나왔다'는 메시지가 올라왔습니다. 학생은 기말고사를 마치고, 회사원은
하루 일과를 마치고 북노마드 사무실을 찾아 자기가 진행한 작가들의 페이지를
마주했습니다. 빨간 펜을 들고 틀린 단어나 문장을 찾고, 제목을 새로 붙이며
'편집자'의 삶을 조금이나마 가까이에서 경험했습니다.

　　　수업을 마치고, 우리 중 누군가는 직장인으로서 '편집자'의 길로
들어섰습니다. 누군가는 자신의 적성과 진로를 다시 생각하는 기회를 얻었다고
고백했습니다. 어느 길을 선택했든지 우리가 함께했던 6주의 시간은, 그리고
인터뷰를 준비하고 사진을 촬영하고 교정지를 매만졌던 이후의 시간은 소중한
경험이었습니다. 기성 출판에서는 볼 수 없는 '독립출판'의 세계를 보다
가까이에서, 조심스럽게 거닐다 왔기에 의미 있는 시간이었습니다.

　　　우리가 접한 독립출판물은 그야말로 각양각색의 세계를 펼치고
있었습니다. 그들은 대세를 좇아 살지도, 마땅히 그래야 한다고 여기는 것을
따르지도 않았습니다. 그 '용기'를 통해 우리는 그동안 보지 못했던 반짝이는
세상의 틈새를 발견할 수 있었습니다. 그 작은 틈은 열두 명의 예비 편집자에게
작지만 견고한 '대안'이 되어주었습니다. 재일 한국인 최초로 도쿄대학 교수가

된 강상중 교수는 저서『마음의 힘』에서 대안을 사고하지 못하는 마음은
'폭이 좁은 마음', '체력이 없는 마음'이라고 적었습니다. 마음의 풍요로움이라는
것은 복수의 선택지를 상정할 수 있는 유연성에 달려 있다는 것입니다.
그의 말처럼 지금 우리에게 필요한 것은 눈앞에 있는 것만을 현실이라고
생각하지 않고 '또 하나의 현실'을 생각하는 대안적 상상력일 것입니다. 모두가
필사적으로 앞만 보고 달리는 세상, 그러면서도 어디를 향해 달려야 할지
모르는 현실, 그래서 결국 무작정 달리다 넘어지기를 반복하는 일상 속에서
우리를 지켜주는 유일한 힘은 대안적 상상력에 있을지 모릅니다. 다행히 우리는
독립출판 작가들에게서, 그들이 사는 세상에서 그 용기와 대안적 상상력을
발견할 수 있었습니다. 그 마음의 힘을 모아 당신에게 이 책을 드립니다.
작지만 당당한 작은 책방에서 당신을 만나게 되기를 소망합니다.

'처음학교–편집자 되기 2기'
예비 편집자 올림

강경선 김효정 박은정 배단비
성서연 유성은 윤여준 이선미
이원경 이현주 전지윤 박화수

일러두기

- 『우리, 독립출판』은 파스텔뮤직이 주관하고 북노마드 윤동희 대표가 진행한 '처음학교 – 편집자 되기 2기' 수업의 과정을 모은 책입니다.
- 책에 소개된 독립출판 작가들은 수업에 참여한 12명 예비 편집자들이 다양한 독립출판물을 체험하고 직접 선정하였습니다. 예비 편집자들은 작가들을 직접 만나 대화를 나누고 사진 촬영을 하고 이메일로 인터뷰를 완성했습니다.
- '우리, 만나요'라는 북노마드의 제안에 기꺼이 응해주신 독립출판 작가들에게, 기성 출판이 도저히 생각하지 못하는 '다른' 책의 문화를 만들어가는 작가들과 깊은 대화를 나눠준 12명의 예비 편집자들에게 인사를 전합니다. 고맙습니다.

눈물을 삼키고
내일을 기다리는 힘,
그 이야기

가랑비메이커(고애라)

사실 청춘은 잃을 게 없잖아요. 실패란 무언가를 잃는다는
것일 텐데 우리는 가진 게 아무것도 없잖아요. 그러니
두려워할 필요가 없어요. 언덕 너머 있는 작은 점이
궁금하다면 상상만 하지 말고 직접 가서 봐야죠.
비싼 신발도 아닌 흙 묻은 운동화를 신고 있는데 뭐가
걱정일까요. 정말 궁금하면 직접 달려가서 확인하고,
아니면 다시 돌아오면 돼요.

네 눈엔 나먹서 위태로워 보이겠지만 나는 알아,
연약한 존재들이 오여 위대해진다는 것을

우리는 연약한만큼, 덜 외로워져야해
서로를 더욱 깊게 안아줘야만해

내가 네 앞에 연약할 수 있어서 참 감사한 밤
너를 안아줄 수 있어, 참 행복한 밤이 시작되었어

당신의 인디, 가랑비, 〈지금, 여기를 붙잡는 너, 저기를 믿는 들〉
가랑비메이커

눈물을 삼키고
내일을 기다리는 힘,
그 이야기

가랑비메이커(고애라)

- 『지금, 여기를 놓친 채 그때, 거기를 말한 들』

자신의 책을 쓰고 만든 특별한 계기가 있나요?

글을 쓰며 살아야겠다고 결심했던 것은 열일곱 살 때였어요. 안팎으로 많은 일이 있었던 그 무렵, 어릴 적부터 써온 일기장과 습작 노트가 큰 위로가 되었어요. 날마다 마주하는 크고 작은 일을 기록하면서 내가 진정 그 시간을 살아내고 있다는 느낌을 받았거든요.

책을 내야겠다고 생각했던 것도 그 무렵이었어요. 고등학교 1학년 때 문예창작과 진학을 희망했던 저를 담임선생님께서 격려해주시며 문예창작을 전공한 선배를 소개해주셨어요. 주말마다 선배와 함께 문학을 공부하며 '글을 쓰고 싶다' '책을 쓰는 사람이 되고 싶다'고 생각했어요.

그 시절 읽었던 신경숙 작가의 『외딴 방』이 지금도 잊히지 않아요. 충격적 위로라고 할까요. 숨기고 싶은 상처를 작가가 되어 다시 마주하고, 끊어진 발걸음을 이어나가기 위해 소설을 썼다는 게 아름다웠어요. 저 역시 스스로를 위로하기 위해 마주하고 싶지 않은 순간에 대한 기록을 글로 많이 썼거든요. 그래서 누구에게도 보여주고 싶지 않았는데 그 책을 읽으며 내 글도 누군가에게 힘을 줄 수 있다는 생각에 가슴이 두근거렸어요.

그렇게 시간을 보내고…… 2015년 10월 마지막 날, 제 책이 나왔어요. 오랜 시간 SNS로 소통해준 독자들의 힘이 컸어요. 낡은 서랍 속에 가둬둘 글을 쓰는 게 무슨 의미 있을까, 라는 의문이

들었거든요. 그런데 제 글이 담긴 공간에 고마움을 표하는 사람들이 하나둘 생겨났어요. '이제는 화면 너머, 페이지에서 작가님의 글을 보고 싶어요'라고 응원해주는 분도 계셨고요. 그때마다 '언젠가 준비가 되면……'이라는 말로 넘어갔는데, 그 '어떤' 때를 두고 머뭇거리는 바보가 된 것 같았어요. 그래서 조금씩 용기를 냈고, 생각보다 일찍 책을 내게 되었어요. 다행히 책이 나온 후, 많은 곳에서 제 글을 보고 싶다는 분들이 계셔서 또다른 목표가 생겼습니다.

언제, 어떤 것과 마주했을 때
'굳이' 글로 남겨야겠다는 생각을 하나요?

늘 기록해요. 어떤 결핍의 상황을 마주하면 펜을 쥔 손에 더욱 힘이 들어가요. 나보다는 주변을 담는 사람이고 싶어서 늘 관찰을 해요. 지하철이나 버스에서 생각에 잠긴 척하면서 주변 이야기에 귀를 기울이고, 사람들의 대화에 내 생각을 덧붙이면서 상상하고 기록해요. 아무 감정 없는 듯한 어르신, 창백한 얼굴의 회사원, 그리고 학생들. 행복한 순간보다 지쳐 있는 순간을 포착해 그들만의 이야기를 상상해서 쓰거나 그들에게 해주고 싶은 이야기를 글로 남깁니다. 덕분에 귀갓길은 언제나 길게 늘어지지만요.

늦은 귀갓길의 끝에 여러 생각을 심어주는 사람이 있어요. 바로 아버지예요. 어릴 때부터

닮았다는 이야기를 들었는데, 아버지도 일기나
편지를 쓰는 걸 좋아하셨어요(언젠가 제가 감당할 수
있을 때 '아버지의 일기'로 책을 쓰고 싶어요). 아버지와
글에 대해서 많은 이야기를 나눠요. 아버지의 말
한마디가 저에게 많은 생각을 하게 합니다.
그 생각을 중얼거리며 기억에 남기고, 메모를 해요.

첫 책이 나왔을 때 누가 가장 먼저 생각났나요?
어떤 분에게 자신의 책을 가장 먼저 드렸나요?

저에게 줬어요. 자칫 자기중심적 대답으로
들릴지도 모르지만요. (웃음) 저에겐 쌍둥이 언니가
있어요. 어릴 적부터 늘 함께하고, 서로 의지하고,
힘이 되어주라던 부모님의 말씀에 따라 특별한
존재가 되었지만, 반대로 누군가와 함께 인식된다는
것이 간단한 문제는 아니었어요. 쌍둥이로 자라면서
양보하고 의지하고 더불어 사는 법을 배웠지만,
가끔은 '나'에게 더 집중하지 못했다는 아쉬움이
있었거든요. 그런데 굳게 마음을 먹고 책을 쓰면서
오롯이 '나'에게 집중할 수 있었어요.

책은 가족에게 제일 먼저 드렸어요. 집으로
책이 도착했으니까요. (웃음) 하지만 가장 먼저
선물한 사람은 저 자신이었어요. 그날 밤, 모두
잠이 든 후에 스탠드를 켜서 제 몫으로 놓인 한 권의
책을 펼쳐 앞장에 짧은 편지를 남기며 많이 울었어요.
복잡한 감정이 훅 올라와서 쉽게 그치지 않았던
눈물이었어요.

이 자리를 빌려 책이 나올 때까지 믿어주고
기다려준 가족에게 고맙다는 이야기를 하고 싶어요.
내 글을 통해 누군가에게 따뜻한 존재가 되겠다고
다짐해놓고 정작 가족에게는 무뚝뚝했거든요.
그래서인지 책을 읽으신 부모님은 눈시울을
붉히셨어요. 에필로그에 담겨 있는 제 이야기에
마음이 아프셨나봐요. 누구보다도 가까이에서 나를
이해하고 힘이 되어준 하나뿐인 언니에게도
고마운 마음을 전합니다. 그리고 '가랑비메이커',
이 여섯 글자를 묵직하게 지켜주는 분들에게도
늘 감사합니다.

독립책방과 독립출판물을 찾는 사람이 늘어가고
있습니다. 그들은 왜 독립책방을 찾아서 독립출판물을
사고 읽는 걸까요? 그곳에서, 그 책을 통해
어떤 가치를 찾고 있는 걸까요?

사람마다 찾는 이유는 다르겠지만,
독립책방과 독립출판물이 쉼 없는 일상에 작은 '틈'이
되어주기 때문이 아닐까요. 대형 서점의 안정감과
편리함도 좋지만, 저마다 다른 분위기, 그 속에
채워진 각기 다른 책들의 매력을 알게 된 거죠.
온라인으로 모든 것을 살 수 있는 시대에 버스나
지하철을 타고 독립책방을 찾아가서 책을 사는 게
쉬운 일은 아니잖아요. 그리고 하나 더 찾자면
'나만 알고 싶은 마음' 때문이 아닐까 해요. 저 역시
화려한 무대 위 유명 뮤지션보다 작은 공연장에서
만나는 인디 뮤지션에게 묘한 동료애를 느끼거든요.

자신이 지금 사는 삶의 공간에서
가장 마음에 드는 '곳'은 어디인가요?

아주 어릴 적부터 살아온 우리 집, 우리
동네가 마음에 들어요. 사실 전에는 가장 떠나고
싶었던 공간이었는데, 이제는 가장 소중한 공간이
되어버렸어요. 친구들도 하나둘씩 떠나고 저만
남겨진 기분, 변함없는 곳에서 살면서 더 자라나지
못하는 느낌이었거든요. 제겐 늘 넓은 세상에 대한
꿈이 있었어요. 지금, 여기보다 나은 곳, 어제와는
다른 곳에 대한 막연한 갈망이랄까요. 글을 쓰더라도
동네를 떠나서 조금 먼 곳, 사람들이 붐비는 곳에서
했어요. 왠지 더 멋져 보이고, 글도 잘 써지는
듯했어요. 그리고 집으로 돌아오며 늘 후회했어요.
늦은 밤, 작업을 정리하다보면 익숙한 거리, 익숙한
동네, 익숙한 내 방이 가장 편안했거든요. 가장
나다운 모습으로 집중할 수 있는 공간은 바로
가까이에 있었던 거죠.

하지만 우리 동네에 사는 것도 2016년 겨울이 마지막이 될 것 같아요. 새로운 곳에서, 새로운 생활을 시작해야 하거든요. 요즘은 외출했다가 들어오는 순간이 그렇게 애틋할 수 없어요. 가슴 아픈 기억도 많았지만, 그만큼 따뜻하고 사랑스러웠던 순간이 차곡차곡 채워진 공간, 내 삶의 모든 첫 순간이 남겨진 공간, 언니와 처음으로 학교에 입학해서 성인이 되어 어설프게 어른 흉내를 냈던 공간, 각자의 꿈을 위해 새벽을 깨워 나섰던 공간이었어요. 온 가족이 부대끼며 살았던, 어디보다도 다정했던 공간으로 남겨질 거예요. 베란다 너머 저를 부르는 엄마의 목소리가 들리고, 밥 짓는 냄새가 따스했던……. 갑자기 시큰해지네요.

작가님이 지금 가장 사랑하는 '일'은 무엇인가요?

이름 모를, 혹은 얼굴 모를 누군가와 이야기하는 일이에요. 사람들의 이야기를 들어주고, 누구에게도 하지 못했던 이야기를 꺼내는 걸 사랑합니다. SNS에 개인적인 감정에 지나지 않는 글을 나누었을 뿐인데 자기 이야기 같다며 찾아오는 분들을 보며 생각했어요. '사람들이 가슴속에 품고 있는 이야기를 꺼내게 만드는 작가가 되어야지.' 가끔 제 글을 보고 자신의 고민을 나누고 싶다는 분들이 있어요. 처음에는 모바일 메시지를 주고받으며 이야기를 나누다가, 누군가 어렵게 뱉은 이야기에 실시간으로 답하기에는 내 삶의 깊이가 부족하다는 생각에 이메일 계정을 따로 만들었어요. 더 넓고 더 깊은 이야기를 나누고 싶었거든요.

가끔은 그런 이야기가 어렵고 무겁게 느껴지기도 해요. 하지만 글을 쓰는 데 좋은 영향을 주기도 합니다. 다양한 사람들의 다양한 생각과 경험을 간접적으로 듣게 되니까요. 글이란 그런 것 같아요. 글을 쓰지 않았다면, 책을 내지 않았다면

알지 못한 채 살아갔을 인연을 만나게 해주는 다리와 같은 것. 시간이 흐르면서 소통하는 인연이 늘어나고, 그 깊이도 깊어지고 있어요. 제가 어떤 해결책을 안겨줄 수는 없지만, 이야기를 들어주는 것만으로도 어제와 다른 오늘을 받아들일 수 있는 힘이 된다고 생각합니다. 메일을 통해 나누던 고민이 해결되었다는 이야기, 목표했던 것을 이루었다는 소식을 들으면 마치 제 일처럼 신나요.

작가님의 이십대는 어떤가요?
지금 우리는 어떤 세상을 살고 있는 걸까요?

아직 이십대를 지나는 과정이라 마침표를 찍을 순 없어요. 스무 살부터 지금까지 '언제, 어디서나 실패를 두려워하지 않고 도전을 미루지 않는 젊은 날'이 되려고 노력했어요. 가끔 책에 글을 적어 독자들에게 드릴 때가 있는데, 그때마다 이 문장을 적어요. 이십대의 마침표를 찍을 때에도 비슷한 마음으로 살고 있을 거예요.

어릴 때부터 저는 뭐든지 잘하고 싶은 아이였어요. 쌍둥이다보니 늘 주목받았는데 그런 관심이 부담으로 다가왔어요. 아무래도 학창시절에는 공부를 잘하는 게 큰 욕심이었겠죠. 고등학교 내내 밤새워 공부하고, 주말에도 학교에서 공부했어요. 그런 제가 변한 건 재수를 하면서였어요. 공부만 했는데 허무하게도 스무 살을 독서실에서 보내게 되었거든요. '대학에 들어가면 다양한 경험을 해야지'라고 다짐했어요. 대학에 들어가서는 무엇이든 새로운 일에 도전했어요. 지금 생각하면 어떻게 했나 싶을 정도로 다양한 단체에서 활동했어요. 새벽 아르바이트, 과외, 행사장 아르바이트 등을 하면서 학업에 대한 욕심도 버리지 않았어요. 모든 것을 잘하고 싶었고, 잘해야 했던 시간이었어요. 물론 오기로 열심히 했던 고등학교

때와는 분명 달랐어요. 열정으로 했으니까요.
행복했으니까요. 내 앞에 주어진 수많은 길을 후회
없이 밟는 것, 그게 바로 행복으로 가는 길이라는
확신이 있어요.

　　지금 우리는 늘 '좋은' 것을 보여줘야 하고
'좋은' 사람이 되어야 하는 '강요된' 세상을 살아가는
것 같아요. 그것을 '행복'이라고 받아들이는 사람들이
많은 듯해서 아쉬워요. 다른 사람들이 좋게 보는
것보다 내가 좋은 게 중요하잖아요. 그 행복을 찾기
위해서는 내가 누구인지 알아야 해요. 대학 시절,
늘 새로운 환경에 저를 노출시키면서 무엇을 해야
행복한지 알 수 있었어요.

　　사실 청춘은 잃을 게 없잖아요. 실패란
무언가를 잃는다는 것일 텐데 우리는 가진 게
아무것도 없잖아요. 그러니 두려워할 필요가 없어요.
언덕 너머 있는 작은 점이 궁금하다면 상상만
하지 말고 직접 가서 봐야죠. 비싼 신발도 아닌
흙 묻은 운동화를 신고 있는데 뭐가 걱정일까요.
정말 궁금하면 직접 달려가서 확인하고,
아니면 다시 돌아오면 돼요.

**유독 '인생의 평균 속도'를 강조하는 우리나라에서
그 규칙을 지키며 살다가 마침표를 찍던 순간이 누구나
있습니다. 작가님은 어땠나요? 언제, 무슨 일로 가장
힘들었나요? 그리고 지금 평범한 일상을 지켜나가는
용기는 어디에서 얻나요?**

　　행복하지 않을 때마다 '내겐 극복할
힘이 있다'고 믿으며 버텨왔어요. 그래서인지
외부의 충격은 잘 견디는 편인데, 내 안의 감정
문제는 약해질 때가 있어요. 내가 바라는
'가랑비메이커'라는 사람과 지금의 나 사이에 틈이
크게 보일 때면 회복하기 어려웠어요. 하지만 그
속상한 시간이 그리 오래 머물지 않았던 건 나를

지켜준 '이야기' 덕분이었어요. 내가 되고 싶은 내가
되지 못해도 실망하지 말자, 지금-여기의 나를
마주하고 인정하자, 그 걸음의 방향이 중요하다는
걸 잊지 말자는 이야기. 그렇게 마음을 정하고 나를
조금씩 더 사랑하기로 했어요. 그렇게 하니 삶도,
마음가짐도 제자리로 되돌아오더라고요.

**'하고 싶은 일'과 '해야 하는 일'에 어떤 원칙을
갖고 있나요?**

　　해야 하는 일을 먼저 해요. 해야 하는 일은
하고 싶은 일보다 '잘해야 한다'는 조건이 붙을
때가 많잖아요. 그래서 미루면 마음이 더 쓰여요.
일과표를 절반으로 나눠서 위에는 해야 할 일,
아래에는 하고 싶은 일을 써두고 해야 할 일을
바로 시작합니다.

**첫 책은 몇 부를 찍었나요? 총제작비는 어느 정도
소요되었나요? 제작비는 어떻게 마련했는지 궁금합니다.**

　　200부를 찍었어요. 처음에는 독립책방에
책을 입고시키는 걸 망설였어요. SNS로 사전 예약을
받아서 보내드리고, 지인에게 줄 생각으로 선물용
책갈피도 200개만 제작했거든요. 책 200부와 책갈피
200개를 제작하는 데 100만 원 안팎이 들었어요.
제가 틈틈이 모아둔 돈으로 빠듯하게 충당했어요.
힘들어도 첫 책은 제힘으로 하고 싶었어요.

눈물을 삼키고 내일을 기다리는 힘,
그 이야기

가랑비메이커(고애라)

독립출판은 작가가 직접 제작-입고-유통을 주도적으로 할 수밖에 없을 텐데요. 편집-디자인-인쇄 등은 어떻게 해결했나요? 독립책방 유통도 직접 챙겨서 하고 있나요?

편집은 페이지를 어떻게 구성할까 여러 번 고민하며 직접 했어요. 부족하더라도 내가 할 수 있는 부분은 직접 하고 싶었어요. 특별할 것도 없는 편집이었지만, 차례 구성, 각 파트를 어떻게 끊어서 구분할지 오래 고민했어요. 표지 디자인은 고맙게도 인스타그램을 통해 알게 된 후배가 도와주었어요. 메일을 통해 서로의 이야기를 주고받았던 '정민'이라는 친구인데 언젠가 책이 나온다면 표지 디자인은 자기가 작업하고 싶다고 했거든요 (당시 디자인을 배우고 있었는데, 지금은 디자이너로 일하고 있어요). 표지 디자인을 놓고 여러 차례 회의를 했어요. 표지가 예쁘다는 이야기를 들을 때마다 참 고마워요.

물론 쉽지만은 않았어요. 인쇄 과정에서 큰 시련을 겪었죠. 처음 가제본 샘플을 받고 얼마나 놀랐는지…… 스마트폰으로 찍은 제 사진이 표지에 들어갔는데 예상보다 심하게 일그러져서 나왔어요. 예약 구매하신 분들에게 책을 제때 안겨드리고 싶었는데, 결국 수정에만 2주 이상이 걸렸어요. 2주 뒤에도 같은 문제가 발생해서 전화와 메일로 여러 번 문제를 해결하려다가 결국 다른 곳에서 다시 인쇄하는 것으로 결정했어요. 책을 예약한 모든 분들에게 양해를 구하는 메시지를 드렸는데, 감사하게도 모든 분들이 힘이 되는 이야기를 해주셨어요.

유통도 책이 출간되고 두 달이 지나서야 시작할 수 있었어요. 너무 먼 곳에 있는 책방이 아니라면 제가 직접 책을 입고하는 걸 원칙으로 삼았는데 회사 일 때문에 아직 가보지 못한 곳이 있어요. 정말 마음이 쓰이는 부분이에요. 제 책이 어떤 책방에서 독자들과 만나는지 직접 가봐야 한다고 생각해요. 비록 상황이 여의치 않아 택배로 보내드리기도 하지만 작은 메모나 엽서를 통해서 마음을 전하기 위해 노력합니다. 책방을 찾을 때마다 참 귀한 인연이라는 생각을 합니다. 만약 책이라는 게 없었다면 우리가 이렇게 서로 마주하며 대화를 나눌 수 있었을까, 라는 생각에 지금도 신기합니다.

작가님에게 좋은 자극을 안겨준 독립출판물은 무엇인가요? 혹은 작가는 누구인가요?

열일곱 살에 처음 글을 기고했던 독립잡지가 있었어요. 《싱클레어》라고. 그때만 해도 독립출판을 알지 못하는, 그저 글을 끼적거리는 걸 좋아하는 여고생이었어요. 그러다 텔레비전 프로그램을 통해서 《싱클레어》를 알게 되었어요. 글을 쓰는 사람들로부터 기고를 받아 잡지를 만든다는 이야기에 가슴이 두근거렸어요. 언젠가, 그것이 어디든, 내 글이 실렸으면 하는 마음으로 밤을 지새우던 저였으니까요. 《싱클레어》에 대해 좀더 알아보았고, 오래 망설이다가 글을 보냈어요. 그리고 제 글이 실린 잡지가 나온다는 메일을 받았어요. 몇 번을 보고 또 보았던지요. 며칠 뒤, 집으로 두 권의 잡지가 왔고, 한 권은 서랍에 넣어두고 한 권은 상기된 얼굴로 사람들에게 보여줬어요. 그때 조금 용기가 생겼어요. 내 글을 다른 사람의 시선 안에 두고 싶다는 생각. 지금 그 글을 보면 조금 유치하다 느껴지기도 하지만 담임선생님과 교생선생님도 이런저런 의견을 적어주시며 격려해주셨어요. 그 책이 아직도 책장에 꽂혀 있어요. 지금도 가끔 힘이 들 때마다 펼쳐보는데 그 짧은 조언이 큰 힘이 됩니다.

처음으로 '내 페이지'의 흥분을 알려준 《싱클레어》는 새로운 자극이자 위안이었어요. 언젠가 나도 독립잡지를 만들고 싶다는 새로운 꿈 하나를 더 얹어주기도 했고요.

**필명으로 사용하는 '가랑비메이커'는
어떤 의미를 갖고 있나요?**

　　　　　가랑비메이커라는 이름은 '가랑비에 옷 젖는
줄 모른다'는 말처럼 세상에 선한 영향력을 서서히
끼치고 싶다는 저의 비전을 담고 있어요. 필명 이상의
신념이라고 할까요. 지금은 필명으로 위로와 쉼이
되는 글을 쓰려고 노력하고 있지만 언젠가 또다른
일을 하는 데 사용될 거라 믿어요. 선한 영향력을
끼치는 부분이 글에서 영상이 될 수 있고, 또는
지금은 예상하지 못한 프로젝트가 될지도 몰라요.
언제, 어디서, 어떤 일을 하든지 가랑비메이커라는
이름으로 불릴 수 있도록 노력하겠습니다.

**책을 보는 내내 고요하면서도 따뜻한 느낌이 들었습니다.
어떤 때 문장이 떠오르고 글을 쓰게 되나요?**

　　　　　시도 때도 없이 기록하는 편이에요. 일상의
어느 순간이든 좋은 영감이 될 수 있다고 믿어요.
특히 해가 저무는 풍경을 보면 문장이 떠올라요.
처음 글을 쓰게 된 것이 자꾸만 작아지는 나를
발견하면서였거든요. 그래서인지 빛나고 화려한
순간이 아니라 조금씩 잦아들고 저무는 순간에서
문장을 발견하게 됩니다. 가령 청춘의 모습보다
버스에 무료하게 앉아 있는 노인의 얼굴에서 궁금증이
생기듯이 말이죠. 이분은 어떤 시절을 지나왔을까,
지금은 무슨 생각을 하며 우리를 물끄러미 바라보는
걸까, 같은. 그건 감정에서도 마찬가지여서, 남녀 간의
사랑도 좋지만 그보다는 인간이 인간에게 느끼는
사랑, 아버지가 딸에게, 딸이 아버지에게 느끼는
사랑처럼 조금은 넓은 범주에 관심이 가요. 그러다 보니
격정적이고 아름다운 달콤한 언어가 아닌, 조금은
고요하고 정적인 언어를 쓰는 듯해요. 아름답고
뜨거운 순간을 기록하는 것도 좋지만, 특별할 것
없는, 그래서 지루한 순간에 집중할 수 있는 게

좋아요. 그건 제가 우리 삶을 이끌어가는 순간이
사실은 그리 대단하지 않은 작은 순간에 있다고 믿기
때문인지도 모르겠어요.

**'어느 곳에서 누구와 무엇을 하다가도 별안간 눈물을
흘리게 하는 문장이 있다'고 썼습니다. 작가님에게도
그런 문장이 있나요?**

　　　　　'나는 늘 누군가가 나를 발견하게 될까 두려웠고
막상 아무도 나를 발견해주지 않으면 서글펐다.'

　　　　　커티스 시튼펠트(Curtis Sittenfeld)의
『사립학교 아이들』에 나오는 문장이에요. 사춘기
시절에 이 문장을 읽고 펑펑 울었어요. 누군가 나를
발견하고 나에 대해 이런저런 생각을 하는 게 두려워서
숨고 싶을 때가 누구에게나 있어요. 그러다가 너무
꼭꼭 숨어버려서 누구도 나를 발견하지 못할 때
덮쳐오는 공허함과 외로움…… 그 모순된 감정은
그때나 지금이나 달라지지 않았어요. 누군가에게
들키고 싶지 않다는 나와 누군가에게 이해받고 싶은
내가 충돌하면서 어른이 되는 것 같아요.

**글에서 진정한 나를 찾으면서도 동시에 관계에 대해
고민하는 것이 느껴졌습니다. 작가님이 생각하는 나는
어떤 사람인가요? 다른 사람들이 말하는 작가님은
어떤 사람인가요?**

그런 고민으로 글을 썼기 때문일 거예요.
늘 홀로 서야 누군가를 마주할 수 있다고 생각하기
때문에 우선 '나'에 대해 알고 싶었어요. 동시에
마주하고 싶은 이에 대한 고민도 있었고요.
아무래도 저는 쉽게 지나치지 못하는 사람인가봐요.
작은 순간도 그냥 지나가지 못하고 '왜일까?'
궁금해요. 다른 사람의 작은 일에도 마음을 쓰는
사람이기도 하고요. 안타까운 일을 마주하면 그냥
쉽게 지나치지 못할 정도로요. 그렇다고 감정적이기만
한 사람도 아니거든요. 어떤 부분은 놀라울 정도로
이성적이면서도 계산적으로 판단하기도 해요.
스스로 어떤 사람인지 알아가고 있다고 말하는 게
맞을 것 같아요.

다른 사람에게 저는 '야속한' 사람일 거예요.
'어른'이라는 글이 저를 두고 쓴 글이거든요.
'언제부턴가 나는 이뤄낸 것도 없이 너무도 바빠졌고
내가 그리워했던 이들에게서 야속한 사람이 되어
있었다'라는 말처럼 늘 바빴으니까요. 일이 주어지면,
그 일에 집중하느라 주변을 챙기지 못해서 미안했어요.
그래도 사람들이 저는 어떤 사람이라는 걸 결국
아는 것 같아요. 겉으론 늘 당당하고 무뚝뚝하고
강한 척해도 약한 사람이라는 걸 알더라고요.
워낙 눈물이 많아서 들킨 건지도 몰라요.

**사춘기를 지나 청춘이 되었습니다. '그때, 거기의 나'와
'지금, 여기의 나'는 많이 달라졌나요?**

처음 글을 쓰기 시작했던 사춘기 '그때,
거기의 나'가 전하고 싶었던 이야기와 '지금, 여기의
나'가 전한 이야기는 다르지 않아요. 여전히 비[雨]를
좋아하고 환하게 드러나는 이야기보다 어둑어둑한
때 이야기를 나누는 걸 좋아하는 사람이에요.
다만 그때와 달라진 게 있다면, 그때보다 조금 더
용기가 생겼고 지켜내고 싶은 것들이 늘어났어요.
그 말은 그만큼 성장통을 겪었다는 얘기일지도
몰라요. 하지만 그 성장통을 지나오면서 아프고 힘든
시간 속에서도 다음을 기대하는 법을 배웠다고 말할
수 있어요. 마냥 '아프다'고 울었던 밤을 지나 눈물을
삼키고 내일을 기다리는 힘을 얻었어요. 그 힘으로
나눠주고 싶은 이야기가 생겨났고요.

**'지금, 여기'를 놓치지 않기 위해 계획하고
노력하는 것은 무엇인가요?**

　　　　두 번 다시 없을 '지금, 여기'라는 순간에 대해
조금 집착하는 면이 있어요. 기록하는 것에 정말
많은 시간을 할애합니다. 일기나 문장이라기보다
그 하루에 대한 기록. 하루를 새벽 6시부터 자정까지
나눠 각각의 시간을 상세히 기록하고 있는데, 벌써
4년이 됐어요. 장소, 어떤 일을 했는지를 키워드로
남기고 있어요. 누구를 만났는지, 어떤 대화를
나누었는지를 남기거나 한 줄로 느낌을 남겨요.
처음 기록을 남기기 시작할 때는 어떤 목적이
있었기 때문은 아니었어요. 언젠가 과거 어떤 날의
내가 궁금할 때 들춰보며 떠올릴 기억이 많았으면
좋겠다는 생각에서였어요. '지금, 여기'보다 '그때,
거기'의 나를 위한 기록이었을지도 모르겠어요.
그렇게 계속해서 하루를 쪼개서 기록하다보니
짧은 순간들이 몇 개의 키워드와 이미지로 기억되는
거예요. 그게 쌓여서 자연스럽게 순간에 집중하고
기록하게 된 것 같아요. 그 결과물이 단상집 『지금,
여기를 놓친 채 그때, 거기를 말한 들』이 되었어요.

작가님의 가장 평범한 하루의 일상이 궁금합니다.

　　　　일어나자마자 작게 읊조리는 기도로 하루를
시작합니다. 기분 좋게 아침을 만났을 때나,
나쁜 꿈을 꾸고 일어나 안도감으로 시작하는 아침이든
변함없이. 그리고 간단히 씻고 바로 책상에 앉아요.
꽤 오래전부터 이어온 습관인데, 해야 할 일이 딱히
있는 것도 아닌데 책상에 앉아서 일정을 확인하거나
책을 들춰보며 책상에서 꽤 오랜 시간을 보내요.
그러다 배가 고프면 늦은 아침을 챙겨 먹고 다음
일정을 맞이합니다. 특별한 일정이 없는 날에도
낮에는 늘 밖에 나가 보냅니다. 워낙 버스 타는 걸
좋아해서 버스를 타고 멀리 나가 카페에서 글을
쓰기도 하고, 영화를 보거나 책을 읽습니다.

　　　　헌책방에서 책을 고르는 것도 좋아해요.
작가의 초판본을 모으는 게 취미거든요. 헌책방에서
몇 시간이고 머물 때가 참 좋아요. 저녁이 되면
사람들을 만나요. 집으로 돌아가 가족과 대화를
나누고, 가까이 사는 동네 친구를 만나고, 사람들이
많은 거리를 돌아다녀요. 퇴근길에 마주하는
사람들의 표정을 읽어내는 것을 좋아해서 일부러
지하철을 타기도 하고요.

인터뷰. 김효정

작가님만의 아지트를 소개해주세요.

 가랑비메이커
서울극장

                                                              ○ ○ ○

가랑비메이커 서울극장을 좋아해요. 다양성 영화를 좋아해서 혼자 찾곤 해요. 감독, 배우와
대화하는 자리도 있어서 거기에서 영감을 받고 글을 쓰기도 해요. '가랑비메이커'라는 이름으로
글을 쓰고 책을 내고 있지만, 언젠가는 제 글을 영상으로도 풀고 싶어요. 이곳에서 좋은
영화를 만나는 날이면 집으로 돌아가는 길에 구체적 상상을 해요. 여느 극장과 달리 극장을
찾는 사람들이 다양하다는 것도 좋아요. 주로 젊은 관객이 많은 다른 곳과 달리 나이 지긋한
어르신들이 옹기종기 모여 팝콘을 먹으며 상영을 기다리는 모습, 단체 관광객이 그들만의
언어로 대화를 나누는 것도 볼 수 있어요.

현실에 맞서는 시,
일상을 지키는 책

강성은, 김현, 박시하

더 멀리

06

좋은 책을 읽으며 일상을 지켜나가는 용기를 얻고,
현실과 싸워 이기기 위해 시를 쓰기 시작했습니다.
시를 쓰게 되면서 인생의 어떤 규칙에 나름대로
마침표를 찍기도 했고요.

현실에 맞서는 시,
일상을 지키는 책

강성은, 김현, 박시하
- 《더 멀리》

자신의 책을 쓰고 만든 특별한 계기가 있나요?
언제, 어떤 것과 마주했을 때 '굳이' 글로
남겨야겠다고 생각하나요?

　독자들과 소통하고 읽기에도 좋은 문예지를
만들고 싶다는 생각을 오랫동안 해왔습니다.
시와 소설, 산문 같은 문학 텍스트를 틀에 갇히지
않은 형식으로 많은 분들과 나누고 싶었고, 그런
잡지를 만들면 재미있겠다고 생각했습니다. 좀더
비정형적인 방식의 문예지에서 문학을 다루었을 때
문학의 의미가 더 커질 수 있다는 생각도 들었습니다.
그런 뜻을 같이하는 시인들이 계획을 실현하게 됐고,
독립잡지 《더 멀리》가 탄생했습니다.

첫 책이 나왔을 때 누가 가장 먼저 생각났나요?
어떤 분에게 자신의 책을 가장 먼저 드렸나요?

　함께 잡지를 만든 동료 시인들에게 무척
고마웠습니다. 세 명의 시인이 만드는 잡지라 가장
먼저 책을 준 사람도 모두 다를 텐데요. 그래도
공통점이 있다면 아마도 자기 스스로에게 가장
먼저 책을 주지 않았을까 싶습니다.

독립책방과 독립출판물을 찾는 사람이 늘어가고
있습니다. 그들은 왜 독립책방을 찾아서 독립출판물을
사고 읽는 걸까요? 그곳에서, 그 책을 통해 어떤 가치를
찾고 있는 걸까요?

　자신만의 공간, 자신만의 느낌을 확장해서
느끼고 싶은 분들이 독립출판물을 찾고 독립책방에
가는 거라고 생각합니다. 독립출판물을 통해
각 개인의 개성이 발현되고, 고유한 정서와 감각이
자유롭게 나타나고 공유될 수 있습니다. 흔하지
않은, 무언가 특별한 즐거움을 얻을 수 있는 데
의미를 두는 분들이 늘어나고 있다고 봅니다.

자신이 지금 사는 삶의 공간에서 가장 마음에 드는 '곳'은 어디인가요? 작가님이 지금 가장 사랑하는 '일'은 무엇인가요?

　　우리 셋 모두 그곳이 어디든 '문학적'인 공간을 마음에 들어 합니다. 모두가 가장 사랑하는 일은 글을 쓰는 일이 아닐까요. 아니면 글을 읽는 일이거나요.

작가님의 이십대는 어땠나요?
지금 우리는 어떤 세상을 살고 있는 걸까요?

　　아마도 모두 다른 이십대를 보냈을 것 같아요. 평범하고 좀 갑갑한 이십대를 보낸 사람도 있고 그렇지 않은 사람도 있고. 그러나 모두 정답 없이 살지 않았을까 싶습니다. 지금은 인류 종말의 세상이 아닐까요. (웃음)

유독 '인생의 평균 속도'를 강조하는 이 사회에서 규칙을 지키며 살다가 마침표를 찍던 순간이 누구나 있습니다. 작가님은 어땠나요? 언제, 무슨 일로 가장 힘들었나요? 그리고 지금 평범한 일상을 지켜나가는 용기는 어디에서 얻나요?

　　시를 쓰지 않을 때 거의 모든 일이 힘들었습니다. 말하자면, 인생이라는 현실의 모든 국면이 어려웠습니다. 어느 시점에서 그 현실과 싸워 이기기 위해 시를 쓰기 시작했고, 시를 쓰게 되면서 인생의 어떤 규칙에는 나름대로 마침표를 찍기도 했습니다. 지금 저의 일상을 지켜나갈 수 있는 용기는 제가 읽는 좋은 책에서 얻습니다. 그리고 문학이라는 헛되고 소용없는 가치를 옹호하는 일에서도요.

'하고 싶은 일'과 '해야 하는 일'에 대해 어떤 원칙을 갖고 있나요?

하고 싶은 일은 시간으로부터 자유로운 일이라서 언제라도 꼭 하려고 합니다. 해야 하는 일은 시간으로부터 자유롭지 못한 일이라서 언제까지는 꼭 합니다.

첫 책은 몇 부를 찍었나요? 총제작비는 어느 정도 소요되었나요? 제작비는 어떻게 마련했는지 궁금합니다.

'크라우드 펀딩(Crowd Funding)'* 사이트 '텀블벅(tumblbug)'**을 통해 후원금을 마련했습니다. 목표 금액은 삼백만 원이었고요. 어떤 잡지를 만들려고 하는지, 어떤 잡지를 만들 수 있는지, 어떤 잡지를 만들고 싶은지를 계획하고 공유했습니다. 그 내용을 보고 약 한 달 동안 74명의 사람이 적게는 일만 원에서 많게는 사십사만 원까지 후원을 해주었습니다. 후원한 사람 중에는 문인이 많았고, SNS를 통해 소식을 들은 '모르는 사람들'도 있었습니다. 금액을 모아서 수수료를 떼고 나니 2,735,665원이었습니다. 그 돈으로 창간호 500부 (일백만 원), 후원자를 위한 선물을 제작했습니다 (사십오만 원). 나머지 돈은 이후 제작비로 사용했습니다.

독립출판은 작가가 직접 제작-입고-유통을 주도적으로 할 수밖에 없을 텐데요. 편집-디자인-인쇄 등은 어떻게 해결했나요? 독립책방 유통도 직접 챙겨서 하고 있나요?

박시하 시인이 디자인을 도맡고, 강성은, 김현 시인이 1~2교정을 맡고, 셋이 함께 최종 교정을 봅니다. 판매는 독립출판물을 취급하는 서점 21곳에서 대부분 위탁 판매(30퍼센트)로 이루어집니다. 책이 출간될 때마다 한날한시에 셋이 모여 정기구독자 및 서점 발송 작업을 함께합니다. 서점의 경우 대부분 먼저 입고 문의를 했고, 대부분 책을 받아주었습니다. 인쇄소는 충무로에서 몇 시간 동안 발품을 팔아가며 지금의 인쇄소를 찾았습니다.

작가님에게 좋은 자극을 안겨준 독립출판물 혹은 작가는 누구인가요?

첫 호를 만들기 전에 국내외 독립출판물을 찾아보았는데, 지금 당장 떠오르는 나름의 취향 저격 출판물은 《계간 홀로》《순진》《영화잡지 아노》입니다.

제목 '더 멀리'는 목적지가 불분명하지만 이상의 세계를 말하는 듯해서 매력적입니다. 작가님이 꿈꾸는 이상의 세계는 어떤 세계인지 궁금합니다.

어렵고 복잡한 질문이지만, 답을 적는 오늘이 '아이다호데이(국제 성소수자 혐오 반대의 날)'임을 상기하며, '차별과 혐오가 없는 세계'라고 적고 싶습니다.

---

* 소셜 미디어나 인터넷 등의 매체를 활용해서 자금을 모으는 투자 방식
** 한국의 대표적인 '크라우드 펀딩' 사이트. 문화 예술 콘텐츠를 중점적으로 다루고 있다. 독립적인 문화 창작자들의 지원을 목표로 하고 있다.

흩어져 있는 '잡다한 삶'이 담긴 글이 《더 멀리》를 거쳐 한데 모여 있는 모습이 멋집니다. 잡다한 것들을 한데 묶기로 한 계기는 어떤 것이었나요?

　　《더 멀리》를 구상하면서 우리는 시나 소설, 평론뿐 아니라 기존 문예지에서는 볼 수 없는 글도 실었으면 좋겠다고 생각했습니다. 삶이 담긴 여행기나 그림, 출판되지 않은 책이나 만들어지지 않은 미지의 영화에 관한 재미난 비평적 글들. 재미있고 다양한 시도를 해볼 생각입니다.

《더 멀리》에 소개되는 차례는 어떤 흐름을 따라 정해지는지 궁금합니다.

　　무엇보다 가독성을 고려합니다. 독자의 입장에서 생각하죠. 처음에 뭘 읽으면 좋을까, 그다음은? 하는 식으로요.

매달 표지의 배경색을 선정하는 특별한 기준과 의미가 있나요?

　　특별한 기준이나 의미가 있다기보다는 순간적인 선택이 이루어지는데요. "다음엔 무슨 색을 할까?"라고 서로 이야기하며 색상표를 보다가 정합니다. 7호는 예외적으로 세월호 참사를 기억하고자 하는 마음으로 노란색을 선택했습니다.

지금까지 6호가 발행되었는데, 지금 이 순간 '더 멀리' 가기 위해 준비하고 있는 게 있을까요?

　　독립잡지를 처음 시작하며 저희 스스로도 신기한 마음으로 하다 보니 벌써 1년이 지났습니다. 2년차가 시작되는 7호부터 연재 필자들이 대부분 교체되었고 새로운 코너도 생겼습니다. 만드는 사람들과 작가들의 새로운 상상이 이 잡지를 더 먼 곳으로 날려 보내주는 듯합니다. 언젠가는 구름 코너에 실린 소설가들의 엽편 소설이나 이재위

에디터의 '와일드한 삶'을 단행본으로 내면 좋겠다고 생각하고 있습니다.

《더 멀리》 필진은 장르에 구애 받지 않고 그 스펙트럼이 넓다는 인상을 받았습니다. 하지만 새로운 독자 겸 작가를 발굴하기보다 젊은 등단 작가의 글터가 되었다는 반응도 있습니다. 《더 멀리》의 생각은 어떠한지 궁금합니다.

　　젊은 등단 작가의 글터가 되었다는 반응은 사실 내부에서 나온 목소리입니다. 매호를 만들 때마다 만드는 사람들이 이런저런 반성과 격려를 아끼지 않는 잡지가 되려 하고, 그런 점이 오히려 《더 멀리》를 경직되지 않게 하는 것도 같습니다. 《더 멀리》는 자본으로부터 독립하긴 했지만, 문예지라서 아무래도 문학에 관심 있는 분들에게만 알려져 있는 듯합니다. 그 점이 저희도 아쉽습니다. 처음부터 지금까지 좋은 원고라면 등단, 비등단 가리지 않겠다는 것이 일관된 입장입니다. 발표하셨던 분들 가운데 《더 멀리》에 처음 시를 발표했는데 시가 좋았고 문단으로부터 좋은 반응을 얻은 적도 있었습니다. 무척 뿌듯한 경험이었습니다. 그런 분들에게는 7호부터 연재 지면을 드리고 있습니다. 저희는 등단, 비등단 구분 없이 좋은 원고를 주시는 분이라면 늘 환영입니다.

《더 멀리》를 꾸려가면서 결코 포기할 수 없는 것은 무엇인가요? 동시에 지금 시점에서 수정해야 한다고 여기는 부분은 무엇인가요?

　　만드는 사람들의 재미와 즐거움 아닐까요? 재미있고 신나는 일을 하고 싶어서 시작했는데 모두 만족하고 있습니다. 수정해야 한다고 여길 만한 것은 생각나지 않네요. 지금은. (웃음)

인터뷰. 이원경

작가님만의 아지트를 소개해주세요.

 더 멀리
사직동 커피한잔

더 멀리 《더 멀리》의 공식(?) 회의 및 교정 장소라고 할까요. 사직동의 '커피한잔'을 소개하고 싶습니다. 주말보다는 주중에 가는 게 좋습니다. 밤에는 가본 적이 없으나 낮은 좋습니다. 맑은 날, 비 오는 날, 눈 오는 날 모두 가봤는데 다 좋습니다. 그러니까 날씨는 상관없습니다. 둘이 가도 좋고 셋이 가도 좋지만, 아마도 혼자 가는 게 제일 좋습니다. 커피 맛이 좋아 커피만 마시고 와도 좋지만 책 한 권과 두어 시간 앉아 있다 오는 게 가장 좋습니다.

여행도 병이고,
책도 병이다

강은경(스몰바치북스)

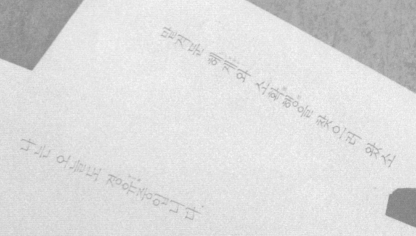

여행은 '도망'이에요. 그 도망에서 돌아와 다시 짐을
풀고 빨래를 하다가 여행을 다녀온 게 벌써 아득해지는
순간이 좋아요. 고생스러운 일을 금세 잊고 '또 어디론가
가고 싶다'고 생각하니까요. 도돌이표예요. 책을 쓰고
만드는 것도 비슷한 반복이죠. 여행도 책도 제게는
어떤 병이에요.

그랬다.
나는 아직 끝내하지 않는 여행지이고,
여전히 경유중이다.

— 나는 오늘도 경유중입니다 ☺

강은경

여행도 병이고,
책도 병이다

강은경(스몰바치북스)

- 『맡겨둔 헤게와 소확행을 찾으러 왔소』,
『나는 오늘도 경유중입니다』 등

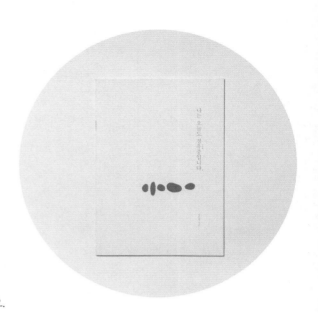

**자신의 책을 쓰고 만든 특별한 계기가 있나요?
언제, 어떤 것과 마주했을 때 '굳이' 글로
남겨야겠다는 생각을 하나요?**

　　저는 일러스트레이터로 일을 시작했어요.
누군가의 이야기를 듣고 그림을 그려주는 걸
좋아했어요. 글을 통해 새로운 세상을 만나고,
그림으로 그려서 세상에 전하는 일이 흥미진진했어요.
그러다가 영국의 시골 농장에서 '결정적 순간'을
만났어요. 그림이나 사진으로는 제대로 기록할 수
없는 감정이나 생각을 글로 쓸 수밖에 없었어요.
천천히 풀어내기 시작했어요. 나중에 다시 읽을 때,
그때의 그 순간을 기억할 수 있도록. 그런 반짝이는
순간을 놓치고 싶지 않을 때는 글이 가장 정확해요.
　　영국의 시골 농장에 살면서 그림일기를
그렸어요. 그리고 회고 형식으로 잡지에 연재하게
되었어요. 그것을 본 한 편집자가 단행본 출간을
제의해주었어요. 모호했던 이야기 덩어리가 점점
정제되고, 내 글의 가장 좋은 독자가 되어준
편집자가 있고, 책이 나온 후 독자를 통해서
내 이야기를 다시 듣는 모든 경험이 정말 좋았어요.
물론 좋은 만큼 아쉬움도 컸어요. '출판사의
결'이라는 것이 있고, 상업적인 책이다 보니 '백 퍼센트,
내 책'이라는 생각이 들지 않았거든요. 그래서
내가 만들고 싶은 대로, 내 이야기를 담는 작업을
시작하게 되었어요. 그렇게 '스몰바치북스(Small
Batch Books)'가 탄생했어요.

**첫 책이 나왔을 때 누가 가장 먼저 생각났나요?
어떤 분에게 자신의 책을 가장 먼저 드렸나요?**

　　책에 늘 주변 사람이 등장해요. 친구를
만나러 여행을 가기 때문인가봐요. 친구의 일상에
스며들어 함께 지낸 이야기가 많아요. 『외로울
때마다 너에게 소풍을 갔다』는 이야기의 주 무대인
영국 시골 농장 식구들이 제일 먼저 생각났어요.
농장에 책을 한 권 보내드렸어요. 2년 후 다시
찾아갔는데 농장에서 제 책을 발견하고 기분이
묘했어요. 그날 농장 식구들에게 책에 실린 그들의
이야기를 영어로 들려주었는데, 이야기를 들으며
그들이 웃고 감동했던 순간이 기억에 남아요.
그 이야기는 다음 책 『맡겨둔 헤게와 소확행을
찾으러 왔소』에도 나옵니다.

독립책방과 독립출판물을 찾는 사람이 늘어가고
있습니다. 그들은 왜 독립책방을 찾아서 독립출판물을
사고 읽는 걸까요? 그곳에서, 그 책을 통해 어떤 가치를
찾고 있는 걸까요?

　　　　출판사는 어쩔 수 없이 팔릴 책을 만들어야
해요. 그러다보니 '대중적'이지 않은 이야기, '멋지고
대단'하지 않은 글을 서점에서 만나기 어려워요.
결국 사람들이 독립출판물에 갖는 관심은 '모두가
같은 이야기를 읽을 필요는 없지 않나'라고 생각하기
때문일 거예요. 굉장한 일이죠. 우리의 생김이
다르듯이, 책도 그만큼 다양한 건 당연한 일이에요.
저도 그 흐름에 용기를 얻었어요. '맞아, 나도 대단한
걸 쓴 건 아니잖아. 모두들 책으로 만들 만한 가치
있는 이야기 하나쯤은 있다'라고 생각한 거죠. 책을
냈던 경험을 다른 사람들에게 알려주고 싶어서
스몰바치북스를 통해 제 경험을 '유통'시키고 있어요.
나도 했으니 당신도 할 수 있다는 거죠. 디자인, 편집,
유통 등 제가 먼저 해보고 권해드려요.

자신이 지금 사는 삶의 공간에서 가장 마음에 드는
'곳'은 어디인가요? 작가님이 지금 가장 사랑하는 '일'은
무엇인가요?

　　　　'곳'은 부엌이고, '것'은 냉장고입니다.
냉장고에는 전단, 티켓, 옷에 달려 있던 가격표,
은행에서 받은 1번 번호표, 친구에게서 받은 엽서
등 많은 것들이 붙어 있어요. 그걸 보면서 '쓸모 있고,
버려지지 않는 아름다운 것'을 만들자고 생각해요.
다만, 제 눈에 아름다운 것이라는 점이 맹점이긴
해요. 지금 가장 사랑하는 '일'은 봄에 책 쓰기 수업을
시작한 분들의 책을 디자인하고 인쇄하는 일이에요.
저와 함께 처음부터 지금까지 모든 과정을 거쳐
한 권의 책으로 태어나는 순간은 오로지 저만 누릴 수
있는 호사니까요.

작가님의 이십대는 어땠나요?
지금 우리는 어떤 세상을 살고 있는 걸까요?

　　　　저의 이십대는 책에 다 썼어요. 하하.
책을 쓰면서 제가 어떻게 살아왔는지 객관적으로
돌아볼 수 있었어요. 아침에 눈을 뜰 때마다 '내가 왜
죽지 않고 오늘을 살게 되었을까'를 생각하던 때가
있었어요. 꽤 오랫동안. '어떻게 살아야 하는지'보다
'왜 살아야 되는지'에 스스로 답할 수 없었거든요.
간신히 살아 있던 시절이었어요. 재미있는 걸 찾아서
열심히 헤매고 닥치는 대로 잘하든 못하든 다 했어요.
서른까지는 느긋하게 실패할 수 있는 기회를 주자고
생각했어요. 실패하려면 몸을 사리면 안 되니까요.
"할래?" 하면 "할래!" 했어요. 영국에서 살고 싶어서
대학을 졸업하고 영국에 갔고, 제 계획과 다르게
일찍 일러스트레이션 일을 하게 되었어요. 무려
5년이나 빨리 시작한 셈이었어요. 그렇게 일의
맛도 보고 예술의 맛도 보고 삶의 맛도 보고……
암튼 영혼이 깨어나는 굉장한 시간을 보내고 나니
이십대가 끝나 있었어요. "지금 우리는 어떤 세상을
살고 있는 걸까요?" 이렇게 어려운 질문이라니요.
'사는 게 쓸데없이 복잡해진 세상'이라고 생각해요.
모두 단순하게 살고 싶지만 그렇게 사는 게 너무
어려운 아이러니한 세상이에요.

유독 '인생의 평균 속도'를 강조하는 우리나라에서
그 규칙을 지키며 살다가 마침표를 찍던 순간이 누구나
있습니다. 작가님은 어땠나요? 언제, 무슨 일로 가장
힘들었나요? 그리고 지금 평범한 일상을 지켜나가는
용기는 어디에서 얻나요?

　　　저는 다행히 영국에 피신(?)해 있어서 구직,
결혼 등 인생의 평균 속도와 옳은 방향의 압박으로부터
상대적으로 자유로웠어요. 친구들이 걱정하던 때는
있었어요. 소속감 없이 산다는 건 불안정한 삶이니까요.
저 역시 불안했고요. '이렇게 다르게 살아도 괜찮은
걸까. 나중에 다시 돌아가고 싶은데 돌아가지 못하면
어떡하지'라는 불안감. 그런데 그 차이가 점점 커지면서
누구와 비교할 수 없는 지경이 되었어요. 그냥 그들의
삶과 내 삶은 다르다는 것을 서로 인정하는 순간이
오면서 서로의 삶을 응원하게 되었어요. 중요한
건 스스로 선택한 삶의 방식에 스스로 만족하고
지켜나가는 것이에요. 그것으로부터 '나의 일상'이
만들어져요. 내 삶을 지지해주는 가족과 친구가 있다는
것이 큰 힘이 됩니다. 진짜요. 그거면 충분해요.

**'하고 싶은 일'과 '해야 하는 일'에 어떤 원칙을
갖고 있나요?**

　　　저에게 '하고 싶은 일'은 철저하게 제 만족을
위해서, '해야 하는 일'은 철저하게 의뢰인의 만족을
위해서 합니다. 하고 싶은 일도 해야 하고, 해야만
하는 일도 있어요. 둘 다 중요하죠. 다만, 두 가지 일을
하면서 자아를 분리해요. 일은 일답게. 내 작업은
나답게. 작업과 나를 동일하게 여기던 시기가 있었는데
괴로웠어요. 의뢰인에게 제 작업을 이해시키려고
무리하거나, 제가 하고 싶어서 시작한 작업인데 다른
사람을 의식하거나 혼동하기 시작하면 둘 다 망하는
지름길이에요. 저도 그걸 깨닫는 데 오래 걸렸어요.

첫 책은 몇 부를 찍었나요? 총제작비는 어느 정도
소요되었나요? 제작비는 어떻게 마련했는지
궁금합니다.

　　　첫 책『맡겨둔 헤게와 소확행을 찾으러 왔소』는
얇은 책이었고, 딱 20부 찍었어요. 마켓에 나가서 팔
수 있는 정도만 찍었거든요. 인쇄(印刷)도 아니고
출력(出力)해서 만들었어요. 몇 만 원밖에 들지
않았어요. 종이는 제가 쓰고 싶었던 종이를 주문했어요.
저는 복사기를 쓰거나 인쇄소에서 만드는 책이
좋아요. 돈이 많든 적든, 도시에서든 시골에서든
동일하게 책을 만들 수 있는 방법이어서 좋아요.

**독립출판은 작가가 직접 제작-입고-유통을 주도적으로
할 수밖에 없을 텐데요. 편집-디자인-인쇄 등은 어떻게
해결했나요? 독립책방 유통도 직접 챙겨서 하고 있나요?**

　　　참 번거롭고 어려운 일이죠. 특히 저는 숫자와
계산에 취약하거든요. 별자리 점을 보면 가계부도
소설처럼 쓰는 사람이라고 나올 정도예요. 책을
만들어야 했기 때문에 '편집'은 스몰바치북스를
운영하며 인디자인을 독학했어요. 그때 스스로
공부한 게 큰 도움이 되고 있어요. '디자인'은 부산
보수동 헌책방 골목에서 마음에 드는 옛날 책을 사서
참고해요. 그게 최고예요. '인쇄'는 인쇄소 사장님,
종이집 사장님에게 여쭤보고 조언을 구합니다.
모두 저의 선생님이세요. 친절하게 다 알려주세요.
그게 좋아서 이 동네를 떠날 수 없어요. '입고'와
'유통'은 다각도로 시도하고 있습니다. 저를 위한
것도 있지만, 제 수업을 통해서 책을 만드는 분들의
책도 좋거든요. 입고와 유통을 통해서 독자에서
저자가 되는 맛을 그분들에게도 알려드리고
싶어요. 그래서 제가 먼저 여러 가지를 시도해보고
조언해드려요.

**작가님에게 좋은 자극을 안겨준 독립출판물은
무엇인가요? 혹은 작가는 누구인가요?**

     책 쓰기 수업에 오는 분들에게 자극을
받아요. 십대부터 육십대까지의 연령도, 책의
장르도, 하고 싶은 이야기도 달라요. 극소량으로
만들어 지인에게 선물하는 정도이지만, 책의 내용이
훌륭해요. 그분들의 책을 통해 이야기의 힘을
실감하고 있습니다. 필력이라는 건 이야기의 힘
앞에서 보잘것없는 기교에 지나지 않는다는 걸 알게
되었어요. 그림도 마찬가지예요. 책 쓰기 수업과
그림 그리기 수업을 함께하는데 글보다 그림으로
이야기를 이끌어가는 분들도 많아요. 내가 쓰고
그린다는 것, 그래서 그 책의 저자가 된다는 것은
정말 멋진 일이에요.

**1인 출판사로 자가 출판과 책 쓰기 수업을 병행하고
있는데요. '책 쓰기 수업'에서는 어떤 수업을 주로
하나요? 글쓰기 수업이 아닌 책을 쓰는 수업이라면
책을 만드는 과정에 좀더 초점을 맞추는 건가요?**

     편의상 수업이라는 표현을 쓰지만 사실
교육이라기보다 제 경험을 복제하고 유통하는
것에 가까워요. 제가 겪은 후 사람들에게 좋은 것을
전달하고 사용할 수 있게 하는 거죠. '책 쓰기'는
글쓰기도 아니고 책 만들기도 아니에요. 책을 읽는
것에 익숙한 사람(독자)이 내 책을 주도적으로
쓰는 사람(저자)이 되는 과정이에요. 수업을 하며
저는 '편집자 / 디자이너'의 역할을 하고 수업을
듣는 분들은 '저자'가 되는 관계예요. 저는 계속해서
저자에게 묻고, 그 질문의 답을 들어주는 과정에서
저자는 내가 정말 하고 싶은 이야기가 무엇인지,
내가 어떤 책을 만들고 싶은지를 생각하고 발견하는
거죠. 그 결과물이 독립출판물의 형태로 만들어지게
됩니다. 생각이 글과 그림으로 탄생하는 과정에
집중합니다. 그래야만 다음 책을 쓰더라도 혼자
시작할 수 있어요.

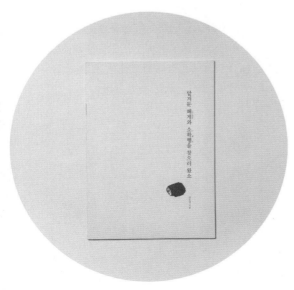

『맡겨둔 헤게와 소확행을 찾으러 왔소』를 보면
"제 뒤를 준비해주세요"라는 말을 남기고 돌연 회사를
그만두고 여행길에 올랐습니다. 작가님에게 여행은
어떤 때, 어떻게 시작되나요?

　　　　저에게 여행은 '도망'이에요. 일상에서 잠시
벗어날 수 있다면 무리할 각오가 되어 있어요. 사람이
많은 곳이나 관광지는 거의 안 가요. 친구가 있는
곳을 찾아 같이 밥을 해먹고 차를 마시고 텔레비전을
봐요. 친구 집에 다녀오는 길이 여행이 되는 거죠.
여행의 백미는 집이 그리워지는 순간이에요.
'그래, 나는 도망쳐온 게 아니라 여행하는 중이고,
돌아갈 집이 있어'라는 생각에 마음이 놓이는 그 순간.
여행을 무사히 마치고 집에 돌아와 짐을 풀고 빨래를
하다가 여행을 다녀온 게 벌써 아득해지는 순간도
좋아요. 고생스러운 일을 금세 잊고 '또 어디론가
가고 싶다'고 생각하니까요. 도돌이표예요.
이거 병인 거 같아요.

**얇은 책 한 권, 적은 분량에 공항, 비행기 안,
고속버스터미널, 고속버스 속 에피소드가 적혀
있습니다. 여행의 출발 순간이나 이동 순간도
'어떤 시간'으로 기록되는 게 인상적이었어요.
특별한 이유가 있나요?**

　　　　여행의 자투리 순간을 좋아해요. 여행을
떠나기 전, 여행을 막 떠나는 순간, 지역을 이동하거나
다녀온 직후……. 여행중이지만 어쩔 수 없이 아무 일도
일어나지 않는 순간이 좋아요. 굳이 사진으로 찍을
필요 없는 순간이지만, 사실 그 순간은 여행을
통해서만 얻을 수 있는 거잖아요. 그럴 때 반짝
떠오르는 생각이나 감정, 깨달음이 있어요.
그 하찮은 순간을 얻으러 여행을 감행하는 거예요.

다른 여행 독립출판물과는 조금 다른 형식과 느낌이
좋았습니다. 사진 등에 보편적으로 통용되는 여행서
특유의 감성이 들어 있지 않았거든요. 책을 쓰기 전
자신이 정해둔 특별한 기준이 있었나요?

　　　　저는 제 이야기가 특별한 감성이라고
생각하지 않아요. 여행서 특유의 감성이 뭘까요.
모든 여행서는 기본적으로 고전적인 모험 이야기의
구조를 갖고 있어요. 집을 떠나서 모험을 하고 다시
집으로 돌아오는 이야기. 하지만 떠나기 전의 나와
돌아온 후의 나는 달라져 있죠. 그게 대부분의
여행서에 적용될 거예요. 제 책이 다르게 느껴졌다면
첫 책『외로울 때마다 너에게 소풍을 갔다』가
보편적인 여행서 분위기를 갖고 있기 때문인지
모르겠어요. 분명 내 책인데 내 책 같지 않았거든요.
'책으로 만들면 원래 그런가' 하다가 결국 스스로
가장 나다운 책을 만들고 싶어서 독립출판물을
만들었어요. 당연히 보편적인 여행서 특유의 정서를
고려하지 않았고요. 만들고 나서 속이 시원했다고
할까요. 물론 어려워하는 분도 있었지만요.
제가 번역투를 좋아해요. 자연스러운 한글 표현은
아니지만 번역된 말투 특유의 불분명함이나
이질감이 좋아요. 특별한 기준은 없지만 최대한
멋을 내지 않고 솔직하고 담백하게. 제 책의 특징이
있다면 이게 아닐까 해요.

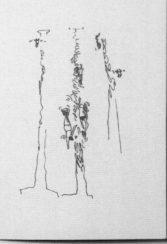

작가님은 여행과 그 여정이 '순례도 산책도 아닌 옛 애인의 뒤를 밟고 다니는 것'처럼 느껴진다고 적었습니다. 언제, 그런 생각이 드나요?

　　그 도시들을 사랑했거든요. 그렇지만 떠나와야 했죠. 그 도시에는 내가 좋아했던 곳과 내가 좋아했던 사람들과의 추억이 있어요. 다시 갔을 때 그곳이 그대로 있으면 안도하고, 없어졌거나 변했다면 쓴맛이 느껴져요. 내가 떠나온 건데도 말이죠. 그 여행을 할 때 저의 상황이 그랬어요. 그래서 더 그렇게 느꼈어요. 이전에 가지 않은 곳이나 새로 생긴 곳보다 그때 사랑했던 그 장소, 그 시간을 찾아다니고 있더라고요.

여행지에서 글을 쓴다는 것은 쉬운 일이 아닐 텐데요. 그날 일을 그때마다 쓰나요? 주로 언제, 어떻게 쓰나요?

　　주로 스마트폰에 메모해요. 단어만 나열할 때도 있고 문장으로 쓸 때도 있어요. 아무 때나 생각이 나면 적어요. 종이를 꺼내고 생각을 정리하다보면 생각이 날아가거든요. 나중에 글을 쓸 때 메모했던 것들이 생각의 꼬투리 역할을 해요. 그 단어만 봐도 왜 썼는지 단박에 기억나요.

그리 길지 않고 군더더기 없는 글이지만, 그 속에서 작가님이 정도 많고 미련도 많은 사람이라는 걸 느꼈어요. 여행에서 돌아온 후 어쩔 수 없이 따라오는 여운은 어떻게 추스르나요?

　　겉으로는 쿨한 척하는데, 사실 정도 많고 미련도 많은 사람인가 봐요. 여행 후 여운을 즐기는 편이에요. 결국 그 여운이 다음 여행을 떠나게 만드는 동력이에요.

인터뷰. 배단비

작가님만의 아지트를 소개해주세요.

 강은경
업스테어

                                                                           ○ ○ ○

강은경 저는 부산에 살아요. 오전에는 부평동 깡통시장 옆 스튜디오에서 작업하거나

책 쓰기 수업을 해요. 점심에는 산책 삼아 보수동 헌책방 골목을 가거나, 그날 인쇄할 것을

맡기러 동광동 인쇄골목까지 걸어요. 단골 인쇄소에 인쇄를 맡겨놓고 사장님과 수다를 떨다가

인쇄물을 받아 맞은편 독립서점 '업스테어'에 가서 에어로프레스로 내려주는 커피를 마셔요.

그곳에서 한참 사장님과 이런저런 이야기를 나눠요. 동광동 인쇄골목의 작은 서점 '업스테어'는

책방지기의 취향대로 고른 새 책, 헌책, 그리고 동네 아티스트의 독립출판물을 만나볼 수 있어요.

숨은 보석 같은 공간이죠. 특히 사장님의 선곡이 좋아요. 한없이 듣다보면 시간이 훌쩍 가요.

책을 만드는
청춘의 덕질

고성배

CREDIT 00

하고 싶은 일과 해야 하는 일은 정하지 않습니다.
결국 둘 다 하게 될 거니까요.《The Kooh》가 10호까지
나온다면 당당하게 '폐간 파티'를 하고 '덕후들'을
위해 눈물 한 방울, 저를 위해 눈물 한 방울, 그리고
구매자들을 위해 눈물 한 방울 흘리겠습니다.

책을 만드는
청춘의 덕질

고성배
- 《The Kooh》, 「꿈 수집가」, 「유성」

**자신의 책을 쓰고 만든 특별한 계기가 있나요?
언제, 어떤 것과 마주했을 때 '굳이' 글로
남겨야겠다는 생각을 하나요?**

　　　　회사에 출근해서 일하는 게 무료해졌어요.
만들기 싫은 콘텐츠를 억지로 제작하는 것에 염증을
느꼈어요. 그걸 이겨내려고, 회사를 잘 다니고 싶어서
시작한 일이 회사를 그만두게 만들었네요. 사라지고
잊히는 것들, 언젠가 기억했던 것들, 지나치고 나서
그리워하는 것을 꾸준히 기록하고 책으로 만들고
있습니다.

**첫 책이 나왔을 때 누가 가장 먼저 생각났나요?
어떤 분에게 자신의 책을 가장 먼저 드렸나요?**

　　　　가장 먼저 생각난 건 회사 동료들이었어요.
너무 많이 자랑했었거든요. 인쇄소에서 처음 받은
《The Kooh》 1호는 제 생각과 달리 초라했어요. 결국
터덜터덜 들고 와서 회사 직원들에게 강매했습니다.

**독립책방과 독립출판물을 찾는 사람이 늘어가고
있습니다. 그들은 왜 독립책방을 찾아서 독립출판물을
사고 읽는 걸까요? 그곳에서, 그 책을 통해 어떤 가치를
찾고 있는 걸까요?**

　　　　독립출판은 출판 형태를 띠고 있지만 '굿즈
(goods)'의 의미가 강하다고 생각합니다. 나에게 주는
선물 혹은 타인에게 주는 선물로 생각하고 구입하는
듯해요. 물론 기성 출판에서 볼 수 없는 형태와

내용에 호기심을 느끼는 경우도 있을 테고요. 그렇게
저마다 다른 가치로 구매한다고 생각합니다.

**자신이 지금 사는 삶의 공간에서 가장 마음에 드는
'곳'은 어디인가요? 작가님이 지금 가장 사랑하는
'일'은 무엇인가요?**

　　　　침대 위. 게으른 저에게 정말 최고의
공간입니다. 가장 사랑하는 일은 기획한 콘텐츠로
책을 만드는 거예요. 정말 힘이 닿을 때까지 계속
할 겁니다.

**작가님의 이십대는 어땠나요?
지금 우리는 어떤 세상을 살고 있는 걸까요?**

　　　　거만했고 으스댔으며 주저했고 영리했습니다.
지금 우리는 많은 것들이 혼재하는 시간 속에서
이십대의 저처럼 거만하고 으스대며 주저하고
영리하게 살고 있습니다. 그래서 매 순간 외로운 것
같아요.

유독 '인생의 평균 속도'를 강조하는 우리나라에서
그 규칙을 지키며 살다가 마침표를 찍던 순간이 누구나
있습니다. 작가님은 어땠나요? 언제, 무슨 일로 가장
힘들었나요? 그리고 지금 평범한 일상을 지켜나가는
용기는 어디에서 얻나요?

    회사를 다니든 군대에 가든 학교에 다니든
매 순간 즐겁게 지내려고 노력합니다. 즐거움이
다하면 큰 고민 없이 떠나는 편이에요. 정치적인 게
요구되는 조직생활은 육체적, 감정적으로 소모가
심해요. 가급적 피하는 게 좋아요. 사람은 그렇게
쉽게 굶어죽지 않습니다. 하고 싶은 걸 하세요.
그 일에 용기를 내고 도전하세요.

'하고 싶은 일'과 '해야 하는 일'에 대해 어떤 원칙을
갖고 있나요?

    하고 싶은 일과 해야 하는 일을 정하지
않습니다. 결국 둘 다 하게 될 거니까요.

첫 책은 몇 부를 찍었나요? 총제작비는 어느 정도
소요되었나요? 제작비는 어떻게 마련했는지
궁금합니다.

    300부입니다. 제작비는 100만 원가량
소요되었습니다. 회사를 다녔기에 무리 없이 출판할 수
있었습니다.

독립출판은 작가가 직접 제작-입고-유통을 주도적으로 할 수밖에 없을 텐데요. 편집-디자인-인쇄 등은 어떻게 해결했나요? 독립책방 유통도 직접 챙겨서 하고 있나요?

편집과 디자인은 막무가내로 인디자인 프로그램을 열어서 여기저기 눌러보며 배웠습니다. 다행히 그리 어려운 프로그램이 아니어서 지금까지 무리 없이 제작하고 있습니다. 인쇄는 인쇄소에 맡기니 걱정 없습니다. 물론 유통도 직접 챙겨서 하고 있습니다.

작가님에게 좋은 자극을 안겨준 독립출판물은 무엇인가요? 혹은 작가는 누구인가요?

뻔한 대답이겠지만, 대부분의 책들이 자극을 안겨줍니다.

《The Kooh》는 십만 덕후 양성을 목표로 하고 있습니다. 덕후, 즉 오타쿠의 필수 조건은 무엇인가요?

오타쿠의 필수 조건을 콕 집어서 얘기하는 건 어려워요. 하지만《The Kooh》의 주제를 보면 어느 정도 비슷할 듯해요. 혼자 놀기, 집착, 은폐엄폐, 공상, 중2병, 배회, 만화 등이 아닐까 싶습니다.

《The Kooh》는 10호까지 만들 예정이라고 들었습니다. 이미 7호가 나왔으니 이제 3호만 남아 있는데요. 10호 이후 계획은 무엇인가요?

당당하게 '폐간 파티'를 하고 '덕후들'을 위해 눈물 한 방울, 저를 위해 눈물 한 방울, 그리고 구매자들을 위해 눈물 한 방울 흘리겠습니다.

《The Kooh》는 덕후의 습성 혹은 관심을 특정 주제를 중심으로 풀어내고 있습니다. 서울을 중심으로 덕후의 배회 습성을 이야기하거나, 만화 속 음식을 중심으로 만화를 이야기하는 등 말이죠. 이러한 신선한 아이디어는 어디에서 나오는 건가요?

누구나 떠올릴 법한 아이디어입니다. 다만 "에이~ 이렇게 쓰잘데기 없는 생각이나 하고 있고" 라고 넘어가지 않고 좀더 깊게 파보는 거죠. 파다보면 콘텐츠가 조금씩 정리되고 한 권의 책이 됩니다.

일반적으로 '덕후'는 일본의 오타쿠 문화를 떠올리게 됩니다. 일본의 오타쿠 문화와 한국의 오타쿠 문화 사이에 가장 큰 차이는 무엇이라고 생각하나요?

일본의 오타쿠는 일본어를 쓰고 한국의 오타쿠는 한국어를 씁니다. 나머지는 거의 비슷하지 않을까요.

또다른 책 『꿈 수집가』는 45인의 꿈 이야기를 담았습니다. 사람들의 꿈에 주목한 이유는 무엇인가요? 최근 작가님에게 가장 기억에 남는 꿈은 무엇인가요?

최근 '닷텍스트(.txt)'라는 레이블을 제작해서 잊히는 것들을 재구성하고 있습니다. 꿈 역시 꾸고 나면 금방 잊히는 기억이잖아요? 그래서 제일 먼저 작업해보고 싶었어요. 최근 가장 기억에 남는 꿈은 군대에 재입대한 꿈이었어요.

책다방 '홀리데이아방궁'을 운영하고 있습니다. 그곳 역시 특별한 소장품과 책이 가득하다고 들었습니다. 그 공간이 작가님에게 어떤 공간인가요?

보물 창고죠. 저에게 가장 소중한 것들을 모아서 전시하고 열람할 수 있게 했으니까요. 지금은 찻집이지만, 다양한 방법으로 운영할 계획입니다. 물론 어느 순간 소리 소문 없이 사라질 수도 있겠지만요.

작가님이 평생 '덕질'하고 싶은 단 한 가지는 무엇인가요?

책을 만드는 덕질이에요. 지금까지 홀로 10여 권의 책을 만들었지만 꾸준히 만들어서 책장 한가득 제 책으로 채우고 싶어요.

인터뷰. 윤여준

작가님만의 아지트를 소개해주세요.

 고성배
홀리데이아방궁

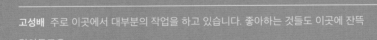

고성배 주로 이곳에서 대부분의 작업을 하고 있습니다. 좋아하는 것들도 이곳에 잔뜩

담아두고요.

자신을 너무
다그치지 마세요

구달

일개미 자서전
The Autobiography of the Worker Ant

구달

언제 찾아올지 모를 불확실한 행복보다 지금 내 앞에
놓인 확실한 불행부터 몰아내자고 결심했죠. 저에게 일은
수단이지 목적이 아니에요. '휴식'과 '딴짓'이 중요하기
때문에 일을 해요. 떳떳하게 쉬려고 열심히 일하는 거죠.

일개미의 하루는 짧다. 시간과 돈을
등가교환해야 먹고살 수 있어서다.

－구달, 일개미 자서전

자신을 너무
다그치지 마세요

구달
- 『블라디보스토크, 하라쇼』, 『일개미 자서전』

자신의 책을 쓰고 만든 특별한 계기가 있나요?
언제, 어떤 것과 마주했을 때 '굳이' 글로
남겨야겠다는 생각을 하나요?

　　저는 출판사에서 편집자로 일하고 있어요.
책 만드는 일이 업이다 보니 원고를 읽거나 기획거리를
찾아다녀요. 하지만 업으로 만드는 책이 제 취향과
맞을 순 없겠죠. 경제 경영, 인문, 대학 교재, 학술도서를
주로 만드는데, 보람은 있지만 재미없을 때도 있어요.
왜 이런 주제로는 글을 쓰지 않는 걸까, 내가 읽고
싶은 책은 누가 만들어주나…… 그런 생각을 하다가
자연스럽게 '나만의' 책을 구상하게 되었고, 직접
만들기까지 했네요. 특별한 주제를 찾아다니지는
않아요. 그냥 슥~ 지나갈 법한 소소한 일화인데 너무
웃길 때가 있잖아요. 의미가 남다를 때도 있고요.
그런 순간을 기억했다가 글로 남깁니다.

첫 책이 나왔을 때 누가 가장 먼저 생각났나요?
어떤 분에게 자신의 책을 가장 먼저 드렸나요?

　　한 살 터울 언니에게 가장 먼저 주었어요.
처음 만든 독립출판물이 『블라디보스토크,
하라쇼』라는 사진집이었어요. 여름, 언니와 함께
블라디보스토크 여행에서 찍은 사진으로 책을
엮었어요. 러시아도 처음이고, 패키지여행도
처음이어서 재미난 일이 많았어요. 여행을 다녀와서
언니와 함께 책에 실을 사진을 고르며 여행의 추억을
떠올리곤 했어요.

독립책방과 독립출판물을 찾는 사람이 늘어가고
있습니다. 그들은 왜 독립책방을 찾아서 독립출판물을
사고 읽는 걸까요? 그곳에서, 그 책을 통해 어떤 가치를
찾고 있는 걸까요?

　　대형 서점에 가면 소구점이 명확한 책들이
많죠. 내 상황이나 취향을 콕 집어 골라주는,
설득력 있는 문장으로 무장한 책. 그런데 그런 책에
설득당하기 싫을 때가 있어요. 삼십대 미혼 여성
직장인은 꼭 저런 책을 읽어야 하나? 실연당해서
마음이 아픈 내가 꼭 저 소설을 집어 들어야 하나?
책값을 치르는 건 나지만 고르는 건 내가 아닌 것
같다는 생각을 해요. 그런 점에서 독립출판물은
일반 책과는 달라요. 우선 독립책방은 대부분 골목에
숨어 있어요. 자극적인 문구를 매달지 않은 책들이
납작하게 진열되어 있는 거죠. 일일이 하나하나 집어
들어 표지를 살피고 속을 들춰봐야만 어떤 내용인지
알 수 있어요. 순전히 '나의' 감각으로 책을 고르는
거죠. 낯설고, 내밀하고, 불친절해요. 그만큼
좋은 글을 발견하고 공감하는 순간의 기쁨이 커요.

**자신이 지금 사는 삶의 공간에서 가장 마음에 드는
'곳'은 어디인가요? 작가님이 지금 가장 사랑하는
'일'은 무엇인가요?**

제 방이에요. 어릴 때부터 다섯 식구가
방 세 칸을 나눠 썼어요. 부모님과 남동생이 한 칸씩,
저와 언니가 짝을 이뤄 한 칸을 썼어요. 그러다
2015년 말에 언니가 결혼해서 방을 혼자 쓰게 됐어요.
내 공간이 생겨서 좋았어요. 여기저기 흩어져 있던
책도 한데 모았고, 작업용으로 오동나무로 만든
널찍한 책상도 샀어요. 그런데 너무 쾌적한 게
문제였어요. 침대에서 하염없이 뒹굴고, 책상에
다리 올리고 만화책을 보고…… 본격적으로 그림을
그리겠다고 색연필을 120자루나 샀는데 오동나무로
만든 새 책상에서 열 장도 못 그렸을 거예요.
요즘 가장 사랑하는 일은 강아지 뒤치다꺼리예요.
11개월 된 장모 닥스훈트를 키우고 있는데,
아직 아기라 힘이 넘쳐서인지 사고를 많이 쳐요.
벽지를 뜯고, 바닥을 긁고, 아무거나 주워 먹고…….
여가 시간을 강아지에게 몽땅 쏟아 붓고 있는데,
힘에 부칠 때도 있지만 너무 행복해요. 그 아이의
자발적 노예가 되었답니다.

**작가님의 이십대는 어땠나요?
지금 우리는 어떤 세상을 살고 있는 걸까요?**

평범했어요. 모범생 과라서 치기 어린 행동을
해본 적이 없어요. 대학에 들어가서도 친구들과 놀고,
아르바이트로 용돈을 보태고, 연애하고, 막판에
취업난에 허덕이는 등 남들과 다를 게 없었어요.
회사에 들어간 후에도 주중에는 야근하고 주말에는
밀린 잠을 자고……. 아, 학자금 대출을 갚았고
돈을 모아서 일 년에 한 번씩 해외여행은 갔어요.
조금 특별한 게 있다면 이십대에만 회사를 세 번
옮겼다는 거예요. 진로를 정하지 못해서 헤맨 거죠.

사실 아직도 제 적성을 모르겠어요. 앞으로 살아갈
날이 새털처럼 많은데 관심사는 계속 바뀌고……
야구로 따지면 이제 고작 2회일 뿐인데 승패가 벌써
갈렸다는 기분이 들면 그렇잖아요. 물론 현실에서는
헤맬 때마다 초조해요. 다른 사람보다 뒤처진
듯하고, 그래서 서둘러 목적지를 정해야 할 것 같고.
우회도로가 보이지 않는 세상을 살아가는 것 같아요.

**유독 '인생의 평균 속도'를 강조하는 우리나라에서
그 규칙을 지키며 살다가 마침표를 찍던 순간이 누구나
있습니다. 작가님은 어땠나요? 언제, 무슨 일로 가장
힘들었나요? 그리고 지금 평범한 일상을 지켜나가는
용기는 어디에서 얻나요?**

첫 직장이 고비였어요. 취업난을 뚫고
어렵게 얻은 일자리였어요. 그런데 회사 생활이
체질에 맞지 않는 거예요. 위계질서도 적응되지 않고,
상사가 반말하는 것도 싫고, 야근이 일상다반사인
것도 이해되지 않고……. 스물넷, 스물다섯 때였어요.
지금 생각하면 언제든지, 뭐든지 다시 시작할 수 있는
나이였는데 그때는 박차고 나오는 게 무서웠어요.
삼사 년은 돈을 더 벌어야 스물여덟 무렵 결혼을
할 텐데, 라는 생각도 했어요. 애인도 없으면서…….
결국 회사를 제 발로 나왔어요. 언제 찾아올지 모를
불확실한 행복보다 지금 내 앞에 놓인 확실한
불행부터 몰아내자고 결심했죠. 그때 했던 고민이
지금도 큰 도움이 되고 있어요.

'하고 싶은 일'과 '해야 하는 일'에 대해 어떤 원칙을 갖고 있나요?

특별한 원칙은 없어요. 그냥 하고 싶은 일을 하려면 돈과 시간이 필요하니까 그 돈과 시간을 벌기 위해 일을 하는 게 아닐까요. 가끔은 퇴근해서 잠이 들 때까지 고작 4시간 남짓 쉬기 위해 9시간 이상 일하는 게 부조리하게 느껴질 때도 있어요. 그런데 어쩌겠어요.

첫 책은 몇 부를 찍었나요? 총제작비는 어느 정도 소요되었나요? 제작비는 어떻게 마련했는지 궁금합니다.

50부 찍었어요. 중쇄도 100부 이상은 찍지 않아요. 인쇄할 때만 되면 아직도 조심스러워요. 내 책을 누가 읽을까 싶은 거죠. 50부를 제작할 때는 20만 원가량 들었어요. 인쇄제본비가 많이 들어요. 나머지는 소소한 것들, 가령 방산시장에서 책을 포장할 비닐을 사고, 책을 입고하기 위해 독립책방을 오가는 교통비 정도예요. 인건비는 생각하지도 못했어요. 다행히 제작비는 수중에 있는 돈으로 해결할 수 있었어요. 그리 큰 부담 없이 책을 만들었고, 첫 책을 팔아서 번 돈으로 두번째 책을 제작했어요. 다음 책을 인쇄할 만큼만 벌고 있어요.

독립출판은 작가가 직접 제작-입고-유통을 주도적으로 할 수밖에 없을 텐데요. 편집-디자인-인쇄 등은 어떻게 해결했나요? 독립책방 유통도 직접 챙겨서 하고 있나요?

배운 게 도둑질이라고 편집은 직접 했어요. 디자인도 직접 했는데, 편집자인 제가 디자인을 알면 얼마나 알겠어요. 그저 '미니멀'을 지향하는 척 최대한 손이 덜 가게 만들었어요. 단, 가제본은 무조건 만들어요. 모든 작업을 혼자 하다보니 어느 한 곳이 잘못되어도 알 수 없을 때가 있거든요.

가제본된 책을 받아 보면 가관이에요. 책은 쓸데없이 크고, 글자는 깨져 있고, 그림은 끝이 잘렸고, 종이는 상상했던 것보다 훨씬 누렇고……. 한 권 한 권 만들 때마다 시행착오를 겪고 있어요. 독립책방 유통도 직접 챙깁니다. 독립책방에 간단한 책 정보를 담아 메일을 보내 입고 요청을 드려요. 그리고 계속 새로 고침을 누릅니다. 또다시 간이 콩알 만해져요. 책방에서 메일을 읽을까, 만약 받아주지 않으면 어떡하지……. 물론 대부분 독립책방에서 친절하게 책을 받아주지만요.

작가님에게 좋은 자극을 안겨준 독립출판물은 무엇인가요? 혹은 작가는 누구인가요?

임소라 작가님을 좋아해요. 글을 정말 잘 쓰세요. 소소한 일상의 소재를 가지고 어쩜 그렇게 재미있게 이야기를 풀어나가는지 늘 새로워요. 작가님이 제본을 직접 하는 걸로 알고 있어요. 만듦새가 참 예뻐요. 언젠가 저도 직접 손으로 꿰어서 책을 만들고 싶어요.

이전의 삶을 '일개미'로 살았던 삶이라고 스스로 말씀하셨는데, 그렇다면 그 삶에서 과감히 떠나온 지금 작가님의 삶은 무엇에 비유할 수 있을까요?

2016년 초, 3년 반 정도 다녔던 회사를 뛰쳐나왔어요. 그리고 3개월 만에 다른 회사에 들어갔어요. 두 번 다시 회사 생활을 하지 않으려 했는데 쉽지 않더라고요. 한없이 게으른 하루하루가 너무 좋지만 통장 잔액은 점점 줄어들고, 마음은 초조해지고……. 물론 내가 작정한 만큼 쉬는 것도 좋다고 생각해요. 어쩌면 다시 회사에 들어갔기에 드는 생각일지도 모르죠. 아무튼 쉬는 3개월 동안 불안했어요. 그래서 저는 여전히 '일개미'입니다.

일개미 자서전
The Autobiography of the Worker Ant

구달

인기 없는 여자애

하루는 마도 있어 안 풀리다 올락다는 결심을 꿈았다. 안정적인 직장이라고 생각한 회사를 옮겼는데 일 년 안에 잘릴 위기가 벌을 무엇이다. 회사문제로 수업이 가득 찬 일굘로 내가 전날 사주를 받아 본 역술가 아저씨의 못 애다. "그대 남자는 해 안 만나는 거예요?"

순간 가슴이 철렁했다. 아니, 법법이 경정에 있어 마음속 걸어 손임이 갑곤 올렸지 내 근본적인 조초함이 간파당한 것인가. 이분은 고주로구나. 아니다지, 고게 문제가 아니라 내가 1984년 x월 x일 오전 x시에 태어난 관계로 평생을 연애고자로 상계 평 숙액을 굴어던 거라만? 복잡해진 내 표정을 읽어낸 아저씨는 쳔 주 종이를 꺼내더니 키다란 바/니에 사과을 선픽 그려 설명다. "자, 보세요. 손님 사주에 남자가 사라받을 있다면, 지금껏 이 많은 사주인데 심한 활용하지는 문항여장 스스로 폭을 싸고 있다는 설명과 함께, 일이 잘 안 풀리고 애사에 부가피한 짓도 다 음양의 조화가 깨져서 그렇다나.

인생에지 리름치만 나는 대제로 인기가 없는 편이다. '그래요?'라는 물레와 무른 단식을 붙인 처럼은 인기가 애매하게 얼지 매우 안돼, 남의 표현하려면 남녀 사이에 정문이 나가 어린이 상황에는 아무도 나를 박사랑의 대상으로 선택하지 않는다. 예쁘다고 같은 판, 같은 동야리, 같은 학원, 같은 사무실이던 한 공간에 남녀가 직장한 비율로 있어 무공과 마주하는 경상의 무경 속에서 내게 연애감정을 느끼는 이장이 없다는 말이다. 대체 어째맞 데이를 본 남자는 젊은관계서 걸어오것다 앵인이라던지, 오래가만 눈아나 몇 번 마주친 게 다인 남학생, 이오 아는 건 이름뿐고 짓 관면만 날녕 산대, 아르바이트 하던 가게의 손님 등 대무부 투명인했다. 한 이상은 있어다. 왜 나는 앉고 거대런 남자에서 이는날 '다랑은 친구래가 싫어'라고 오줌게 고백해 준다던지 회사 전체가 무박 누운 뱀 전화를 거든 것이 장이라던다더자 하는 상면의 주인공이 될 수 없는 걸까.

이상대, 후반에 걸어 때부타는 굴긴 이것을 심각한 문제로 인식해 왔다. 가음에 좋 나도 붐면 사내들이 나타나 줄 덕분에 그리하지 데이도 상대로 만들었던데, 무명박사의 만남은 활은 인연만큼이나 압력해야 끝나는 끔 같다. 인상세서 연애감정을 풀리 힘으로 수 있는 존재라는 건, 무리생활에서 책을 구할 수 없다

언제부터 스스로를 '일개미'라고 느끼게 되었나요. 특별한 계기가 있었나요?

　　'사원증'을 목에 건 순간부터였죠. 열정이니, 꿈이니, 자아실현이니…… 어떤 수식어를 갖다 붙여도 밥벌이를 위해 구슬땀을 흘려야 한다면 일개미가 아닐까요.

그냥 일개미가 되지 않기 위해 '일'은 삶에서 어떤 것이 되어야 한다고 생각하나요?

　　저에게 일은 수단이지 목적이 아니에요. 일에서 보람이나 성취감을 얻는 분도 있겠지만 저는 일이 아닌 일을 할 때가 좋아요. '휴식'과 '딴짓'이 중요하기 때문에 일을 해요. 떳떳하게 쉬려고 열심히 일하는 거죠. 가급적 일과 일상을 분리하려고 노력합니다. 물론 쉽지 않아요. 대부분 일이 일상을 잡아먹곤 해요. 그때마다 일에 허덕이느라 일상을 허비하지 말자고 다짐하며 단호한 표정으로 일해요.

그렇다면 아무 일도, 아무것도 하기 싫을 때 작가님은 어떻게 하나요?

　　격렬하게 아무것도 하고 싶지 않은 날은 가급적 아무것도 하지 않아요. 근무시간이라면 꼭 해야 할 일만 처리하고 나머지는 쉬엄쉬엄 하거나, 아니면 연차 휴가를 써요. 일종의 태업이지만, 죄책감은 갖지 않으려 해요. 어차피 야근으로 벌충할 테니까요. 하루 혹은 반나절 꾀를 부려도 세상은 무너지지 않아요.

삶에 대해 작가님이 갖고 있는 가장 두드러지는 감정은 어떤 건가요?

　　어려운 질문이네요. 애처롭다?

힘내라는 말, 할 수 있다는 말, 너를 믿는다는 말이 싫을 때가 있습니다. 우리가 진짜 해줘야 할 말은 무엇일까요? 그때 작가님이 가장 듣고 싶은 말은 무엇인가요?

　　논리 정연한 조언이나 격려를 받기보다 그냥 내가 정해놓은 대답을 듣고 싶어요. 힘들었겠구나, 버티지 마, 하고 싶은 대로…… 이런 대답. 고민이나 힘든 일을 털어놓는 순간만큼은 무조건 내 말에 끄덕여줬으면 해요. 사람마다 힘든 상황을 버티는 방법은 다르거든요. 그 차이를 이해한다면 서로를 따뜻하게 위로할 수 있지 않을까요.

비슷한 고민으로 속을 끓이는 후배에게 가장 먼저, 많이 해주고 싶은 한마디를 꼽는다면 무엇일까요.

　　자신을 너무 다그치지 마세요.

인터뷰. 전지윤

작가님만의 아지트를 소개해주세요.

구달
이진아 기념 도서관

구달 도서관을 정말 좋아해요. 근처에 공원도 있어서 산책하기도 좋아요. 그중에서도 독립문
근처 '이진아 기념 도서관'을 가장 좋아합니다. 열람실 한쪽이 커다란 통유리라서 하늘과 나무가
시원시원하게 보이거든요. 열람실에 앉아만 있어도 좋은 공간입니다.

책이 없다면 세상은
얼마나 심심할까요?

규영

당신의 열두 달은 어떤가요

DINOBOOKS

다들 각자의 방법으로 잘 살고 있구나, 라는 메시지를
전하고 싶었어요. SNS로 다른 사람의 일상을 보다가
'나만 싱겁게 사나?' 의기소침할 때가 있잖아요. 하지만
곱씹어보면 싱거움 속에 희로애락이 숨어 있는 법이죠.
그걸 얘기하고 싶었어요. 나의 희로애락을 소중히 여기면
자연스럽게 삶의 아픔은 치유될 테니까요.

매달 꼬박꼬박 월급을 주는 회사에 고마운 마음이 드는 날이 있다.
그런 생각을 하는 날엔 희한하게도 일이 잘 풀린다.

규영

책이 없다면 세상은
얼마나 심심할까요?

규영

- 「당신의 열두 달은 어떤가요」

**자신의 책을 쓰고 만든 특별한 계기가 있나요?
언제, 어떤 것과 마주했을 때 '굳이' 글로
남겨야겠다고 생각하나요?**

텔레비전 드라마든 노래 가사든, 재미있는
이야기라면 다 좋아해요. 이야기를 손에 잡히는
물건으로 만들었다는 점에서 특별히 책을 좋아합니다.
맛있는 음식을 좋아하는 사람이 요리를 하듯 책을
좋아하다보니 손수 만들게 됐어요. 글은 늘 쓰려고
합니다. 스마트폰과 컴퓨터로 연동되는 '에버노트'
앱을 사용해서 글을 써요. 골목에서 군고구마 냄새가
풍기면 그 훈훈함을 기억하려고 '겨울밤 군고구마
냄새 끝내준다'라고 투박하게 적어두는 식으로요.

**첫 책이 나왔을 때 누가 가장 먼저 생각났나요?
어떤 분에게 자신의 책을 가장 먼저 드렸나요?**

쑥스럽지만 스무 살의 제가 가장 먼저
떠올랐어요. 그 무렵 서점 안 카페에 앉아서 '언젠가
내 책을 만들 수 있을까?'를 자주 생각했거든요.
첫 책을 처음 보신 분들은 부모님이에요. 인쇄소에서
배달된 상자를 열어서 맨 위에 놓인 두 권을 꺼내어
드렸더니 기뻐하셨어요.

**독립책방과 독립출판물을 찾는 사람이 늘어가고
있습니다. 그들은 왜 독립책방을 찾아서 독립출판물을
사고 읽는 걸까요? 그곳에서, 그 책을 통해 어떤 가치를
찾고 있는 걸까요?**

개인적으로 일반 서점도 좋아해요. 하지만
일반 서점은 장르와 순위에 따라 책의 위치를 정하죠.
서점이 의도한 순서대로 책을 보게 된다고 할까요.
독자 입장에서는 모험의 기회가 줄어들죠.
반면 독립책방은 책방지기의 취향이 반영돼서
진열 방식부터 달라요. 제주도에 깊은 애정을 가진
책방지기는 제주도 관련 책을 따로 모아두고,
다른 책방에서는 작은 책들을 바구니에 담아두고.
그렇게 개성 넘치는 공간에서 손으로 직접 제본한
그림책이나 기발한 시집 등 예상을 뒤엎는
독립출판물을 만나면 보물을 찾은 것 같아요.

**자신이 지금 사는 삶의 공간에서 가장 마음에 드는
'곳'은 어디인가요? 작가님이 지금 가장 사랑하는
'일'은 무엇인가요?**

'햇살돛단배'라는 카페 겸 바를 좋아합니다.
작업을 하다가 바람을 쐬고 싶을 때, 약속을 잡지
않아도 어슬렁어슬렁 들어가 칵테일을 마시기 좋은
곳이죠. 독특한 소품도 많고 음악도 좋아서 눈과
귀가 호강하는 곳이에요. 사랑하는 일은 이야기를
짓는 거예요. 책을 가장 좋아하지만 이야기가 필요한
일에는 늘 호기심이 가요. 영상이나 작사 같은 일.

작가님의 이십대는 어땠나요?
지금 우리는 어떤 세상을 살고 있는 걸까요?

　　대학을 졸업하기 전에는 책과 함께, 졸업한
후에는 회사와 함께한 이십대였어요. 대학 시절,
도서관에 자주 갔어요. 유난히 채광이 좋았거든요.
소파에 앉아 고양이처럼 등으로 햇살을 맞으며
책을 뒤적였지요. 졸업한 후에는 회사원이 되어
점심시간마다 뭘 먹을까 메뉴를 고민하고 야근도
하면서 살았습니다. 평범하면서도 만족스러운
이십대였네요.

　　지금 우리가 어떤 세상을 살고 있는지는……
우와, 어려운 질문이에요. 그래도 각자의 자리에서
노력하는 사람들 덕분에 든든해요. 취업난도
심하고 흙수저, 금수저 등 우리를 쓰라리게 하는
신조어도 생겼지만, 주위를 둘러보면 현실에
포기하는 사람보다 자기가 좋아하는 일을 해내기
위해 노력하는 사람들이 훨씬 많거든요. 그런 사람들
덕분에 세상이 여전히 생기를 유지한다고 봅니다.

유독 '인생의 평균 속도'를 강조하는 이 사회에서
규칙을 지키며 살다가 마침표를 찍던 순간이 누구나
있습니다. 작가님은 어땠나요? 언제, 무슨 일로 가장
힘들었나요? 그리고 지금 평범한 일상을 지켜나가는
용기는 어디에서 얻나요?

　　2016년 초, 마침표를 하나 찍었어요. 단기간에
눈에 보이는 성과를 내야 한다고 생각했는데
책 한 권을 만들기까지 생각보다 시간이 많이 걸리는
거예요. 당황했어요. 2016년을 맞아서 '앞으로 어떤
태도로 책을 만들어야 할까'를 놓고 한참 고민했어요.
낯선 고민을 안고 생각도 정리할 겸 짧은 여행을
다녀왔어요. 그리고 '일단 차분하게 만들자'라고
결론을 내렸어요. 일본 영화 〈안경〉에서 할머니가
팥빙수에 들어갈 팥을 고면서 "중요한 건 조급해하지
않는 것"이라고 말하는 대목을 노트에 적어두고
자주 봤어요. 그렇게 하루하루 평범한 일상을
지켜갈 용기를 스스로 조금씩 생산하며 살고
있습니다. 산책을 하고, 맛있는 빵을 먹으며
"세상은 아직 살 만해!" 외치면서요.

**'하고 싶은 일'과 '해야 하는 일'에 대해
어떤 원칙을 갖고 있나요?**

　　　　인간으로 태어나 꼭 해야 하는 일은 없어요.
절대 하지 말아야 할 일은 있겠지만요. 그런데
하고 싶은 일이 생기면 반드시 해야만 하는 일이
자연스럽게 따라오더라고요. 그래서 하고 싶은 일을
하려면 무엇을 해야 할지 'to do list'를 적고 지키려
노력합니다. 그게 작지만 유일한 저의 원칙이에요.
가끔은 해야 할 일을 묵묵히 감내하는 시간이 터널을
지나는 것처럼 지루해요. 그럴 때에는 '하고 싶은
일을 성취한 사람들 모두 이 터널을 지났겠지'라고
생각해요. 그럼 다시 콧노래가 나와요.

**첫 책은 몇 부를 찍었나요? 총제작비는 어느 정도
소요되었나요? 제작비는 어떻게 마련했는지
궁금합니다.**

　　　　사실 『당신의 열두 달은 어떤가요』는
친구들에게 선물하고 싶어서 만들었어요. 그래서
초판 100부만 찍었습니다. 지인에게 선물하고,
나머지는 독립책방에 입고시켰는데 이틀 만에 재입고
요청이 왔어요. 운 좋게 일주일 만에 추가 인쇄를
했어요. 초판 100권을 제작하는 데 약 55만 원이
들었어요. 유료 폰트 구입비를 포함해서요. 제작비는
직장 다닐 때 모은 돈으로 충당했습니다.

독립출판은 작가가 직접 제작-입고-유통을 주도적으로
할 수밖에 없을 텐데요. 편집-디자인-인쇄 등은 어떻게
해결했나요? 독립책방 유통도 직접 챙겨서 하고 있나요?

　　인쇄와 제본은 인쇄소에 부탁드리고 편집과
디자인은 직접 했어요. 편집 프로그램 인디자인을
처음 접하다보니 다른 독립출판 작가님에게 전화를
걸어 "어때요, 할 만한가요?" 여쭤봤더니 자기도
책을 보며 독학했다고 하더라고요. 도서관에서
인디자인 관련 책 다섯 권을 빌려서 공부하며 직접
편집했어요. 재미있었어요! 원래 파워포인트와
포토샵 프로그램을 좋아했는데 인디자인은 두 가지를
섞은 느낌이었어요. 독립책방 유통도 직접 했어요.
메일로 입고 문의를 드리고, 1차 입고는 거의 직접
방문했어요. 책방지기님들이 참 친절하셨어요.

작가님에게 좋은 자극을 안겨준 독립출판물은
무엇인가요? 혹은 작가는 누구인가요?

　　전하영 작가의 『인사의 온기』를 좋아해요.
표지도 예쁘고, 싱싱한 과일을 먹은 것처럼 저를 맑게
해줘요. 언젠가 작가님을 직접 만나면 반갑게 인사를
건네고 싶어요.

『당신의 열두 달은 어떤가요』에서 직장인, 아기,
젊은 여성, 아줌마…… 4개의 캐릭터를 다루었습니다.
혹시 다른 캐릭터를 넣었다가 최종 4개로 압축된 건가요?
만약 노인 등 다른 캐릭터가 추가된다면 어떻게
구성될까요?

　　노인 캐릭터라…… 재밌네요. 겉으로는
잔잔하지만 속은 질풍노도(?)인 할아버지 캐릭터가
떠올라요. 처음에는 수능을 준비하며 팍팍하게 사는
고등학교 3학년의 열두 달이나 신혼부부의 깨소금
쏟아지는 열두 달을 넣고 싶었어요. 그런데 등장인물
사이에 작은 연결고리가 있어서 인물이 다양하면
연결고리가 자연스럽지 않을 것 같았어요. 그래서
네 명으로 압축했어요.

**'사람에 대한 관찰력'이 남다르다는 걸 매번 느낍니다.
사람을 관찰하는 작가님만의 기준 혹은 노하우가
있나요?**

　　　　좋게 봐주셔서 고맙습니다. 그냥 '나라면
어떨까'를 상상해요. 책 속 아기 이야기를 쓸 때는
제가 육아 경험이 없어서 엄마들의 블로그를 살피며
'내가 아기라면 엄마가 치킨 먹을 때 무슨 생각을
할까?'를 상상했어요. 야쿠르트 아줌마 캐릭터는
동네 팔각정에서 어르신들이 야쿠르트 장사를
놓고 얘기하는 것을 듣고 아이디어를 얻었어요.
'야쿠르트 배달을 마치고 집에 돌아가 가족과 저녁을
드시겠구나, 오늘은 뭘 드시려나?' 등을 상상하며
에피소드를 만들었어요.

**책 속에서 각자에게 1년이 주어졌지만, 그 1년이 서로
다르게 흘러감을 암시하는 숫자로 표현했습니다.
유독 야쿠르트 아줌마 캐릭터에 그것을 부여하지 않은
이유가 있나요?**

　　　　앗, 예리하세요. 만약 직장인, 아기, 젊은
여성 캐릭터가 달력을 본다면 "올해도 이만큼이나
지났네"라고 중얼거릴 것 같았어요. 열두 달 가운데
얼마만큼 세월이 지났는지 알 수 있게 숫자로
표기했어요. 하지만 야쿠르트 아줌마는 달력을 보고
"이달엔 뭐가 제철이지?"라고 중얼거릴 것 같았어요.
가족에게 제철 음식을 먹이기 위해 요리할 테니까요.
그래서 '1월의 맛' '2월의 맛' 식으로 소제목을
달았어요. 편집을 하며 소제목과 글이 나란히 붙어야
자연스러운 것 같아서 책의 통일감을 위해서 다른
캐릭터처럼 그림에 숫자를 넣을까 하다가 형식을
맞추는 게 싫어서 예외로 남겼습니다.

**작가님에게 가장 소중했던 1년은 언제였나요?
그 1년은 어떻게 흘러갔나요? 만약 아직 없다면
어떤 1년을 소망하나요?**

　　　　서른 살이 되던 해. 그때는 하루하루가 참
소중했어요. 회사에서 맡은 프로젝트도 재미있었고,
새 친구들도 만났고, 틈틈이 습작도 썼어요.
내 인생 처음으로 앞머리를 없앤 해이기도 했어요.
스물아홉까지 늘 짧은 앞머리가 있었는데 이마를
드러내려고 앞머리와 인내심을 동시에 길렀어요.
몇 번이고 그만 자를까 유혹에 시달렸지만
성공했어요! 기르기까지 딱 1년이 걸렸어요. 저는
드라마틱한 행복보다 소소한 행복이 이어지는 게
좋아요. 앞으로도 그렇게 살아가길 소망합니다.

**각각 독립된 캐릭터를 둘러싼 이야기가 하나로
연결되며 '치유'라는 주제로 나아가고 있습니다.
작가님이 전하고 싶은 메시지는 무엇인가요?**

　　　　다들 각자의 방법으로 잘 살고 있구나, 라는
메시지를 전하고 싶었어요. SNS로 다른 사람의
일상을 보다가 '나만 싱겁게 사나?' 의기소침할
때가 있잖아요. 하지만 곱씹어보면 싱거움 속에
희로애락이 숨어 있는 법이죠. 그걸 얘기하고
싶었어요. 나의 희로애락을 소중히 여기면
자연스럽게 삶의 아픔은 치유될 테니까요.

5월의 맛, 장어 덮밥

애들 아빠가 아프다. 봄살에 결렸는지 근육통에 시달리는데 내 탓인듯싶
다. 잘해서 먹어야 하는데 내 일한남시고 살림을 너무 내팽개쳤나 싶고.
오늘은 애들 아빠가 콜록대며 출근도 못 하는 바람에 나도 하루 쉬면서
장어 덮밥을 만들어 대령했다. 장어 맛보고 기운 펄펄 내식오.
나도 몸보신할 겸 생강채를 얹어 먹었다. 장어 기름지고 퐁퐁해서 몇 쿰
만 먹어도 든든하다. 시장 단기 전에 몇 마리 더 사올까나.

3월이 끝나간다. 얼마 전에는 친구가 그만 멀지라며 소개팅을 주선했다.
소개팅에서 만난 남자는 동글동글 서글서글, 친한 사람 같았다.
하지만 내 머릿속에는 온통 그 사람 얼굴만 둥둥 떠다니고.
다시는 소개팅하지 말아야지.

왼쪽 가슴이 묵직하다. 왜 시간이 지날수록 그리움이 커지는지.
갖지 못한 것에 대한 집착인가? 집착은 사랑이 아니라던데.
적작하자 마음아.

**4개의 캐릭터를 가만히 들여다보면 작가님이 모든
캐릭터의 직업과 역할을 겪은 듯한 느낌을 받습니다.
작가님의 장래희망을 물어봐도 될까요?**

캐릭터의 직업과 역할을 모두 겪어보지는
못했어요. 장래희망은 매력적인 캐릭터가 등장하는
이야기를 만드는 거예요. 웹툰, 드라마, 영화, 책이
없다면 세상은 얼마나 심심했을까요. '이야기'를
만드는 사람이 되고 싶습니다.

**책 곳곳에서 어린 시절 감성을 느끼게 하는 요소를
발견하게 됩니다. 출판사 로고도 공룡이고, 책의 판형
역시 어린 시절을 떠올리게 합니다. 책의 콘셉트와 편집
디자인을 이렇게 설정한 특별한 이유가 있나요?**

'어른을 위한 동화책'에 관심이 많아요.
대부분의 어른은 어른답게 살아가려고 노력하죠.
그게 쉬운 일은 아니잖아요. 누군가 내 책을 보는
동안만큼은 아이가 된 기분을 맛보길 바랐어요.
공감대를 형성하기 위해 현실의 삶을 주제로
삼았지만 형식은 동화책을 참고했습니다.

인터뷰. 강경선

작가님만의 아지트를 소개해주세요.

 규영
햇살돛단배

               ○ ○ ○

규영 '햇살돛단배'라는 카페 겸 바를 좋아합니다. 작업을 하다가 바람을 쐬고 싶을 때, 약속을 잡지 않아도 어슬렁어슬렁 들어가 칵테일을 마시기 좋은 곳이죠. 독특한 소품도 많고 음악도 좋아서 눈과 귀가 호강하는 곳이에요.

부끄럽지 않은
시인으로
살고 싶습니다

김경현

과거가 어떤 세상이었든, 지금이 어떤 세상이든 사람에게
무심하지 않고 손바닥의 온기를 나누며 살아가는
사람이길 소망합니다. '사람을 위하여' 마음을 쓰고
행동하고 싶어요.

나는 온통
당신을 위한
모든 것이고 싶다.

김미경
사람을 위하여!

부끄럽지 않은
시인으로
살고 싶습니다

김경현

- 『이별의 도서관』, 『사랑의 재건축』 등

자신의 책을 쓰고 만든 특별한 계기가 있나요?
언제, 어떤 것과 마주했을 때 '굳이' 글로
남겨야겠다는 생각을 하나요?

　　　신춘문예와 공모전에 작품을 보내고, 작은
문예지에서 등단을 하면서 이미 만들어진 시스템이
불합리하다고 느꼈습니다. 내가 좋아하는 시인들이
참여하는 어떤 문예지는 '엔솔로지' 시집에 참여하면
1회 추천을 해줄 테니 얼마를 내라고 하고, 다른 지역
문예지는 이른바 '문단'이라는 곳과는 다른 생태계를
이루고 있다는 느낌이었어요. '내가 쓴 글이 정말
좋은 글일까, 정말 좋은 글이라면 사람들이 읽어주지
않을까?'라는 생각으로 『시월세집』을 시작했습니다.
그 와중에 벗이 세상을 떠났고, 그 일을 겪으며 내가
하고 싶은 것을 세상 어딘가에 남겨둬야겠다는 생각에
책을 만들었어요. 제 글은 단순히 어떤 것을 마주하며
썼다기보다 '내가 마주한 모든 것을 똑바로 마주할
수 있을까?'라는 생각에서 나옵니다. 살아가는 데
부끄럽지 않으려고 쓴 글입니다.

첫 책이 나왔을 때 누가 가장 먼저 생각났나요?
어떤 분에게 자신의 책을 가장 먼저 드렸나요?

　　　첫 책의 제목은 '이별의 도서관'이었어요.
「이별」이라는 시가 서시로 사용되었는데, 이 시는
고인이 된 세 분을 생각하며 썼습니다. 어릴 때부터
저를 귀여워해주신 작은 이모부, 문학과 다른 전공을
선택했을 때 "그래도 시는 계속 쓸 거죠?"라고

물어보신 은사님, 그리고 고(故) 노무현 대통령.
각 문단이 서로 다른 시처럼 느껴지게, 그러면서도 하나로
연결되도록 썼고 마치 회화처럼 그리고자 했습니다.
그 책이 세상에 나온 첫날, 세 분을 가장 먼저 떠올렸고,
먼저 먼 길을 떠난 친구를 떠올렸습니다. 책이 나온
날에 마침 벼룩시장이 열려서 어떤 분에게 가장 먼저
드렸다고 말할 틈도 없이 독자들의 손으로 갔습니다.

독립책방과 독립출판물을 찾는 사람이 늘어가고
있습니다. 그들은 왜 독립책방을 찾아서 독립출판물을
사고 읽는 걸까요? 그곳에서, 그 책을 통해 어떤 가치를
찾고 있는 걸까요?

　　　독립출판물도 자세히 들여다보면 세분화되어
있어요. 독자들이 어떤 가치를 찾고 있다고 단정하기
어려워요. 다만 책방을 운영하다보면 방송이나
인터뷰를 보고 찾는 분들과 독립출판에 애정을 갖고
있는 분들이 다르다는 느낌을 받아요. 대부분 '나도
한번 만들어볼까?'라고 생각하지만, 독립출판에
애정을 갖고 묵묵히 지켜보는 분들은 기성출판에서
볼 수 없는 재기발랄함을 응원해주세요. '하우위아'의
임소라 작가처럼 손으로 직접 제본하고, '소시민워크'의
『아자씨의 냉면여행』처럼 플립 북을 만드는 식으로
기성출판에서 시도하지 않는 방식으로 책을 만들죠.
책에서 다루는 내용도 좀더 발칙하고 잘 다루지 않는
이야기가 많아요. 독자들이 내 삶과 가까운 곳에
있다는 느낌을 받는 이유죠.

자신이 지금 사는 삶의 공간에서 가장 마음에 드는 '곳'은 어디인가요? 작가님이 지금 가장 사랑하는 '일'은 무엇인가요?

가장 마음에 드는 곳은 '책방'이에요. 특히 독립출판물 구매가 이루어지는 카운터가 마음에 듭니다. 지금 내 삶에서 가장 상업적인 공간이면서도 책들이 내 손을 떠나 주인을 찾아가는 공간이니까요. 언어의 묵직함을 여실히 느끼는 공간이기도 합니다. 가장 사랑하는 '일'이 행위를 뜻하는 것이라면 부모님께 맛있는 저녁을 사드리는 일이겠고, 직업상 일을 뜻하는 거라면 벼룩시장에서 책을 열심히 판매할 때입니다. 간혹 퉁명스러운 분을 만날 때도 있지만, 문장 한 줄에 행복해하는 모습을 볼 때마다 저 역시 행복하고 즐겁습니다.

작가님의 이십대는 어땠나요? 지금 우리는 어떤 세상을 살고 있는 걸까요?

많은 사람들을 만났고, 많은 사람들을 떠나보냈던 시간이었어요. 한 시절은 사랑과 우정에 얽매여 살았고, 한 시절은 이념과 사상에 얽매여 살았습니다. 기쁨과 슬픔을 이기지 못하고 술독에 빠져 있던 시간이 고마우면서도 아쉽습니다. '이립(而立)'은 모든 기초를 세우는 나이라고 했지만 '나는 과연 단단한가?'라고 물으면 이제야 단단해지는 방법을 알겠노라고 답할 수 있을 것 같아요. 누구에게는 사랑스러운 세상일 테고, 누구에게는 비관적인 세상이겠지만, 그 사이에서 양손을 꼭 붙들고 균형 있게 살고 싶습니다. 과거가 어떤 세상이었든, 지금이 어떤 세상이든 사람에게 무심하지 않고 손바닥의 온기를 나누며 살아가는 사람이길 소망합니다.

유독 '인생의 평균 속도'를 강조하는 우리나라에서
그 규칙을 지키며 살다가 마침표를 찍던 순간이 누구나
있습니다. 작가님은 어땠나요? 언제, 무슨 일로 가장
힘들었나요? 그리고 지금 평범한 일상을 지켜나가는
용기는 어디에서 얻나요?

'다른 사람에게 마침표를 찍었을 때, 다른
사람으로부터 마침표가 찍혔을 때, 내가 다른
사람에게 마침표를 찍었을 때'가 가장 힘들어요.
사람을 만나고 관계를 지속하기 위해서는 서로가
서로를 배려해야 합니다. 그런데 누군가에게
무엇을 바라는 마음이 욕심으로 느껴지고, 다른
사람의 감정이 괴물처럼 보인 적이 있어요. 세상에서
마침표를 찍는다는 것은 '끝났다'는 걸 의미하죠.
하지만 저는 달라요. 저에게 마침표는 그것을 찍고
다음 문장으로 넘어가는 것이에요. 삶에 일말의
희망을 갖는 이유, 평범한 일상을 지켜나가게 하는
작은 용기를 포기하지 않는 이유도 그 힘에서 나오는
걸지도 몰라요.

詩月賞集
시 집 살 이

김 경 현

'하고 싶은 일'과 '해야 하는 일'에 대해 어떤 원칙을
갖고 있나요?

'내일 내가 죽는다면'이라는 극단적인 가정을
해볼까요? 당장 '하고 싶은 일'이 떠오르겠지만,
우리를 가장 슬프게 하는 것은 '해야 하는 일'을 아직
하지 못한 겁니다. '하고 싶은 일'은 희망을 말하고,
'해야 하는 일'은 책임이 따르는 일이죠. 단순히
하고 싶다는 이유로 결과를 무시하고 싶지 않고,
단순히 해야 하는 일이라고 과정을 무시하고 싶지는
않습니다. '과정'과 '결과'의 주체인 나라는 존재가
무시되는 일도 하고 싶지 않습니다.

첫 책은 몇 부를 찍었나요? 총제작비는 어느 정도
소요되었나요? 제작비는 어떻게 마련했는지
궁금합니다.

약 300부를 제작하는 데 150만 원이
소요되었습니다. 제작비는 일을 해서 마련했습니다.

독립출판은 작가가 직접 제작-입고-유통을 주도적으로
할 수밖에 없을 텐데요. 편집-디자인-인쇄 등은 어떻게
해결했나요? 독립책방 유통도 직접 챙겨서 하고 있나요?

처음에는 지인의 도움을 얻었지만 차츰
스스로 해결해나가고 있습니다. 고맙게도 많은
분들이 도와주셨어요. 독립책방 유통도 직접 하고
있습니다. 편집과 디자인은 여전히 부족해서 지금도
도움을 구하고 있어요. 하지만 편집과 디자인 면의
서툰 부분을 채우는 것보다 글에서 느껴지는 서툰
모습을 먼저 갈고닦는 것이 다음 책을 기다리는
독자에게 보답하는 길이라고 생각합니다.

작가님에게 좋은 자극을 안겨준 독립출판물은
무엇인가요? 혹은 작가는 누구인가요?
변영근, 김인엽, MAGNETIC 5.

『시월세집』여섯번째 권『엄마방 아빠방』이
출간되었습니다. 2년 만에 6권이 나오는 셈인데요.
에너지가 넘치는 것 같아요. 너무 바쁘게 사는 건
아닌지 걱정도 됩니다.
　　　이전부터 쓴 시를 고친 것도 있어서
늘 게으르다고 생각합니다.『시월세집』프로젝트는
1년 동안 열두 권을 제작하는 것이 목표였는데
더디게 나와서 부끄럽습니다.

발행일을 '단기(檀紀)'로 표기하는
특별한 이유가 있나요?
　　　'서기'는 예수의 탄생을 기준으로 삼는
거잖아요. 대한민국은 수립 후 단기를 사용하다가
박정희 소장이 쿠데타를 일으켜 정권을 세우고
서기로 바꾸었습니다. 단기로 발행일을 표기하는
이유는 공식적으로 단기를 사용하기 시작한
독립선언문의 혼과 맥을 함께하기 위함입니다.

이태원에서 '다시서점'을 운영하고 있습니다.
책방 운영이 작품의 방향이나 완성도에
어떤 영향을 끼치나요?
　　　좋지 않은 영향을 끼치고 있습니다. 책방을
함께하면 책도 많이 읽고 즐거울 줄 알았어요.
그런데 생각보다 신경 써야 할 게 너무 많아요.
손님 한 분 한 분을 맞이하다보니 책을 읽을 시간도
줄었습니다. 여가를 즐길 시간도, 여행을 떠날
시간도 줄었어요. 그 때문에 경쾌한 리듬을 지닌
글보다 무거운 짐을 든 것 같은 글을 쓰고 있어서
아쉽습니다.

4권 『시집살이』는 1~3권보다 좀더 먼 것을
이야기하는데도 '나'와 가장 내밀하게 이어지는
느낌이에요. 작품 속의 '나'가 사회로, 세계로
뻗어나가는 느낌이랄까요. 각각의 작품 사이에
어떤 변화가 느껴집니다.

　　　『시집살이』는 처음부터 끝까지 시의
마지막 줄과 다음 시가 이어지도록 썼어요. 다른
내용의 시가 하나로 이어지기를 기대했고, 108편의
시가 단순히 번뇌를 뜻하는 게 아니라 한 인간의
삶을, 이 사회를, 이 세계를 그려내길 바랐습니다.
『시집살이』는 총 3부로 구성되었는데, 1부는 '시',
2부는 '사랑', 3부는 '사회와 삶'을 큰 틀로 하고
있습니다. 아주 작은 희망을 기대하듯이 '내일로
가자'라고 이야기합니다. 다음 작업인 『사랑의
재건축』으로 연결되도록 말이죠.

『시집살이』 맺음말에 '시를 쓸 때만 시인'이라고
썼습니다. '시를 쓰지 않을 때'의 자신은 무엇이라고
생각하나요?

　　　행동이 나라는 사람을 나타낸다고
생각합니다. '시를 쓸 때만 시인'이라는 말은 반대로
언제나 시를 쓰고 생각하겠다는 말이기도 합니다.
시인으로 불리기 위해서는 말과 행동으로 폼을 잡는
게 아니라 부끄럽지 않게 행동하며 살아야 한다고
생각합니다. 시인이라는 말은 명예로운 칭호이자
다른 사람이 스스로에게 안겨주는 찬사입니다.
'시'를 쓰지 않을 때, '시'를 쓰지 못할 때의 나는
수많은 인파에 묻힌 사람이겠지요.

작가님의 시는 사랑의 대상이 다양합니다.
지금처럼 사랑이 무너지는 시대에 어떤 방법으로
사랑을 실천하고 있나요?

　　　사랑은 무너져왔고, 계속 무너질 것이고,
다시 재건될 것입니다. 준비와 노력, 아무런 성의
없이 밥을 대하지 않는 것처럼 그렇게 사람을 대하지
않으려고 합니다. 무엇보다 '사람을 위하여' 마음을
쓰고 행동하려고 노력합니다. 교회를 다니지는
않지만 십일조처럼 수입의 일부를 사회에 환원하고,
나지막한 목소리일지언정 불의에 항거하고 있습니다.
사람들이 죽어가고 있는데 나의 사랑만을 찬란하게
포장할 순 없으니까요. 제 시에서 '그대, 당신, 사랑'의
단어를 민주주의로 바꿔서 읽어보시겠어요?
그렇게 읽는 사람이 어딘가에 있기를 바라며 시를
쓸 때부터 고민하고 있습니다.

유치한 말장난이지만 '월세'를 뒤집으면 '세월'이에요.
세월의 흐름을 가장 느끼는 때는 언제인가요?

　　　봄. 4월과 5월.

인터뷰. 박화수

작가님만의 아지트를 소개해주세요.

 김경현
상수 강포차

김경현 상수 강포차. 사랑하는 형들과 가볍게 술잔을 기울이는 곳.

한쪽 벽에 제가 쓴 시가 걸려 있습니다.

당신의 일상이
조금 더
아름다워질 때

김경희(《컨셉진》편집장)

작은 성취와 소소한 행복을 나눌 수 있는 친구 같은
잡지를 만들고 싶었어요. 사실 삶에서 대단한 일은 별로
일어나지 않아요. 친구와 밥 먹고 이야기를 나누고,
작은 취미를 갖는 게 대부분이죠. 중요한 건 그 순간의
선택이 스스로 결정했느냐에 있어요. 순간순간 하고 싶은
일을 하며 살아가는 일상에서 자기 자신을 발견하는 것,
그중에서 가장 좋아하는 일을 잘 해낼 때 꿈을
이루었다고 하는 것 같아요.

당신의   일상이   조금 더   아름다워집니다.

김경희

당신의 일상이
조금 더
아름다워질 때

김경희(《컨셉진》편집장)

**자신의 책을 쓰고 만든 특별한 계기가 있나요?
언제, 어떤 것과 마주했을 때 '굳이' 글로
남겨야겠다고 생각하나요?**

　　　　대학 때 패션을 전공했어요. 졸업 후에는
패션 잡지 어시스턴트와 에디터로 근무했습니다.
그때 제가 좋아하는 건 패션이라는 특정 분야가
아니라 사람들의 살아가는 이야기, 사진과 글을
나누고 그걸 통해 소소한 행복을 얻는 일이라는 걸
알았어요. 당시만 해도 그런 잡지가 드물어서 일상의
작은 행복을 이야기하는 잡지를 만들기로 했어요.
마침 남자친구도 축구 잡지 에디터로 활동하다
비슷한 고민을 하고 있던 차여서 함께 만들어보기로
했어요. 2012년 여름에 창간했고, 남자친구는
발행인으로 함께하고 있습니다.

**첫 책이 나왔을 때 누가 가장 먼저 생각났나요?
어떤 분에게 자신의 책을 가장 먼저 드렸나요?**

　　　　2012년 여름, 첫 호는 모바일 애플리케이션을
이용해 디지털 매거진으로 발행했어요. 당시
스마트폰이 대중화된 후라 디지털 매거진에 대한
관심이 많았거든요. 인쇄비도 부담되었고요.
디지털 매거진을 1년 정도 발행했을 때, 아무리
열심히 만들어도 유형의 결과물로 남지 않는 게
아쉬워서 종이 잡지를 함께 발행했습니다.
지금 다시 보면 부족한 게 많지만, 내가 만든 콘텐츠를
손으로 잡고 읽고 만질 수 있어서 감격스러웠어요.

책을 꼭 주고 싶었던 사람이 있었던 건 아니어서
주변 분들에게 골고루 나눠주었습니다.

**독립책방과 독립출판물을 찾는 사람이 늘어가고
있습니다. 그들은 왜 독립책방을 찾아서 독립출판물을
사고 읽는 걸까요? 그곳에서, 그 책을 통해 어떤 가치를
찾고 있는 걸까요?**

　　　　사람들이 단지 좋은 책을 찾기 위해 그곳에
간다고 생각하지는 않아요. 독립출판물을 만드는
사람들은 자신의 인생을 스스로 결정하고 살아가는
사람들이 많거든요. 독립출판물을 좋아하는 분들
역시 책을 넘어 스스로 결정하고 사는 삶을 동경하는
거라고 생각해요. 지금 이 시대가 스스로 살고 싶은
대로 살기 힘들잖아요. 그럴 때일수록 누군가
자신의 이야기를 온전히 담아 책을 만들며 사는 거고,
독자는 그런 삶을 동경하는 거죠.

자신이 지금 사는 삶의 공간에서 가장 마음에 드는 '곳'은 어디인가요? 편집장님이 지금 가장 사랑하는 '일'은 무엇인가요?

하루의 대부분을 《컨셉진》을 만들며 사무실에서 보내요. 좋든 싫든 사무실이 가장 소중한 공간이죠. 그전까지는 카페를 돌아다니며 책을 만들다가, 2013년 여름 합정동에 처음으로 사무실을 얻었기 때문에 특별한 추억이 있는 곳이에요. 지금은 새 공간을 알아보고 있지만 이곳에서 겪은 수많은 시련과 성취감은 잊을 수 없을 겁니다.

가장 사랑하는 일은 '당신의 일상이 조금 더 아름다워집니다'라는 《컨셉진》의 메시지처럼 누군가 우리 잡지를 통해 작은 행복을 느낄 수 있게 좋은 콘텐츠를 만드는 일이에요.

편집장님의 이십대는 어땠나요? 지금 우리는 어떤 세상을 살고 있는 걸까요?

올해로 서른이 되었어요. 이십대를 돌아보면 끊임없이 실패하고 성취하며 나를 찾는 과정이었어요. 대학에 들어가면서부터 패션 잡지 에디터를 꿈꿨어요. 친구들을 모아 《브레이크》라는 남성 패션 잡지를 만들었고, 큰 패션 잡지의 어시스턴트로 일을 배웠고, 막 창간한 잡지의 에디터로 일했습니다. 그 과정을 거치면서 제가 좋아하는 건 패션이 아니라 사람들과 살아가는 이야기를 나누는 것임을 알게 됐어요. 직접 겪어보지 않고서는 몰랐던 거죠. 《컨셉진》을 만든 게 4년 전인 스물여섯 살 때였어요. 한 잡지의 편집장으로 살아가기에는 아직 어린 나이였죠. 4년 동안 《컨셉진》을 만들면서 수많은 시행착오와 실패를 경험했어요. 뼈아팠지만 그게 저를 성장시켰고, 제가 무엇을 좋아하는 사람인지 알게 해주었어요. 저의 이십대는 수많은 고통과 작은 환희 속에서 '나'를 찾는 시간이었어요.

유독 '인생의 평균 속도'를 강조하는 이 사회에서
규칙을 지키며 살다가 마침표를 찍던 순간이 누구나
있습니다. 편집장님은 어땠나요? 언제, 무슨 일로 가장
힘들었나요? 그리고 지금 평범한 일상을 지켜나가는
용기는 어디에서 얻나요?

　　스물여섯 살 때《컨셉진》을 창간하면서
보통의 삶과 다른 삶을 살게 되었어요. 그전에는
열심히 일하면 매달 들어오는 월급이 있었고, 쉬는
날에는 일을 떠나 살 수 있었어요. 하지만 잡지를
직접 이끌면서 모든 게 달라졌어요. 직원 월급, 임대료,
인쇄비를 마련하기 위해 뛰어야 했고, 뜻대로 되지
않을 때는 고통스러웠어요. 좋아하는 일을 한다는
건 행복한 일이지만 그걸로 먹고사는 문제는 지극히
현실적인 문제예요. 그렇게 3년 남짓 버티니까
우리가 가야 할 길이 보였고, 좋아하는 일을 하며
먹고살 수 있다는 희망이 보였어요. 힘들 때마다
블로그나 인스타그램에서《컨셉진》을 통해 행복을
느끼는 글들을 보며 힘을 얻었어요. 제 삶이
누군가에게 긍정적인 영향을 끼칠 수 있다는 게
늘 감사해요.

'하고 싶은 일'과 '해야 하는 일'에 대해 어떤 원칙을
갖고 있나요?

　　궁극적으로는 하고 싶은 일과 해야 하는
일을 구분하는 게 무의미하다고 생각해요. 사실
우리는 하고 싶은 일을 하고 있어요. 한 친구는
저에게 "너는 하고 싶은 일을 하고 사니까 나보다
행복할 거야"라고 말해요. 아니에요. '하고 싶은 일'을
하는 사람도 고통이 있어요. 그 친구도 살고 싶은
대로 살고 있는 거예요. 회사가 마음에 들지 않아도
그만두지 못하는 건 회사가 주는 안정된 월급과 미래
같은…… 그만두는 것보다는 조금이라도 나으니까
스스로 선택해서 남아 있는 거잖아요. 아무도 그
사람을 억지로 붙잡고 있지는 않아요. '하고 싶은
일'을 해도 그 안에는 하기 싫은 일이 숨어 있고,
'해야 하는 일'에도 즐거운 일이 포함되어 있어요.
다만 하기 싫은 일을 참고 할 수 있게 해주는 일이
정말 하고 싶은 일이겠죠.《컨셉진》을 만드는
건 좋아하지만, 그 안에는 돈을 벌고, 포장하고,
배송하고, 서점에 입고하는 일이 쌓여 있어요.
그래도 하는 건 그만두는 것보다 더 좋아서겠죠.

**첫 책은 몇 부를 찍었나요? 총제작비는 어느 정도
소요되었나요? 제작비는 어떻게 마련했는지
궁금합니다.**

　　디지털 매거진을 내고 1년 정도 되었을
때인 11호부터 인쇄했는데, 첫 책은 1천 부만
찍었어요.《컨셉진》은 A6 사이즈로 작아서 인쇄비가
적게 들었는데 140만 원 정도였어요. 제작비는
사비였어요.

독립출판은 작가가 직접 제작-입고-유통을 주도적으로
할 수밖에 없을 텐데요. 편집-디자인-인쇄 등은 어떻게
해결했나요? 독립책방 유통도 직접 챙겨서 하고 있나요?

처음 디지털 매거진으로 발행할 때는 제가
취재, 편집은 물론 디자인까지 했어요. 디자인을
배우지 않았지만 마땅히 할 사람이 없었어요.
이후 인쇄물을 함께하면서 전문성을 갖추고
싶어서 디자인 고료를 드리는 프리랜서 디자이너와
작업했어요. 자본에 기대지 않는 독립출판물이지만
독자는 5천 원, 1만 원으로 할 수 있는 다른 일과
비교해서 책을 사는 거잖아요. 그러니 경쟁력을
갖춰야 해요. 디자인이 바뀌자 평가가 더 좋아졌어요.
같은 내용을 다루더라도 디자인이 좋으면 평가도
달라진다는 걸 알았어요. 이후 디자이너와 편집자를
한 명씩 채용해서 작지만 구색을 갖췄어요.
《컨셉진》은 대형 서점 유통과 독립책방 유통을
동시에 합니다. 대형 서점은 총판에 위탁해서 하고,
독립책방은 직접 연락하거나 입고 요청이 오면 책을
들여놓는 식으로 하고 있어요.

편집장님에게 좋은 자극을 안겨준 독립출판물은
무엇인가요? 혹은 작가는 누구인가요?

《아파르타멘토(apartamento)》《오컴리(oh
comely)》《시리얼(CEREAL)》《킨포크(KINFOLK)》
《모노클(MONOCLE)》 같은 해외 잡지를 보며 영감을
얻어요. 잡지가 사람들의 삶을 긍정적으로 만들어줄 수
있다는 것을 《좋은생각》이라는 잡지를 보며 느끼곤
해요. 독립출판, 기성 출판물을 구분해서 보지는
않아요. 사진과 글로 사람들에게 영향을 줄 수
있느냐, 없느냐를 주로 봅니다.

《컨셉진》을 기획한 특별한 계기가 있었나요?

보통의 미디어는 유명 스타의 삶을 중심으로
세상을 바라보잖아요. 대부분의 삶은 그렇지 않은데
말이죠. 대단한 사람들이 대단한 일을 하고 대단한 부를
쌓는 걸 다루는 것에 흥미를 못 느꼈어요. 그보다는
주변의 생각과 고민을 듣고 싶었고, 작은 성취와 소소한
행복을 나눌 수 있는 친구 같은 잡지를 만들고 싶었어요.

이제 '힐링'은 유행을 넘어 다소 식상할 지경인데요.
수많은 '힐링' 기획물 사이에서 《컨셉진》만의 특별한
점은 무엇일까요?

《컨셉진》은 딱히 힐링을 이야기하지 않아요.
처음부터 힐링을 생각하고 만든 게 아니에요.
《컨셉진》이 말하려는 건 '당신의 일상이 조금 더
아름다워집니다'라는 메시지에서 '조금 더'라는
키워드예요. 보통의 우리 삶은 대단한 일을 해낼 때보다
작은 노력으로 얻은 것을 소중히 바라볼 때 행복하다고
생각하거든요. 《컨셉진》을 보고 힐링되었다면
독자가 스스로 얻은 보상이라고 생각해요.

다양한 사람들을 만나 인터뷰를 하고 있는데,
가장 기억에 남는 사람은 누구인가요?

인터뷰를 할 때마다 모든 분들에게 하나씩
배워요. 손호준, 김나영 씨는 그들도 한 명의
사람으로서 보통의 꿈과 고민이 있다는 걸 느꼈고,
직업이 연예인일 뿐 특별하게 느껴지지 않았어요.
영화 〈신세계〉 〈부당거래〉 〈검사외전〉 등을 만든
영화사 '사나이 픽처스' 한재덕 대표님도 기억에
남아요. 《컨셉진》이 대단한 매체가 아닌데 흔쾌히
인터뷰에 응해주시고, 인터뷰 내내 그분의 영화를
보는 것처럼 솔직하고 꾸밈없는 모습을 보여주셨어요.
숱한 고생 끝에 〈신세계〉로 성공한 후 그냥 하염없이
눈물이 났다는 말이 기억에 남아요.

《컨셉진》은 독자 참여형 매거진입니다. 독자들의
수많은 사연 가운데 매거진에 실릴 글을 가려내는
기준이나 방식이 있나요?

　　　　독자들의 참여를 받는 이유는 진짜 이야기를
담기 위해서예요. 매달 하나의 질문을 주제로
삼아요. 가령 '당신에게 잊힌 것은 무엇인가요?'라는
질문이 있다면, 저희보다 독자들이 더 생동감 있는
대답을 들려줄 수 있다고 생각해요. 그렇기 때문에
과장되지 않은 솔직한 글을 선호해요. 가끔 잘 쓴
글을 흉내 내기 위해 어려운 표현과 단어를 남발하는
글이 있는데 좋은 글이 아니라고 생각해요. 좋은
글은 누구나 쉽게 이해할 수 있고 한 번 더 생각하게
만드는 것이에요. 쓰는 사람의 마음에 거짓이 없을
때 나온다고 봐요.

《컨셉진》을 만들면서 가장 어려운 점은 무엇인가요?
어떻게 극복하고 있나요?

　　　　아무래도 수익이죠. 국내 도서 시장이 정말
작아요. 영어처럼 콘텐츠를 많은 나라에 유통시킬
수 있는 것도 아니고요. 독립출판물이 유명세를
얻어도 전체 문화 콘텐츠 시장에서 굉장히 작은
규모거든요. 저희는 독립출판물이란 규모나 조직의
형태를 떠나 자본과 상관없이 하고 싶은 이야기를
하는 출판물이라고 생각해요. 자본을 이유로 마음에
없는 글과 사진을 넣으면 아무리 작은 규모로
만들어도 독립출판물이 아니라고 봐요. 물론 저희도
《컨셉진》을 통해 많은 돈을 벌고 싶어요. 인원도
더 늘려서 더욱 탄탄한 콘텐츠를 만들고 싶어요.
그래야만 자본에 휘둘리지 않고 하고 싶은 이야기를

할 수 있거든요. 《컨셉진》을 책이라는 매체에
국한시키지 않으려 합니다. 대중은 4천 원짜리
커피는 쉽게 마셔도 책은 사지 않아요. 그걸 탓할 게
아니라 현실을 인정하고 커피보다 매력적인 상품이
되도록 연구하는 거죠. 책을 판매하는 장소, 포장
방식…… 모든 것이 새로워져야 해요. 《컨셉진》과
별개로 우리의 사진과 글을 좋아하는 브랜드의
콘텐츠를 만드는 일도 하고 있어요. 수익적으로도
도움되고 《컨셉진》으로 할 수 없는 큰 규모의
화보와 이야기를 할 수 있어서 즐거워요.

한 블로거는 《컨셉진》은 자신의 삶을 능동적으로
개척하는 에너자이저의 이야기를 다룬다고 적었습니다.
《컨셉진》을 운영하는 사람들의 에너지는 어디에서
나오는 걸까요?

　　　　예전에는 영웅을 '초인'으로 다루었지만,
요즘 영화는 그들에게도 고민과 고통이 있는 보통의
존재로 다뤄요. 저희도 다른 사람과 비슷해요.
《컨셉진》을 통해 만나는 분들이나 독자들의
긍정적인 피드백을 통해 에너지를 얻어요. 가장 큰
에너지는 비록 속도는 느리지만 살고 싶은 방향으로
가고 있다는 확신에서 오는 듯해요. 누가 시켜서
이렇게 사는 건 아니니까요.

**《컨셉진》을 만드는 분들이 생각하는 '아름다운
일상'이란 무엇인가요?**

생각과 행동이 일치하는 삶이에요. 사실
삶에서 대단한 일은 별로 일어나지 않아요. 친구와
밥 먹고 이야기를 나누고, 작은 취미를 갖는 게
대부분이죠. 중요한 건 그 순간의 선택이 스스로
결정했느냐에 있어요. 주말 내내 집에서 낮잠을
자더라도 그게 가장 하고 싶은 일이라면 아름다운
일상이에요. 《컨셉진》을 만들면서 생각이 바뀐 게
있어요. 예전에는 미래의 꿈을 먼저 꾸고 거기에
다가가기 위해 하루를 보내는 걸 이상적인 삶이라고
생각했어요. 그런데 《컨셉진》을 통해 만난 이른바
성공한 사람들은 하나같이 우연히 꿈을 이루었다고
해요. 지나친 겸손이라고 생각했는데 그들은
진심이었어요. 그냥 하고 싶은 일을 하다가, 지겨우면
다른 일을 하고, 그렇게 하던 일이 잘된 경우, 그렇게

이것저것 하다가 어느 순간 그 경험이 서로 연결되어
새로운 일을 만들어낸 경우가 대부분이었어요.
초등학교 때부터 하나의 꿈을 갖고 몇 십 년 동안
노력해서 이루었다는 사람을 본 적이 없어요.
그래서 이유를 생각해봤어요. 누구나 자기 자신을
처음부터 제대로 알 수 없잖아요. 그런데 너무 일찍
꿈을 설정해놓으면 그 밖의 자기 모습을 발견하기
어렵다는 생각이 들었어요. 순간순간 하고 싶은
일을 하며 살아가는 일상에서 자기 자신을 발견하는
것, 그중에서 가장 좋아하는 일을 잘 해낼 때 꿈을
이루었다고 하는 것 같아요. 우리에게 삶이란 오늘
하루예요. 그 하루를 자기가 원하는 대로 살 수
있다면 그것보다 아름다운 삶은 없을 거예요.

인터뷰. 이선미

작가님만의 아지트를 소개해주세요.

 김경희
합정동 사무실

    ○ ○ ○

김경희 2013년 처음으로 얻은 합정동 사무실이에요. 지금은 번화한 곳이 되었지만, 당시에는
비교적 조용하고 분위기 있는 곳이라 조금씩 꾸미면서 애정을 많이 쏟았어요. 낮은 천장을
뜯어서 시원하고, 창도 커서 햇살이 잘 들어오는, 밝은 기운이 느껴지는 곳이에요.

또 하나의 평범한
잡지를 만드는 건
의미 없으니까요

김상호(《다큐멘텀》 편집장)

일상을 지켜나가는 힘은 일상에 충실하는 것으로
얻습니다. 저에게 가장 중요한 건 평범하기 그지없는 일상
그 자체입니다. 지금 꼭 해야만 하는 다른 일이 없다면,
지금 하고 싶은 일을 하면서 살려고 합니다.

예술이 낳은 것 중에서
가장 중대한 것이 무엇이냐고 묻는다면
아름다운 집이라고 답하리라.
그 다음이 무엇이냐고 묻는다면
아름다운 책이라고 말하리라
– 윌리엄 모리스

우리는 자신이 누구인지,
무엇을 원하는지,
대답할 수 있어야 한다.

김상훈

또 하나의 평범한
잡지를 만드는 건
의미 없으니까요

김상호 (《다큐멘텀》 편집장)

자신의 책을 쓰고 만든 특별한 계기가 있나요?
언제, 어떤 것과 마주했을 때 '굳이' 글로
남겨야겠다는 생각을 하나요?

　　　　아직 나만의 책을 쓰거나 만든 적은
없습니다. 지금까지는 늘 누군가와 함께, 공동으로
만들었습니다. 가끔 짧은 글은 남길 때가 있습니다.
출판용이 아닌 사적인 기록이죠. 언젠가 필요할
글의 재료를 모아놓기 위해서, 생각을 정리하기
위해서입니다. 생각은 그때그때 남겨놓지 않으면
사라지거든요.

첫 책이 나왔을 때 누가 가장 먼저 생각났나요?
어떤 분에게 자신의 책을 가장 먼저 드렸나요?

　　　　첫 책이라고 할 만한 게 없지만
《다큐멘텀》 0호가 그 책이라면, 잡지의 발행인이
가장 먼저 생각났습니다. 아내에게 가장 먼저
책을 주었고요.

독립책방과 독립출판물을 찾는 사람이 늘어가고
있습니다. 그들은 왜 독립책방을 찾아서 독립출판물을
사고 읽는 걸까요? 그곳에서, 그 책을 통해
어떤 가치를 찾고 있는 걸까요?

　　　　저마다 이유가 다르겠죠. 제가 독립책방을
찾는 이유는 제가 사려는 책이 거기 있어서입니다.
뭔가 다른 특이한 책에 호기심이 생길 때마다 찾곤
합니다. 독립출판물을 사서 읽는 이유나 가치는
보통의 책과 다르지 않아요. 가끔 지인이 낸
독립출판물은 후원/응원 차원에서 사기도 합니다.

자신이 지금 사는 삶의 공간에서 가장 마음에 드는
'곳'은 어디인가요? 작가님이 지금 가장 사랑하는
'일'은 무엇인가요?

　　　　집입니다. 가장 사랑하는 일은……
글쎄요, 직업을 말하는 거라면 저널리스트 외에는
별로 선택의 여지가 없겠네요.

작가님의 이십대는 어땠나요?
지금 우리는 어떤 세상을 살고 있는 걸까요?

저의 이십대는 크게 둘로 나눌 수 있어요.
아무 생각 없이 사람들이 하는 대로 대충 따라 살던
대학 3년과, 무작정 다른 선택과 결정을 하며 보낸
5년의 휴학생 시절입니다. 다 풀어놓기에는 너무 긴
이야기입니다. 한마디로 종합한다면 '아무 생각 없이
내 맘대로 다 해본 시절'이었습니다. 그리고 지금
우리는 그럴 수 없는 세상에 살고 있고요.

유독 '인생의 평균 속도'를 강조하는 우리나라에서
그 규칙을 지키며 살다가 마침표를 찍던 순간이 누구나
있습니다. 작가님은 어땠나요? 언제, 무슨 일로 가장
힘들었나요? 그리고 지금 평범한 일상을 지켜나가는
용기는 어디에서 얻나요?

질문의 의도를 제대로 이해한 건지
모르겠지만, 보통의 생활을 따라 살다가 힘들게
마침표를 찍었던 적이 있느냐는 질문으로
받겠습니다. 인생에서 특별히 힘들었던 경험은
없었습니다. 대신 직장 생활을 하면서 마음이
맞는다고 생각했던, 한 팀이어서 든든했던 사람들이
하나둘 떠나고, 어느새 신념이나 영혼이 느껴지지
않는 사람들과 뒤섞여서 일했던 때가 힘들었습니다.
일상을 지켜나가는 힘은 일상에 충실하는 것으로
얻습니다. 저에게 가장 중요한 건 평범하기
그지없는 일상 그 자체입니다.

'하고 싶은 일'과 '해야 하는 일'에 대해 어떤 원칙을
갖고 있나요?

둘 사이에서의 원칙을 말하는 건가요?
'하고 싶은 일'만 하면서 '계속' 살 수는 없어요.
'잠시 동안'은 가능하겠지만요. 반대로 '해야 하는 일'만
계속하면서 살 수도 없습니다. '하고 싶은 일'만
하면서 살 수 있다면 바랄 게 없겠지만, 사실 무엇을
하고 싶은지 잘 모르겠어요. 아는 거라곤 '지금'
무엇을 하고 싶은지 정도예요. 기껏해야 올해 하고
싶은 것을 떠올릴 수 있을 뿐이에요. 지금 꼭 해야만
하는 다른 일이 없다면, 지금 하고 싶은 일을 하면서
살려고 합니다.

첫 책은 몇 부를 찍었나요? 총제작비는 어느 정도
소요되었나요? 제작비는 어떻게 마련했는지
궁금합니다.

　　《다큐멘텀》0호는 1,500부를 찍었습니다.
제작비(인건비 제외)는 1,200만 원 정도 들었어요.
발행인이 자비로 충당했죠. 본업인 사진으로 번 돈을
투자했어요.

독립출판은 작가가 직접 제작-입고-유통을 주도적으로
할 수밖에 없을 텐데요. 편집-디자인-인쇄 등은 어떻게
해결했나요? 독립책방 유통도 직접 챙겨서 하고 있나요?

　　편집은 제가 하고, 디자인은 외주를 맡기고,
인쇄는 전문가에게 관리 감독을 맡겼습니다.
독립책방 유통은 직접 하거나 다른 분의 도움을
받습니다. 대형 서점이나 온라인 서점 유통은
유통사에 맡깁니다.

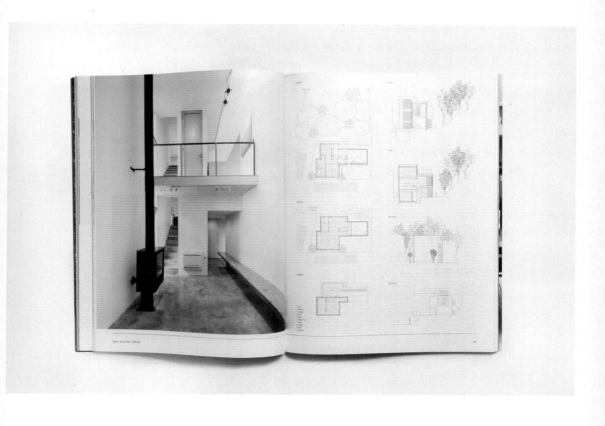

**작가님에게 좋은 자극을 안겨준 독립출판물은
무엇인가요? 혹은 작가는 누구인가요?**

　　　　동지나 전우로서 힘이 되는 출판물은
《건축신문》《와이드AR》입니다. 건축계 안에서
비슷한 고민과 어려움을 겪고 있으니까요. 든든한
동료들로는 정다영 큐레이터, 임진영 기자, 김혁준
편집장, 박정현 편집장, 정귀원 편집장 등이 있습니다.
저를 포함해서 독립출판물 작가라고는 할 수 없지만
말이죠. 2015년에 나온 『0, 0, 0』을 곧 읽을 예정입니다.
그 책을 쓴 신지혜 작가도 기회가 닿으면 만나고
싶습니다. 가끔 트위터를 통해 멘션을 주고받는데,
자기 자신과 자신을 둘러싼 평범한 것의 가치를
알아차리는 탁월한 눈을 가진 분입니다.

**《다큐멘텀》은 단순히 독립출판물로 간주하기에는
사회적·역사적 맥락으로 읽히는 전문지입니다.
처음 기획했을 때 지금과 같은 평가를 받을 수 있다는
확신이 있었나요?**

　　　　기획 단계에서는 그런 생각을 하지
못했어요. 뭔가 다른 건축 잡지를 만들어야겠다는
생각뿐이었어요. 그저 그런 또 하나의 잡지를 만드는
건 의미 없으니까요.

4호에 실린 젊은 건축 디자인 그룹 '푸하하하 프렌즈'의
〈흙담〉, 5호에 실린 한국예술종합학교 학생의 〈캔버스
하우스 – 청년 주거 도전기〉처럼 《다큐멘텀》만의
성격을 분명히 보여주는 실험적인 프로젝트가
인상적입니다. 책에 실릴 프로젝트를 선정하는 기준은
무엇인가요? 발행인과 편집장 사이에 프로젝트 선정을
놓고 이견이 있을 때는 어떻게 해결하나요?

〈흙담〉과 〈캔버스 하우스〉는 서로 다른
관점에서 결정했습니다. 〈흙담〉은 신인 건축가의
첫 데뷔작입니다. 젊은 건축가를 응원하는 것이
저희의 소신입니다. 게다가 〈흙담〉은 신인 건축가의
패기 넘치는 작업이었어요. 사실 처음 자료만 본
상태에서는 확신이 들지 않아서 답사 후 결정하자고
이야기했어요. 사진가인 발행인은 괜찮은 건물일
거라 확신했어요. 오랫동안 훈련된 건축 사진가의
감으로 한눈에 알아본 거죠. 답사를 가서 보니 꽤
훌륭한 작업이었어요. 저는 그제야 알아본 거죠.
〈캔버스 하우스〉는 사회 문제와 그 실천 대안에
관한 이야기입니다. 건축 전문지 입장에서 많은
고민 끝에 기사로 결정했지만, 건축의 사회적
의미를 극적으로 보여주는 프로젝트라는 확신이
있었어요. 다만 프로페셔널 건축가들의 좋은 작업을
골라 소개해왔는데 그에 비해 허술해 보이는
학생의 작업을 특집으로 다루는 것이 괜찮을까
조심스러웠어요. 고심한 끝에 발행인에게 의견을
물었는데, 그 자리에서 특집으로 다루자고 했어요.
조금 놀랐어요. 그 특집을 계기로 잡지의 관점과
성격이 한 단계 넓어졌다는 생각을 해봅니다.
기사 선정을 놓고 발행인과 의견이 갈리는 경우는
많지 않아요. 제가 확신하지 못하는 건물은
발행인도 어김없이 고개를 갸우뚱하더라고요. 가끔
프로젝트의 중요한 내용이 겉으로 드러나지 않아서
설명과 설득이 필요할 때는 있어요. 눈으로 보이는

이미지와 눈에 보이지 않는 내용 가운데 어디에
초점을 두느냐가 관건이죠. 잡지라는 매체의 특성상
그것이 이미지(사진, 도면)를 통해 잘 드러나지 않으면
콘텐츠로서 매력이 떨어지니까요. 가끔 너무 매칭이
잘 되어 재미없는 경우도 있지만 말이죠.

차례 다음 장과 클로징(Closing) 지면을 가득 채운
사진은 《다큐멘텀》의 특징으로 꼽습니다. 사진은 어떤
관점으로 고르나요? 부연 설명 없이 최소한의 설명만
넣는 이유가 있나요?

오프닝 기획 의도는 본격적인 내용으로
들어가기 전에 인상적인 사진 한 컷으로 독자의
주위를 환기시키는 데 있습니다. 건축과 도시
차원에서 시사적인 장면을 보여주는 것이 기본
방향입니다. 클로징은 건축 사진가인 발행인의
특성을 극대화하기 위해 기획했습니다. 사진가의
눈을 통해 건축의 멋과 분위기를 감성적으로
기록하는 것이죠. 클로징 사진은 전적으로 사진가가
선택합니다. 반면 오프닝은 시사적인 측면에서
의견이 오갑니다. 사진에 굳이 긴 설명을 넣지 않는
건 사진을 설명적으로 전달하고 싶지 않아서입니다.
그저 사진으로만 내용을 전하고, 사진만 감상할
수 있게 말이죠. 길건 짧건 사진에 설명을 붙이면
사람들은 무의식적으로 텍스트에 먼저 눈이 가거든요.
그 내용을 틀로 삼아 사진을 보게 되고요.

**디지털이 일상화된 오늘날 자신이 가장 소중이 여기는
아날로그적인 것은 무엇인가요? 그리고 그것을 어떻게
기억하나요?**

제게 남아 있는 아날로그적인 일상은
손으로 갈고 내려서 마시는 커피 정도예요. 순수하게
아날로그적인 것은 별로 남아 있지 않는 듯해요.
수첩을 쓰지 않은지도 8년이 넘었고, 펜을 손에 드는
경우도 드물어요. 모든 텍스트는 키보드로 쓰고,
모든 기록은 디지털화시킵니다. 얼마 전부터는
전자책도 읽기 시작했어요. 그나마 종이책이 최근까지
제가 '고집한' 아날로그 문화였어요. 물론 커피는
디지털화될 일이 없겠죠. 사실 저는 아날로그적인
것을 동경하지도 않고, 디지털적인 것을 배척하지도
않아요. 저마다 매력과 장점이 있으니까요.
어느 한쪽으로 몰아갈 필요는 없다고 봅니다.

**건축 전문 편집자 혹은 편집자를 꿈꾸는 이들에게
현실적 조언을 부탁드립니다.**

건축 전문 편집자에게 '현실적'으로 조언하려고
하니 조금 우울해지네요. 우선 건축 편집자는 예나
지금이나 아주 드뭅니다. 그만큼 수요가 적다는 말이죠.
건축 시장이나 건축 문화의 수준에 비해 한국의 건축
잡지는 많은 편이라고 생각해요. 다만 뚜렷한 편집
기조와 관점을 가진 잡지는 많지 않죠. 그것은 곧
잡지 발행의 목적과 의지가 흐릿하거나 엉뚱하다는
뜻이고, 자연스럽게 편집부의 부실로 이어졌습니다.
단행본 출판사에서 건축 분야 편집자의 수요는
과거에 비해 많아졌을 겁니다. 2010년 전후로 땅콩집,
건축학 개론, 말하는 건축가, 아파트, 집 짓기 열풍
등으로 이어진 대중적 건축 콘텐츠 바람 때문이죠.
건축 전문 편집자에게 가장 중요한 소양은 당연한
말이겠지만 건축에 대한 관심과 애정입니다.
지식과 이해는 뒤따르기 마련입니다. 마치 일본
만화와 애니메이션을 좋아해서 일본어를 하게
되는 것과 같아요. 자신이 건축에 얼마나 관심 있고
좋아하는지를 생각해보세요. 한 가지 덧붙이자면
건물을 직접 찾아가서 보세요. 개방된 건물이면
꼭 들어가서 보세요. 인터넷과 잡지에 떠도는
이미지로 만족해서는 안 됩니다.

인터뷰. 박은정

작가님만의 아지트를 소개해주세요.

 김상호
동네 커피집

                      ○ ○ ○

김상호 요즘 저의 아지트는 동네 커피집입니다. 너무 유명해져서 빈자리를 찾는 것도 힘들지만, 이른 아침 갓 나온 크루아상과 진한 카푸치노를 먹으러 갑니다. 자세한 정보는 가르쳐 드릴 수 없어요. 이미 포화 상태거든요.

살아서 움직이는 사랑을
쓰고 싶은 사람

김은비

계속해서 글을 쓰며 살고 싶은데 그게 가능할까, 라는
불안. 그러나 아직까지는 그렇게 살고 있고, 이렇게
꾸준히 진심을 다해 살다보면 가능할 거라는 믿음이
평범한 일상을 지켜주는 것 같아요.

이건 그냥 나만의 연애 잘하는 방법.
지극히 개인적이고 주관적인 그런 연애 잘하는 방법.

연애는 물같이.
이별은 칼같이.

〈스친 것들에 대한 기록물〉 中에서

언제나 어디서나 해삐ㅡ

살아서 움직이는 사랑을
쓰고 싶은 사람

김은비

- 「꽃 같거나 좆 같거나」, 「스친 것들에 대한 기록물」, 「임시 폐업」

자신의 책을 쓰고 만든 특별한 계기가 있나요?
언제, 어떤 것과 마주했을 때 '굳이' 글로
남겨야겠다는 생각을 하나요?

　　첫사랑으로 꼽을 수 있는 사람과 이별하고
그 사람과의 기록을 모아『스친 것들에 대한
기록물』을 만들었어요. 사랑할 때 가장 큰 영감을
받고, 그때는 굳이 애쓰지 않아도 모든 순간이 글이
되는 것 같아요.

첫 책이 나왔을 때 누가 가장 먼저 생각났나요?
어떤 분에게 자신의 책을 가장 먼저 드렸나요?

　　헤어진 남자친구. 15년 지기 친구에게 가장
먼저 책을 주었습니다.

독립책방과 독립출판물을 찾는 사람이 늘어가고
있습니다. 그들은 왜 독립책방을 찾아서 독립출판물을
사고 읽는 걸까요? 그곳에서, 그 책을 통해 어떤 가치를
찾고 있는 걸까요?

　　우선 독립책방은 일반 서점과 달리
운영자에 따라 공간이 달라지는 것이 큰 매력이에요.
독립출판물도 마찬가지고요. 어떤 사람이, 어떤
마음으로 만드느냐에 따라 같은 주제더라도 다른
콘텐츠가 나오니까요. 독립책방과 독립출판물을
찾는 사람들이 많아진 것은 결국 자신이 좋아하는
것, 자신의 취향에 집중하는 사람들이 많아졌다는
얘기일 거예요.

자신이 지금 사는 삶의 공간에서 가장 마음에 드는
'곳'은 어디인가요? 작가님이 지금 가장 사랑하는
'일'은 무엇인가요?

등대 닮은 기둥이 있는 동네 아파트 단지,
그리고 샷 추가한 라테를 마시는 일.

작가님의 이십대는 어떤가요?
지금 우리는 어떤 세상을 살고 있는 걸까요?

무엇 하나 마음 놓고 행복할 수 없는 세상에
살고 있어요. 그런 현실 속에서 나름대로 만족하고
행복한 이십대를 살고 있다고 생각합니다.

유독 '인생의 평균 속도'를 강조하는 우리나라에서
그 규칙을 지키며 살다가 마침표를 찍던 순간이 누구나
있습니다. 작가님은 어땠나요? 언제, 무슨 일로 가장
힘들었나요? 그리고 지금 평범한 일상을 지켜나가는
용기는 어디에서 얻나요?

지금까지 제 삶에는 딱히 평균 속도라는 것이
없는 것 같아요. 대학도 재수해서 들어갔고, 졸업도
간신히 했어요. 예술대학을 졸업했기 때문에 다른
친구들과 달리 취업을 위한 자기소개서로 하루를
시작하고 마감하는 일도 없었어요. 직장을 다녀본
적도 없었고요. 다만 강요되는 평균 속도가 안겨주는
불안은 있어요. 계속해서 글을 쓰며 살고 싶은데
그게 가능할까, 라는 불안. 그러나 아직까지는
그렇게 살고 있고, 이렇게 꾸준히 진심을 다해
살다보면 가능할 거라는 믿음이 평범한 일상을
지켜주는 것 같아요.

'하고 싶은 일'과 '해야 하는 일'에 대해 어떤 원칙을
갖고 있나요?

없어요. 아직까지는 그냥 하고 싶은 일을
하고 싶어요.

첫 책은 몇 부를 찍었나요? 총제작비는 어느 정도
소요되었나요? 제작비는 어떻게 마련했는지
궁금합니다.

300부를 찍었어요. 제작비는 정확히
기억나지 않아요. 100만 원 미만이었고, 학생이었기
때문에 집에서 지원해주셨어요.

독립출판은 작가가 직접 제작-입고-유통을 주도적으로
할 수밖에 없을 텐데요. 편집-디자인-인쇄 등은 어떻게
해결했나요? 독립책방 유통도 직접 챙겨서 하고 있나요?

친척 언니에게 인디자인 프로그램을 배워서
편집과 디자인을 해결했어요. 인쇄는 충무로 인쇄소를
직접 찾아갔습니다. 독립책방에 책을 입고하는 일도
직접 하고 있어요.

작가님에게 좋은 자극을 안겨준 독립출판물은
무엇인가요? 혹은 작가는 누구인가요?

때마다 달라요.

『스친 것들에 대한 기록물』『꽃같거나 좆같거나』,
그리고 최근 출간된 『임시 폐업』까지 이른바
'이별 3부작'으로 많은 이들의 사랑을 받고 있습니다.
세 편의 책들에 어떤 흐름이 있나요?

　　　　세 편에 공통된 흐름은 없어요. 모두 사랑을
이야기하지만, 조금 다른 방식으로 이야기하고
있으니까요.『스친 것들에 대한 기록물』은
말 그대로 나를 스친 사람에 대한 기록이에요.
저는 사랑할 때 이 사람이 마지막이라는 마음으로
사랑하거든요. 그런 사람과 이별하면서 다음 사랑은
부디 스치지 않고 남아주길 바라는 마음으로
제목을 지었어요.『꽃같거나 좆같거나』는 연애의
이면을 보여주고 싶었어요. 우리가 사랑하다
보면 꽃 같은 날도 있지만 반대로 뭐 같은 날도
있지 않나 싶은 마음이었어요. 크게 보면 인생도
그렇잖아요.『임시 폐업』은 평생 쓰고 싶은 사랑이
예고 없이 떠나가면서 사랑과 글쓰기가 임시 폐업을
맞이했다는 이야기입니다. 사랑이라는 범주에
이별이 포함되어 있다고 생각해서 '사랑 3부작'으로
불렸으면 하는 바람이 있어요.

작가님과 또래에게 사랑만큼 매력적인 주제는 없겠죠.
하지만 반대로 사랑이 아니어도 청춘을 얘기할 수 있는
주제는 많을 텐데요. 그 많은 것 가운데 '사랑' 없는
삶은 쓰지 않겠다고 한 특별한 이유가 있나요?

　　　　저는 유독 사랑에 대한 가치가 커요. 오직
사랑만이 답이라고 생각해요. 사실 사랑하지 않고
살아가는 사람은 없잖아요. 어릴 때는 사랑이라면
남자와 여자의 관계라고만 생각했거든요. 하지만
나이를 먹어가면서 인간애, 자연을 향한 사랑 등으로
넓어졌어요. 책이 됐건, 나중에 드라마가 됐건,
살아서 움직이는 사랑을 쓰는 사람이 되고 싶어요.

희망사항

책읽지지 않는 삶이 좋았다. 누군가의 삶에 속하는 것은 부담스럽지만 누군가에게 의지하는 것은 편안했다. 어떤 이중적 잣대는 편 덕의 면상이이었다. 인생은 한 방, 짧고 굵은 것, 또 아니면 도파는 일점으로 살았다. 설핏 사랑하고 설핏 글을 쓰다 죽는 것이 계획이 라면 계획이었다.

그러나 사람은 제대로 나름 안정적인 삶에 소속되고 싶게 됐다. 누 군가의 아침은 남편을 위한 밥상을 차리는 것으로 시작해서, 오전 과 오후는 동반의 공간을 가꾸고, 탐에 뜨면 돌아온 남편과 함께 하 루의 감을 보내는 것으로 끝이 나는 평범하지만 따듯한 하루. 그럴 제 오래오래 행복하겠지.

그럼 수만 있다다면 나 역시 행복할 테지만 인생은 본래가 계획대로 되는 것이 아니기에 나는 그것들을 염두에 배제하라 살고 있는 듯 일기도 모른다. 인생의 계획을 안정적인 삶에 두지 않는다면 반대 로 안정적인 삶을 살 수도 있지 않을까 하는 바람을 취상으로, 그럴 제, 그럴제.

32   33

사랑은 그것이 어떤 사랑이었든지 끝나고 나면 잔재가
남는다고 했어요. 그 사랑의 잔재를 받아들이는
작가님만의 태도나 방식은 무엇인가요?

     사랑할 때 표현을 아끼지 않는데도 불구하고
늘 잔재가 남아요. 후회라기보다는 일종의 여운 같은
건데, 그럴 때는 그냥 지금처럼 무언가를 씁니다.

어느 순간 믿기지 않을 정도로 상대를 향한 마음이
돌아섰던 적은 없었나요? 그때는 어떻게 했나요?

     아무리 사랑해도 일정 기간이 지나면
권태로워지는 시점이 와요. 예전에는 그걸 참지
못하고 헤어졌는데, 어느 순간부터 그럴 때일수록
오히려 더 보고 싶은 척, 사랑하는 척하게 되었어요.
물론 그렇게 했는데도 마음에 불이 지펴지지 않으면
미련 없이 돌아서지만요.

'임시 폐업'을 마치고 다시 개업을 하면 작가님과
'우리'라는 이름으로 묶일 그 사람과의 사랑은, 그리고
마지막은 어떤 모습이기를 바라나요?

     이성적이고 차분한 모습보다 천진난만하고
열정적인 모습으로 사랑하고 싶어요. 사실 사랑에는
언제나 이별이 잠재되어 있죠. 그렇더라도 다음
사랑을 만나면 순간의 진심을 넘어 이후의 진실이
되기를 간절히 바랍니다. 그렇게 오래오래 마음껏
사랑하고 싶어요.

사랑을 겪을수록 자꾸만 기대하는, 혹은 아직도
버릴 수 없는 사랑의 로망이 있나요?

     본래 나를 어른스럽게 만드는 사람,
취향의 교집합이 많은 사람이 로망이었는데 최근
바뀌었어요. 지금은 나를 어른스럽게 만들지 않는
사람, 취향보다 가치관이 비슷한 사람을 만나고
싶어요.

사랑을 통해 '내가 성숙했구나'라고 생각한 적이
있나요? 언제, 어떤 일이 계기가 되었는지 궁금합니다.

     모르겠어요. 어쩌면 성숙하고 싶지 않은지도
몰라요.

인터뷰. 전지윤

작가님만의 아지트를 소개해주세요.

 김은비
연남동 이피 커피 앤 바

  　　　　　　　　　　　　　　　　　　　　○ ○ ○

김은비 연남동 이피 커피 앤 바를 좋아해요. 평일 낮, 혼자 가서 작업을 하고 책을 읽어요.

나를 부적격자로
만드는 세상,
그리고 사람들

김일두

부적격자

김일두

용기는 죽음과 연결되어 있습니다.
저에겐 평범한 일상을 지켜 나가는
그런 굉장하고 엄청난 용기는 없습니다.

그래.
전념해야지.

김영독 2016.5月

나를 부적격자로
만드는 세상,
그리고 사람들

김일두
- 「부적격자」

자신의 책을 쓰고 만든 특별한 계기가 있나요?
언제, 어떤 것과 마주했을 때 '굳이' 글로
남겨야겠다는 생각을 하나요?

단지 호기심이었습니다. 책을 만든다는
생각은 드물잖아요. 그렇게 두 권을 만들었습니다.
낮과 밤, 해와 달을 글로 남깁니다. 다시 말해 생각과
순간을 글로 남깁니다.

첫 책이 나왔을 때 누가 가장 먼저 생각났나요?
어떤 분에게 자신의 책을 가장 먼저 드렸나요?

아버지가 생각났습니다.
제 짝에게 첫 책을 줬습니다.

독립책방과 독립출판물을 찾는 사람이 늘어가고
있습니다. 그들은 왜 독립책방을 찾아서 독립출판물을
사고 읽는 걸까요? 그곳에서, 그 책을 통해 어떤 가치를
찾고 있는 걸까요?

다양한 것에 대한 호기심, 그로 인한 많은
이야기, 세밀한 형태를 원하는 건 본능이고
당연한 거라 생각합니다. 사실 저는 그 본능만을
위해 독립책방에 가본 적은 없습니다.
늘 누군가를 따라가거나 다른 일로 갔었죠.
여름이 지나 가을이 오면 오직 앞서 이야기한
이유만으로 책방을 가보겠습니다. 그리고
그 '가치'를 느껴보겠습니다.

자신이 지금 사는 삶의 공간에서 가장 마음에 드는
'곳'은 어디인가요? 작가님이 지금 가장 사랑하는
'일'은 무엇인가요?

침대 위를 좋아합니다.
아직 살아 있음을 가장 사랑합니다.

작가님의 이십대는 어땠나요?
지금 우리는 어떤 세상을 살고 있는 걸까요?

저의 이십대는 아름다웠고 개씨팔이었습니다.
지금 우리는 개씨팔 같으나 아름다운 세상에서
살고 있겠죠?

유독 '인생의 평균 속도'를 강조하는 우리나라에서
그 규칙을 지키며 살다가 마침표를 찍던 순간이 누구나
있습니다. 작가님은 어땠나요? 언제, 무슨 일로 가장
힘들었나요? 그리고 지금 평범한 일상을 지켜나가는
용기는 어디에서 얻나요?

　　그런 마침표를 찍어 본 적이 없습니다.
　　그리고 이 질문이 '가장' 힘들군요.
　　용기는 죽음과 연결되어 있습니다. 저에겐
평범한 일상을 지켜 나가는 그런 굉장하고 엄청난
용기는 없습니다.

'하고 싶은 일'과 '해야 하는 일'에 대해 어떤 원칙을
갖고 있나요?

　　원칙 같은 건 없습니다. 저를 포함해서
사람들은 '하고 싶은 일'에만 신경을 씁니다.
'해야 하는 일' 나아가 '해야만 하는 일'에 대해서는
공부나 연구를 하지 않는 듯합니다. 예를 들어
사랑은 꼭 해야'만' 하는 것이죠. 어느 작가의 말처럼.

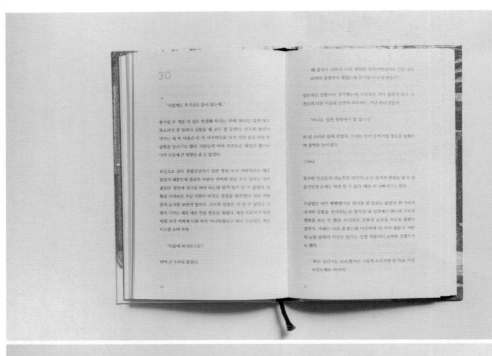

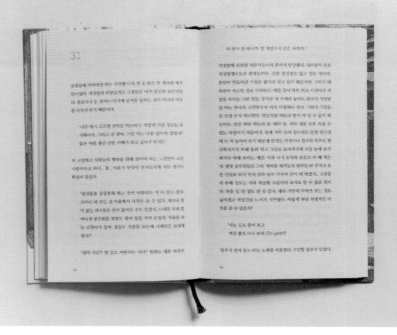

첫 책은 몇 부를 찍었나요? 총제작비는 어느 정도 소요되었나요? 제작비는 어떻게 마련했는지 궁금합니다.

첫 책『Kim met Johnny』는 1,150권 정도였던 걸로 기억합니다. 총제작비는 140만 원 정도였어요. 두 명의 지인과 제가 제작비를 충당했고, '프롬더북스' 친구들이 디자인과 잡무를 무료로 해주었습니다.

독립출판은 작가가 직접 제작-입고-유통을 주도적으로 할 수밖에 없을 텐데요. 편집-디자인-인쇄 등은 어떻게 해결했나요? 독립책방 유통도 직접 챙겨서 하고 있나요?

『Kim met Johnny』는 프롬더북스, 두번째『부적격자』는 '재미공작소'가 모든 걸 도맡아주었습니다. 저는 편하게 했습니다.

작가님에게 좋은 자극을 안겨준 독립출판물은 무엇인가요? 혹은 작가는 누구인가요?

'문학과죄송'에서 나온 유진목 시집을 좋아합니다.

책 제목이 '부적격자'입니다. 본문 내용도 시종일관 스스로를 부적격자로 설정하고 있습니다. 자신이 '적격자'라고 여겨지는 순간은 없나요?

늘 스스로를 '적격자'라고 확신하며 살고 있습니다. 저를 부적격자로 만든 건 저 자신이 아니라 등신들이죠. 그들과 거리를 두고 반대편에 있고 싶을 뿐입니다.

한 인터뷰에서 음악에서 가장 중요한 것이자 다른 가수와 자신을 구별하는 것은 '가사'라고 답했습니다.

오래전, 가수 현인의 〈가요 무대〉 인터뷰를 흉내 냈을 뿐입니다.

가사를 쓸 때와 시(글)를 쓸 때 차이가 있나요?

세세히 얘기하고 싶을 때는 세세하게, 띄엄띄엄 얘기하고 싶을 때는 띄엄띄엄 씁니다. 두루뭉술하게 얘기하고 싶을 때에는 어떻게 쓰는지 아시겠죠?

'날것이다' 하고 들여다보면 어느새 정교히 잘 다듬어져 있다는 느낌을 받습니다. 글을 쓰기 시작하고 완결짓는 일련의 과정과 글을 잘 쓰기 위해 정한 나름의 기준이 궁금합니다.

좋은 글을 위한 나만의 기준이라고 하기엔…… 내 글로 인해 독자의 뇌와 마음에 자극이 가해져 움직임이 발생하는 것을 나만의 기준이라고 방금 지어냈습니다.

'서른다섯이 넘어서부터는 비겁하고 옹졸한 인간들이
많은 세상에 나는 그렇지 아니하다'고 썼는데요.
한국에서 삼십대 중반 남자로 살아간다는 것은
어떤 의미일까요?

제 나이가 그쯤 됐나 봅니다. 삼십대
중반이라…… 음, 연구해볼게요.

그렇다면 한국에서 삼십대 중반의 남자가
인디밴드로 산다는 것은요?

개씨팔 같지만 분명 아름답고 행복한 일이죠.
기타로 노래를 만들고 글을 쓰며 산다는 것은요.

'부적격자'로서 청춘을 돌아본다면
어떤 느낌인가요?

어려운 질문입니다.

작가님만의 아지트를 소개해주세요.

 김일두
위층

  　　　　　　　　　　　　　　　　　　　○ ○ ○

김일두 제가 사는 곳 위층입니다. 2층에서 3층으로 올라가는 계단인데요, 창밖으로 집 앞의
작은 산이 보입니다. 새초록의 방수페인트와 흰 벽, 먼지, 거미줄, 그리고 고양이들의 털 등이
있어요. 의외로 굉장한 곳입니다.

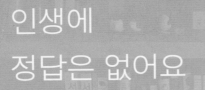

인생에
정답은 없어요

딴짓 시스터즈

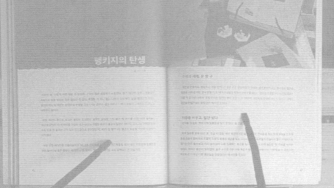

저희는 '딴짓'이 삶을 재미있게 만든다고 생각해요.
동시대를 살아가는 사람들에게 메시지를 전달하고 싶어요.
"딴짓해도 괜찮아요. 정해진 길을 벗어나 기웃거려도
괜찮아요. 딴짓하면 더 재미있게 살아갈 수 있어요."

밥벌이하며 딴짓하는

모두를 위한 잡지, 딴짓

인생에
정답은 없어요

딴짓 시스터즈

- 《딴짓매거진》

자신의 책을 쓰고 만든 특별한 계기가 있나요?
언제, 어떤 것과 마주했을 때 '굳이' 글로
남겨야겠다고 생각하나요?

　　　잡지를 만들자고 뭉쳤을 때, 셋의 공통점을
생각해보니 '딴짓'을 많이 한다는 거였어요.
'딴짓'이라는 말에 부정적인 어감이 있는데, 저희는
'딴짓'이 삶을 재미있게 만든다고 생각했어요.
겉으로는 자유로워 보이지만 의무감에 시달리며
자란 우리 세대(1980년대 중후반~1990년대 초 출생)에게
"딴짓해도 괜찮아. 정해진 길을 벗어나 기웃거려도
괜찮아. 딴짓하면 더 재밌게 살아갈 수 있어"라는
메시지를 전달하고 싶었어요. 글을 쓰고 싶은 순간은
참 다양하게 찾아오는 것 같아요. '어떤 것을 마주할
때'라기보다 '어떤 것을 마주하여 내 마음이 움직일 때'
기록하고 싶어져요. 잡지를 만들면서부터는 그 느낌을
나눌 수 있어서 더 열심히 쓰고 있어요.

독립책방과 독립출판물을 찾는 사람이 늘어가고
있습니다. 그들은 왜 독립책방을 찾아서 독립출판물을
사고 읽는 걸까요? 그곳에서, 그 책을 통해 어떤 가치를
찾고 있는 걸까요?

　　　독립출판물만의 '날것의 감성'이 있는 듯해요.
대중을 대상으로 하는 기성출판과 달리 독립출판은
개인의 기록이 많잖아요. 동시대를 살아가는
사람들의 고민이 담겨 있어서 큰 공감을 얻는 것
같아요. 그러한 공감과 느슨한 연대, 그리고 취향이
독립책방이라는 공간으로 집약되는 듯합니다.

첫 책이 나왔을 때 누가 가장 먼저 생각났나요?
어떤 분에게 자신의 책을 가장 먼저 드렸나요?

　　　콕 집어 누가 떠올랐다기보다는 창간호가
무사히 나왔다는 사실이 기뻤어요. 같이 만드는
딴짓 시스터즈 1, 2, 3호, 이렇게 셋이서
감격스러워했어요. 책을 제일 먼저 드린 건
가족이었어요.

자신이 지금 사는 삶의 공간에서 가장 마음에 드는
'곳'은 어디인가요? 작가님이 지금 가장 사랑하는
'일'은 무엇인가요?

1호: 《딴짓매거진》 사무실이자 거주지인
'파주의 섬'이 가장 마음에 들어요. 아지트이기도
하고요. 이 집을 구하기 위해 전국을 떠돌아서 더욱
애착이 가는 것 같아요. 페인트칠과 도배도 직접하고,
가구는 물론 텃밭도 직접 만들었어요.

2호: 회사가 파주에 있어서 도시보다 자연을
가까이 느낄 수 있다는 게 매력이에요. 점심을
먹으러 조금만 나가도 계절의 변화를 몸으로 느낄 수
있어요. 지금 제가 가장 빠져 있는 일은 아무래도
《딴짓매거진》을 만드는 일이겠죠. '다음 호에 이걸
소개하면 어떨까? 저 사람을 인터뷰하면 어떨까?'
이런 고민하는 과정이 정말 신나요.

3호: 마음에 든다기보다 가장 마음이
편한 곳은 '제 방'이에요. 최근에는 밤에 즐겨 찾는
잠수교가 마음에 들어요. 서울 생활을 잠시나마
잊게 해주는 잠수교 특유의 고요한 순간이 좋아요.
지금 가장 애정을 쏟는 일은 역시 《딴짓매거진》
만들기입니다.

작가님의 이십대는 어떤가요?(어땠나요)?
지금 우리는 어떤 세상을 살고 있는 걸까요?

1호: 저는 이제 막 이십대가 끝났어요.
서른이 되면 큰일이 나는 줄 알았는데 그렇지 않네요.
이십대는 제가 제대로 만들어지는 과정이었어요.
십대 때는 공부만 하느라 생각 없이 살았는데
이십대에는 '나는 누굴까, 어떻게 살아야 할까'를
생각하게 되었어요. 그런 고민을 통해서 제가 선택한
삶을 살려고 노력했어요. 지금 우리는 저성장 시대에
맞춰서 어떻게든 내 안에서 행복한 방법을 찾으려고
노력하는 듯해요. 다양성도 커지고 새로운 의미의
공동체도 생기고 있고요.

2호: 대학에 다닐 때까지만 해도 저는 목표를
세우고 그것을 이뤄내기 위해 집중하는 평범한
학생이었어요. 오히려 사회생활을 하면서 제 취향을
명확히 알게 되었어요. 관심사에 집중하고, 그때그때
느끼는 감정을 소중히 하는 이십대를 보냈습니다.

3호: 저의 이십대가 빛의 속도로 사라지고
있어요. 늘 '내 삶'을 살아가기 위해 부단히 애써왔고,
지금도 그 생각은 변함없어요. 지금 우리는 또다른
시대로 넘어가는 과도기에 있는 듯해요. 어느 시대나
과도기엔 힘들기 마련이죠. 무심히 변해가는 세상
얘기만 하다가는 끝이 없어요. 버틸 것인지,
나아갈 것인지, 가장 '나다운' 해결책은 무엇인지
생각해볼 필요가 있어요.

1, 2, 3호: 지금 우리는 '관심 가는 일'에
온전히 집중하기 어려운 세상에 살고 있어요.
아무리 발버둥 쳐도 겨우 '평균의 삶의 질'을 갖출까
말까 하니까요. 그 '평균'이 누구의 평균인지
잘 생각해봐야 해요. '내 기준의 평균'이라면
지켜나가야 하고, '다른 사람의 평균'이라면 과감히
포기할 줄도 알아야 할 겁니다.

유독 '인생의 평균 속도'를 강조하는 우리나라에서
그 규칙을 지키며 살다가 마침표를 찍던 순간이 누구나
있습니다. 작가님들은 어땠나요? 언제, 무슨 일로 가장
힘들었나요? 그리고 지금 평범한 일상을 지켜나가는
용기는 어디에서 얻나요?

　　1호: 저는 안정된 회사에서 나오겠다고
결심하는 과정이 힘들었어요. 퇴사자가 정말 적은
회사이기도 했고, 모두 반대했거든요. 내가 이상한 건
아닌지 많이 고민했어요. 다행히 그 선택을 후회하지
않아요. 비슷하게 살고 생각하는 사람들을 만나면서
일상을 지켜나가는 용기를 얻은 것 같아요.

　　2호: 저는 하고 싶은 일을 운 좋게 빨리
시작한 경우예요. 직업에 환상을 갖고 있다가 그게
깨지면서 상당히 힘들었어요. 하루에도 몇 번씩 일을
그만두고 싶었는데 그때마다 '다들 부러워하는
직업인데' '내가 얼마나 열심히 공부했는데'라는
마음 때문에 결단을 내리지 못했어요. 내 자존심과
타인의 시선 때문에 불행했던 거죠. 그것을 내려놓고
나니 정말 편하더라고요. 그 용기가 지금의 일상을
더욱 소중하게 만들어주는 듯해요.

'하고 싶은 일'과 '해야 하는 일'에 어떤 원칙을
갖고 있나요?

　　1호: 워낙 다양한 방법이 있어서 '원칙'이라고
말할 필요가 없을 듯해요. 누군가는 '해야 하는 일'로
돈을 벌고, '하고 싶은 일'에 돈을 쓰고, 누군가는
'하고 싶은 일'만 해서 밥벌이를 할 테니까요. 반대로
'해야 하는 일'만 하고 사는 사람도 많아요. 저도
그 균형을 맞추는 중이에요. 제가 선택한 것에
책임을 지려면 밥벌이를 해야 하는데 그게 제 삶을
잡아먹지 않도록 지키는 게 어려운 것 같아요. 그래도
시행착오를 거치다보면 점점 나아지겠죠?

　　2호: '하고 싶은 일'은 누구의 의견도 듣지
않고 온전히 제 마음에 따라 선택하고, '해야 하는
일'은 주변의 조언을 구하는 편이에요. '해야 하는
일'은 저뿐만 아니라 일로 엮인 많은 사람들이
있으니 당연한 절차라고 생각합니다. '해야 하는
일'에서 풀지 못한 갈증을 '하고 싶은 일'로 해소하기
때문에 어디까지나 독립적으로 결정하는 편입니다.

첫 책은 몇 부를 찍었나요? 총제작비는 어느 정도
소요되었나요? 제작비는 어떻게 마련했는지
궁금합니다.

　　창간호는 300부를 인쇄했고, 180만 원
정도 들었어요. 처음이라 지질과 판형 등 결정해야
하는 사항이 생각보다 많더라고요. 인쇄소에
가서 상담 받고 견적을 냈어요. 생각보다 만만한
금액이 아니라서 '크라우드 펀딩'을 통해 제작비를
마련했습니다. 처음에는 지인 위주로 돈이 모였는데,
나중에는 전혀 모르는 분들이 후원해주셔서
신기하고 기뻤습니다.

한 페이지의 난상
망각의 풍경

> 우리 사회가
> 뭔가 잘못하고
> 있다고 생각해요.

> 딴짓이 저를
> 발전시킨다고
> 생각해요.

딴짓의 가치판단을 내리는 사회

독립출판은 작가가 직접 제작-입고-유통을 주도적으로 할 수밖에 없을 텐데요. 편집-디자인-인쇄 등은 어떻게 해결했나요? 독립책방 유통도 직접 챙겨서 하고 있나요?

    편집과 디자인은 직접 하고, 인쇄와 제본은 제작업체에 맡기고 있습니다. 잡지가 나오면 전국 독립책방에 입고 문의를 하고, 배송까지 직접 챙깁니다. 입고 서점이 제법 많아져서 매번 직접 가보지는 못하지만, 서울이나 경기 지역 서점은 가급적 직접 가려 합니다. 내가 만드는 책이 어떤 과정을 거쳐 누가 읽는지 명확히 알 수 있거든요. 독립책방 운영자분들과 친해지면 책 진열도 더 잘해주시니까요.

작가님에게 좋은 자극을 안겨준 독립출판물은 무엇인가요? 혹은 작가는 누구인가요?

    독립잡지 《노처녀에게 건네는 농》이에요. 천준아 작가의 글재주가 워낙 좋아요. '노처녀'라는 주제는 '전투적'이지 않으면 '자조적'으로 흐르게 마련인데 그 수위를 잘 조절하며 유쾌하게 엮는 솜씨가 보통이 아니에요. 일 년에 두 번 발간되는 게 아쉬울 정도로 콘텐츠도 탄탄하고요. 아직 한 번도 뵙지 못했지만 저희도 노처녀에 막 진입한 상태이기 때문에 협업을 해도 좋을 것 같아요. 연락 기다릴게요!

'직업'을 묻는 항목에는 뭐라고 적나요?

    1호는 백수, 2호는 출판편집자, 3호는 마케터라고 적습니다. 한번은 1호가 다음(daum) 스토리펀딩 직업란에 '백수'라고 제출했더니 다음에서 임의로 '작가'로 바꾼 적도 있었어요. 1호가 다음에 직접 건의해서 수정했답니다.

    1호: 백수가 부끄럽지 않아요. 누구에게 얹혀사는 것도 아니고, 스스로 책임지며 살고 있으니까요. 인생에 쉼표도 있어야죠. 특히 이 쉼표는 스스로 '선택'한 거니까요.

딴짓 시스터즈의 1호, 2호, 3호의 관계가 궁금합니다. 4호나 5호도 등장할 수 있을까요?

    《딴짓매거진》이 세계적인 잡지가 되는 이변이 없는 한 3호 체제는 변하지 않을 거예요. 숨어서 일러스트를 도와주는 암묵적인 4호는 이미 있어요. 저희 셋의 관계를 다들 궁금해하세요. 이 잡지를 만들기 전까지 서로 몰랐던 사이였는데 퇴사를 고민하던 1호가 관심 분야의 사람들을 만나러 다니던 중 2호, 3호와 친분이 생겼죠. 그런데 정말 합이 잘 맞아요. 한 번도 싸우거나 언성을 높인 적이 없어요. '어떻게 이런 조합이 탄생했을까?' 저희도 무척 신기해하고 있어요.

《딴짓매거진》1~3호 표지에 펭귄, 고슴도치, 기린이
세 마리씩 등장하는데 어떤 의미가 있나요?

　　　　매 호마다 대표하는 동물이 달라져요. 동물
자체에 특별한 의미를 부여하진 않아요. 다만 표지를
보면 동물들이 한 방향을 향해 가고 있어요.
페이지를 넘기면 그중 한 마리가 느낌표로 표현되는
어떤 의문을 갖게 됩니다. 페이지를 더 넘기면 느낌표가
커져 풍선이 되고, 마지막 페이지에 다다르면
풍선을 타고 날아가게 되죠. 그 한 마리는 동료와
다른 선택을 하는 거예요. 바로 그 모습이 '딴짓'을
잘 표현한다고 생각했어요. 늘 앞만 보고 달릴 순
없으니까요. 동물들이 열 마리 이상이 되면 다 같이
풍선을 타고 날아가는 특집을 만들 생각이에요.

《딴짓매거진》의 글감이나 주제는 어디에서 얻나요?
1호, 2호, 3호 가운데 누구의 목소리가 큰지도
궁금합니다.

　　　　회의로 결정합니다. 매 호마다 기획 주제가
있는데 그것을 먼저 정해요. 소재는 2호가 잘 '건져오는'
편이라 별명이 '물기러기(물 길어오기)'예요.
딴짓 시스터즈는 누가 특별히 주도한다기보다 서로
역할이 달라요. 1호는 출판 등록이나 사업 거래,
예산 등을 담당하고, 2호는 이런저런 소재를
가져오거나 교정 및 교열을 봐요. 3호는 디자인과
굿즈 제작을 하고 있습니다. 기획이나 인터뷰 등은
모두 함께합니다.

《딴짓매거진》을 제작하는 과정에서 가장 재미있는
시간은 언제인가요?

　　　　모든 게 재밌어요. 매 호가 나올 때마다
함께 1박 2일 워크숍을 가요. 책을 포장하고
독자에게 손편지도 쓰고 상품을 만드는……
정말 새벽까지 '워크(work)'만 해요. 그 과정을
일로 여긴다면 절대 못할 거예요.

'다음 스토리펀딩'이 마감 전에 모금액을 달성했습니다. 150만 원 목표로 2016년 4월 25일이 마감이었는데 3월 23일에 모금액을 달성했는데요. '스토리펀딩'을 시작한 계기와 모금액을 초과달성한 비결이 궁금합니다.

　　　돈이 없어서 시작했죠. (웃음) 저희 잡지 한 권을 펴낼 때마다 인쇄비 200만 원 정도가 필요해요. 그런데 책을 팔아봤자 권당 1천 원도 남기기 힘들어요. 적은 부수에다 모두 컬러 인쇄를 하다보니 권당 제작비가 비쌌어요. 순수하게 책만 팔아서 인쇄비를 마련하는 게 만만치 않아서 펀딩을 시작했는데 초과달성할 줄은 저희도 몰랐어요. 연재 2화에 올린 '창간호 수다' 편이 인기가 좋았어요. 저희가 처음 만나서 《딴짓매거진》을 만들게 된 이유로 수다를 나눈 것을 모은 기사였어요. 술을 마시면서 나눈 가장 솔직한 대화였기에 공감해주신 듯해요. 회사를 그만둬도 인생이 끝장나는 건 아니다, 어디를 가도 힘들다면 어디서 힘들지는 내가 결정하겠다, 우리 사회는 불안을 조종해서 먹고 산다 등의 이야기가 담겨 있었어요.

'스토리펀딩' 2화에서 '누구나 밥벌이에서 자유로울 순 없지만 그 와중에 스스로를 위한 즐거움을 끊임없이 찾는다'라고 했습니다. '밥벌이'가 어느 정도 되어야 '딴짓'도 할 수 있다고 생각하는 사람들에게 어떤 메시지를 전해줄 수 있을까요?

　　　사람마다 제각기 달라서 '이 정도 돈이 있어야 한다'고 단정 지을 순 없을 거예요. 누구는 10년 치 생활비를 저축해놓아도 불안해하고, 누구는 한 달 생활비만 있어도 걱정 없이 사니까요. 다만 유달리 경제가 좋지 않아서인지 젊은이들이 미래를 위해 현재를 희생하는 선택을 하는 것 같아요. 미래가 불안하니까요. 100세 시대가 긍정적으로 들리지만도 않고요. 60세 이후 먹고 살 돈을 마련하기 위해 젊음을 희생하는 걸 당연하게 여기는 세상이니까요. 80세에 편안하기 위해 30세의 나는 딴짓할 시간 없이 일만 해야 해요. 과연 그게 정답일까요? 우리는 언제 죽을지 모르는데……
'편안하게 사는 것이 꼭 성공인가'라는 생각도 들어요. 선택의 문제예요. 인생에 정답이 있는 것처럼 말하고 그렇게 살지 않는 사람을 비난하지 않았으면 해요. 정답이 획일화되고 편협할수록 사람들은 더 불행해지니까요. 다른 사람들을 비난함으로써 자기 삶을 정당화하는 건 이기적인 일이에요.

작가님만의 아지트를 소개해주세요.

 딴짓 시스터즈
1호네 집

   ○ ○ ○

딴짓 시스터즈 우리의 '아지트'는 1호네 집이에요. 1호가 회사를 퇴사하며 그동안 모은 돈으로 새 보금자리를 얻었는데, 집을 마련하는 것부터 페인트칠하고 수리하는 것까지 지켜보면서 우리 모두에게 특별한 공간이 되었어요. 농담 삼아 '딴짓 본사'라고 불러요. 새 잡지가 나오면 이곳에서 1박 2일 합숙하며 배송 작업을 해요. 1호가 엄마처럼 먹을 것을 챙겨줘서 일하러 갔는데도 잘 쉬다 온 듯한 느낌이 드는 게 함정입니다.

멀리서 밟아보는
특별한 자리

라야

언젠가는 사람들로 붐비는 주말 강남대로를 걷다가
너무 답답해서 높은 외부 계단에 올라간 적이 있어요.
그곳에서 내려다보니 사람들의 움직임이 잔잔하게
보이고 마음이 편해졌어요. 나라는 사람이 늘 멀리
떨어져서 보려고 한다는 걸 느꼈어요. 앉아 있던 장소를
먼 곳에서 쳐다본다거나 높은 곳에 올라가 내려다보는 거요.
원경은 모든 것을 아름답게 만들어요. 풍경뿐만 아니라
나의 상황도 멀리서 관조적으로 보려고 합니다.

들어가지 않으면
절대 알 수 없는 장면들이
세상 모든 건물 안에 있다.

라 야

멀리서 밟아보는
특별한 자리

라야

- 『산책론』

**자신의 책을 쓰고 만든 특별한 계기가 있나요?
언제, 어떤 것과 마주했을 때 '굳이' 글로
남겨야겠다고 생각하나요?**

　　　계속 눈에 들어오고 떠오르는 어떤 풍경이
있어요. 해 질 무렵 빛을 받은 건물의 면이나 계절에
따라 길어지는 그림자처럼…… 외부 원인으로 바뀌는
풍경의 인상을 저만의 방식으로 담아내려고 합니다.
보통 영상으로 풀어냈는데, 새 작업의 준비 기간이
길어지면서 답답한 마음이 들어서 다른 방식으로
얘기해보고 싶었어요. 그게 '책'이 된 거죠.
그 풍경을 찾기 위해 시도했던 방법, 즉 제가 세상을
바라보는 방법에 초점을 맞췄어요. 전철 창밖으로
보이는 건물 옥상을 찾아가서 방금 전까지
내가 앉아 있던 전철이 지나가는 것을 바라보거나,
지금 서 있는 건물 옥상에서 앞 건물 옥상으로
이동하며 앞으로 나아가거나. 영상뿐만 아니라
저의 시선을 글로 남기는 것도 중요하다고 생각해서
『산책론』을 생각하기 전부터 작업 노트 식으로 틈틈이
정리해왔어요. 『산책론』을 통해 '산책법'이란
이름을 달아서 책으로 나오게 되었습니다.

**첫 책이 나왔을 때 누가 가장 먼저 생각났나요?
어떤 분에게 자신의 책을 가장 먼저 드렸나요?**

　　　2년간 일했던 독립책방이자 출판사
'유어마인드' 이로 대표님께 드렸어요. 유어마인드에서
일했던 경험이 책을 준비할 때 큰 도움이 되었어요.
일하던 곳에 책을 입고한 것도, 스태프로 참여했던
〈언리미티드 에디션(Unlimited Edition)*〉에 참가자로
등록한 것도 굉장히 특별한 기억이에요.

**독립책방과 독립출판물을 찾는 사람이 늘어가고
있습니다. 그들은 왜 독립책방을 찾아서 독립출판물을
사고 읽는 걸까요? 그곳에서, 그 책을 통해 어떤 가치를
찾고 있는 걸까요?**

　　　대형 서점에서는 볼 수 없는 이야기와
분위기를 찾는 게 아닐까요. 요즘엔 대형 서점에서도
종종 독립출판물을 볼 수 있지만, 책방지기가
엄선한 책을 한 공간에서 한 번에 훑어보는 것은
대형 서점에서는 할 수 없으니까요. 독립출판물을
만드는 사람들도 많아져서 오랜만에 책방을 찾으면
새로운 책들을 만날 수 있어요. 동시대의 누군가가
만든 것들을 쉽게 확인할 수 있는 거죠. 독립출판물은
한 명이 만들었든, 여러 명이 만들었든 모두 '하고
싶어서' 만든 것이니까 자극을 받아요. '너무 멋지다,
나도 해볼까'일 수도 있고, '내가 더 잘할 수 있는데,
해볼까'일 수도 있겠네요.

---

* 2009년 1회를 시작으로 매년 진행되고 있는 아트북 페어, 독립출판 시장.
독립출판 제작자들이 1년에 한 차례 각자의 목소리로 자신의 책을 말하고
판매하는 시간이다. 작가/제작자와 관람자가 '직접 판매 부스'를 매개로 만나고,
자발적으로 만들어진 책들이 그해 어떻게 존재하는지 조망할 수 있다.

자신이 지금 사는 삶의 공간에서 가장 마음에 드는
'곳'은 어디인가요? 작가님이 지금 가장 사랑하는
'일'은 무엇인가요?

　　태어나서부터 계속 서울에서 살고 있어요.
한강을 아낍니다. 하릴없이 산책하기, 산책하며
주변을 보는 것을 좋아해요. 마주치는 어떤 풍경에서
느낀 감정을 영상과 음악으로 극대화해서 전달하는
일을 잘하고 싶어요.

작가님의 이십대는 어떤가요?
지금 우리는 어떤 세상을 살고 있는 걸까요?

　　현재 이십대 후반을 지나고 있는데, 점점
시간이 빨리 지나는 느낌입니다.

유독 '인생의 평균 속도'를 강조하는 우리나라에서
그 규칙을 지키며 살다가 마침표를 찍던 순간이 누구나
있습니다. 작가님은 어땠나요? 언제, 무슨 일로 가장
힘들었나요? 그리고 지금 평범한 일상을 지켜나가는
용기는 어디에서 얻나요?

　　대학을 졸업하고 전공과 관련된 곳에
지원할지, 관심 있는 책방에 지원할지 고민했어요.
소규모로 디자인이나 출판 스튜디오를 가게와 함께
운영하는 곳에 관심이 많았거든요. 기회가 닿아서
'유어마인드'에서 일할 수 있었어요. 그 후로 계속
사람들이 말하는 '평균 궤도'와 멀어지는 나날을
살고 있어요. 안정적이지도 않고, 누구나 그렇듯
앞으로의 날에 불안해하는 새벽이 있지만 아직은
괜찮아요. 어렸을 때 희귀병으로 힘들었기 때문에
어떤 일을 하건 무리하고 싶지 않아요.

'하고 싶은 일'과 '해야 하는 일'에 어떤 원칙을
갖고 있나요?

　　활력을 위해서 '해야 하는 일' 사이사이에
여러 가지 딴짓을 구상합니다. 하지만 '하고 싶은
일'도 자의나 타의로 미뤄지면 결국 '아, 그거 해야
하는데……'가 되어버려서 경계가 모호해지긴
해요. 서로가 서로의 딴짓이 되면서 돌려막는
느낌이랄까요.

첫 책은 몇 부를 찍었나요? 총제작비는 어느 정도 소요되었나요? 제작비는 어떻게 마련했는지 궁금합니다.

전체가 천연색 300페이지, 300부였기에 제작비가 좀 부담되었어요. '텀블벅'을 이용할까 했지만 홍보까지 시간이 없어서 자비로 충당했습니다. 그런데 출간 후 1년 이상 끌어온 소송이 끝나며 딱 인쇄비만큼의 금액이 들어왔어요. 저의 다른 창작물과 얽힌 소송이라 좋지 않은 기억이었지만 그 돈으로 책을 만든 듯해서 나쁜 기억을 털어내는 데 도움이 되었어요. 무슨 일이 있든지 계속 만들고, 하고 싶은 이야기를 하는 게 중요하다고 누군가 말해주는 것 같았어요.

독립출판은 작가가 직접 제작-입고-유통을 주도적으로 할 수 밖에 없을 텐데요. 편집-디자인-인쇄 등은 어떻게 해결했나요? 독립책방 유통도 직접 챙겨서 하고 있나요?

시간이 많이 걸리는 '교정 교열'은 맞춤법을 칼같이 지키는 친구가 도와주었습니다. 그 밖의 편집, 디자인, 인쇄 등 제작 과정은 물론 입고, 유통, 홍보까지 혼자 했어요. 모두 제 마음대로 하는 것이니 즐거웠지만, 어떤 내용을 빼는 게 좋을지, 어떤 레이아웃이 더 좋은지, 어떤 종이가 좋을지…… 결정의 순간마다 함께 고민할 사람이 없어서 아쉬웠어요. 모두 제가 해야 하다 보니 어느 한 곳에 집중할 수 없어서 힘들었어요. 책방에서 일했을 때는 늘 입고 받는 입장이었는데 직접 입고를 하러 다니니 기분이 묘했습니다.

작가님에게 좋은 자극을 안겨준 독립출판물은 무엇인가요? 혹은 작가는 누구인가요?

독립출판물은 아니지만 그와 관련된 강의가 떠올라요. 2014년, 여섯번째 〈언리미티드 에디션〉에서 사진 전문 출판사 '이마(IMA)'의 편집자 히가시 나오코씨가 "사진책은 사진가의 여권이 될 것이다" 라는 제목으로 강의를 했어요. 사진가의 사진책은 다른 사람, 다른 기회와 연결시켜줄 여권 역할을 할 수 있다는 거죠. 당시 강의를 들을 때는 멋진 사례이지만 마치 로또에 당첨되는 일처럼 먼 이야기라고 생각했어요. 그런데 『산책론』을 발간한 이후 그 강의 제목 그대로를 경험하고 있어요. 자신의 이야기를 하나의 책으로 담아내는 일은 어떤 매체도 대신할 수 없는 손에 잡히는 완결성이라는 매력이 있다는 걸 알았어요.

신지혜 작가의 『0,0,0』을 인상 깊게 읽었어요. 자신이 살아온 열한 개 집에 대한 책인데, 공간 설명뿐만 아니라 그곳에서 머물 때의 기억까지 담아서 그 사람이 살아온 과정을 알게 되었어요. 제가 살았던 집들이 떠오르면서 '기억이 얽힌 공간의 힘은 정말 강하구나'라는 걸 느꼈어요. 저희 어머니께도 추천해드렸는데 그동안 살아온 집에 대해 이야기를 나누며 자연스럽게 엄마의 과거의 기억도 들을 수 있었어요. 집은 정말 무궁무진하게 이야기할 수 있는 주제입니다.

『산책론』의 무대이자 주인공인 잠실로 이사 오기 전에는
어디에서 거주했나요? 잠실로 이사를 온 후부터 건물,
옥상, 풍경에 대한 관심이 본격적으로 시작된 건가요?

　　　잠실 이전에는 여의도, 한남동, 왕십리,
아현동 등을 거쳤어요. 어렸을 때부터 옥상에
올라가서 풍경을 바라보는 것을 좋아했어요.
옥상에서 혼자 밤을 새우며 하늘만 본 적도 많아요.
폐가를 구경하거나 밤에 잠겨 있는 고등학교 교정을
몰래 들어가는 것도 좋아했고요. 올라가는 행위,
탐방하는 기분, 옥상에서 보이는 탁 트인 풍경에
관심이 있었던 듯해요. 지금은 건물에 대한 궁금증이
추가되었죠. 잠실로 이사 올 무렵, 졸업 작품을
준비했는데 원하는 장면을 찍기 위해서 옥상을
찾아야 했고, 어릴 때와 달리 목적을 갖고 많은
건물들에 들어가 보았어요. 그러면서 건물에 흥미가
생겼어요.

이 작업을 통해 잠실을 바라보는 시선에 많은 변화가
있었다고 했습니다. 어떻게 달라졌나요?

　　　　여러 건물을 들어가 보면서 잠실을 다각도의
높은 곳에서 보는 수직적인 산책을 하다보니
땅으로만 다녔던 동네가 머릿속에서 지도처럼
그려졌어요. 풍경 속 배경으로만 보이던 건물이
하나하나의 개체로 보이게 되었습니다. 그렇게 시선이
변하면서 이전에는 인식하지 못했던 건물도 유심히
바라보고 들어가게 되었어요. A라는 건물에만
관심이 있었다가 그 옆에 있는 B라는 건물의 창문이
갑자기 눈에 띄는 식이었어요. 같은 동네인데도 눈에
들어오는 것들이 늘 달라져요. 잠실뿐만 아니라
어딘든 돌아다닐 때마다 느끼고 있습니다.

작가님의 '산책법'에 따르면 시간과 빛에 따라서,
건물의 안과 밖에 따라서, 마주 보는 여기와 저기에
따라서 풍경이 다르게 와 닿습니다. 사람과의
관계에서도 동일하게 적용되는 걸까요?

　　　서로의 상황과 거리에 따라 같은 사람이어도
관계가 다르게 느껴지겠죠. 제가 어떤 건물을
보고 '들어가고 싶다, 올라가고 싶다'고 생각하는
걸 이해하지 못하는 친구가 있어요. 그 친구는
사람마다 갖고 있는 다양한 이야기에 관심이 많아요.
저 사람은 어떤 경험을 했을지, 어떤 세계를 갖고
있을지를 궁금해하는 거죠. 반대로 저는 사람을
들여다보는 것에는 흥미가 없고 소질도 없어요. 물론
대상이 다를 뿐 제가 건물을 보는 방식과 사람을
대하는 것은 비슷하다고 생각합니다.

멀리서, 또 높은 곳에서 풍경을 내려다보는 일, 결국
작가님의 산책은 '내가 있던 자리를 멀리에서 밟아보는
일'이라는 생각이 들었어요. 작가님에게 멀리서
바라보는 풍경은 무엇인가요?

　　　맞아요. '산책법'이라는 이름으로 저의 시선을
글로 정리하면서 나라는 사람이 늘 멀리 떨어져서
보려고 한다는 걸 느꼈어요. 자신이 앉아 있는 장소를
먼 곳에서 쳐다보고 싶거나 높은 곳에 올라가
내려다보고 싶은 거죠. 언젠가는 사람들로 붐비는
주말 강남대로를 걷다가 너무 답답해서 높은 외부
계단에 올라간 적이 있어요. 그곳에서 내려다보니
사람들의 움직임이 잔잔하게 보이고 마음이
편해졌어요. 그리고 다시 내려와서 사람들 속에
섞이니 답답했던 기분이 잦아졌어요. 멀리서 보면
희극이고 가까이서 보면 비극이라고 하잖아요.
원경은 모든 것을 아름답게 만들어요. 풍경뿐만
아니라 나의 상황도 멀리서 관조적으로 보려고 합니다.

건축학도가 아님에도 건물을 하나의 개체로 보고
나이가 있다고 인지하는 모습이 인상적이었습니다.
건물도 사람과 마찬가지로 인생이 있다고 보는 건가요?
　　　네, 건물을 사람처럼 여깁니다. 건물뿐만
아니라 어떤 장소를 사람처럼 대하는 걸 좋아해요.

가보고 싶은 건물 혹은 건물의 옥상을 선정하는
작가님만의 기준은 무엇인가요?
　　　건물 외관이 흥미롭거나 제가 원하는
풍경이 보이는 건물에 들어가요. 걸어 다니다가,
혹은 전철이나 버스 창밖을 보다가 눈에 띄어
기억해두었다가 가거나, 미리 지도를 보면서 원하는
풍경이 보이는 각도의 건물을 샅샅이 찾아서 갑니다.
하지만 방문할 건물을 계획하고 찾아가기보다는
충동적으로 휙 들어가는 일이 많아요.

보고 싶지 않은 풍경 혹은 도저히 이해하기 힘든 지금
삶의 풍경이 있나요? 있다면 무엇인가요?
　　　어느 날, 좋아하는 장소가 사라졌거나
바뀌어 있을 때입니다.

작가님만의 아지트를 소개해주세요.

 라야
잠실 어린이교통공원

라야 잠실 '어린이교통공원'이 저의 아지트예요. 『산책론』에도 실려 있는데, 고층 건물 사이에 있는 작은 공원이에요. 어린이들이 교통 법규를 익힐 수 있도록 사거리와 로터리, 육교, 터널 등이 작은 크기로 구현되어 있습니다. 이곳을 산책하고, 중앙의 탑에 올라 멍하니 있는 걸 좋아합니다.

좋아하는 것을,
자연스럽게,
나도 모르게

민조킹

공부는 잘하지 못했지만 학교를 좋아했고 대학을
졸업하고는 평범한 회사생활을 했습니다.
이렇게 인생의 평균속도에 맞춰 살다보니 삶에
무료함이 찾아왔고 그때, 그림을 그리기 시작했죠.
그림을 그릴 때 가장 행복하고 소파에 눌러앉아 잡지를
읽는 사소한 일상을 사랑합니다.

설렘과 자괴감의 의미 없는 반복,

기대라는 것 자체가 허무해질 무렵

어떤 설명도 필요하지 않는 순간이 찾아오기도 한다.

- '연애고자' 中 -

민조킹 네시

20160505

좋아하는 것을,
자연스럽게,
나도 모르게

민조킹

- 『연애고자』, 『귀엽고, 야하고 쓸데없는 그림책』

자신의 책을 쓰고 만든 특별한 계기가 있나요?
언제, 어떤 것과 마주했을 때 '굳이' 글로
남겨야겠다고 생각하나요?

처음부터 책을 만들어야겠다고 생각했던
것은 아니에요. 그저 그림이 좋아서 혼자 끼적거리고
SNS에 올리는 정도였어요. 그런데 제 그림을
좋아해주던 사진작가가 좋은 콘텐츠를 썩히는 게
아깝다며 책으로 만들어보면 어떻겠냐고
제안해주셨어요. 그렇게 첫 책을 만들게 되었고,
두번째 책을 준비할 때는 첫번째보다 짜임새
있고 이야기 있는 책을 만들고 싶은 욕심이 생겨서
꾸준히 일기를 썼고 문득 떠오르는 기억은 휴대전화
메모장에 기록해두곤 했어요. 지금도 친구와 나눈
대화 혹은 스스로 읊조린 이야기 가운데 재미있는
말과 에피소드를 기록하고 있습니다.

첫 책이 나왔을 때 가장 먼저 누가 생각났나요?
어떤 분에게 자신의 책을 가장 먼저 드렸나요?

누구에게 제일 먼저 주었는지는 기억이 나지
않아요. 하지만 책을 만드는 데 가장 큰 도움을
주었던 남자친구가 가장 먼저 생각났어요.

독립책방과 독립출판물을 찾는 사람이 늘어가고
있습니다. 그들은 왜 독립책방을 찾아서 독립출판물을
사고 읽는 걸까요? 그곳에서, 그 책을 통해 어떤 가치를
찾고 있는 걸까요?

독립출판이라고 하면 일반 서점에서
판매하는 책보다 이른바 '오덕스러운' 심화된 정보나
지극히 주관적인 이야기로 채워져 있을 듯한 느낌
때문에 관심을 갖는 것 같아요. 공정을 거치지 않은,
걸러지지 않은, 날것의 무언가가 있는 거죠. 예전에는
책을 만들려면 출판사를 통해야 했지만, 지금은
개인이 쉽게 책을 만들 수 있는 환경이 되었다는
이유도 있을 테고요.

**자신이 지금 사는 삶의 공간에서 가장 마음에 드는
'곳'은 어디인가요? 작가님이 지금 가장 사랑하는
'일'은 무엇인가요?**

     사람들이 북적대는 것을 좋아하지 않아서
약속 있을 때를 제외하곤 칩거하는 스타일입니다.
지금 살고 있는 집에 오면 긴장이 풀리고 마음이
편해져요. 이 한 몸 편히 쉴 수 있는 곳이 있다는 걸
감사하며 살고 있어요. 가장 사랑하는 일은 역시
'그림'입니다. 머릿속으로 생각한 것이 그대로
종이에 표현되었을 때 행복합니다. 화초에 물 주기,
소파에 푹 눌러앉아 잡지를 읽는 그런 평범한 일을
사랑합니다.

**작가님의 이십대는 어땠나요?
지금 우리는 어떤 세상을 살고 있는 걸까요?**

     나에게 주어진 자유를 어쩔 줄 몰라 탕진했던
시간이었어요. 하지만 지금 생각해보면 그때의
서툴렀던 모든 것들이 사랑스럽고 행복했어요.
불안하고, 겁도 나고, 어떤 때는 미친 사람처럼
과감했던…… 그런 시간을 지나 삼십대가 되었습니다.
물론 지금도 미래에 대해 만성적인 불안은 있지만
다른 사람보다 운이 좋아 편안하고 안정적인 삶을
향유하고 있음에 감사하고 행복합니다.

**유독 '인생의 평균 속도'를 강조하는 이 사회에서
그 규칙을 지키며 살다가 마침표를 찍던 순간이 누구나
있습니다. 작가님은 어땠나요? 언제, 무슨 일로 가장
힘들었나요? 그리고 지금 평범한 일상을 지켜나가는
용기는 어디에서 얻나요?**

     지금까지 살아오면서 이 사회가 정한 인생의
평균 속도의 암묵적인 규칙을 한 번도 어긴 적이
없었어요. 공부는 잘하지 못했지만 학교를 좋아해서
개근상을 받던 아이였고, 대학에 입학했고, 졸업 후
평범한 회사에 취직해서 적금도 붓고…… 그러다가
삶에 무료함이 찾아왔고, 그래서 그림을 그리기
시작했고, 삶의 많은 부분이 바뀌었습니다. 힘들었던
일은 입사 3년 만에 찾아온 '직춘기(직장사춘기)'와
경영진의 횡포와 같은 평범한 일이었습니다.

'하고 싶은 일'과 '해야 하는 일'에 대해 어떤 원칙을
갖고 있나요?

　　　　해야 하는 일은 완벽하게 한다. 하고 싶은
일은 고민하지 않고 한다.

첫 책은 몇 부를 찍었나요? 총제작비는 어느 정도
소요되었나요? 제작비는 어떻게 마련했는지
궁금합니다.

　　　　500부를 찍었고, 2쇄 출간은 하지 않았습니다.
인쇄비와 기타 비용을 포함해서 250만 원 정도
들었어요. 제작비는 회사를 다니면서 모아놓은
돈으로 마련하였습니다.

독립출판은 작가가 직접 제작-입고-유통을 주도적으로
할 수밖에 없을 텐데요. 편집-디자인-인쇄 등은 어떻게
해결했나요? 독립책방 유통도 직접 챙겨서 하고 있나요?

　　　　편집과 디자인은 반려자가 될 남자친구와
의견을 나누면서 해결했습니다. 남자친구가 인디자인
프로그램을 배워서 출판을 도와줬어요. 인쇄는
충무로의 인쇄소를 알음알음 접촉하여 작업했습니다.
유통도 직접 하고 있어요. 독립책방이 많이 생겨서
전자우편으로 입고 문의를 받고, 택배로 책을
보내드리고 있습니다. 서울의 가까운 독립책방에는
직접 입고를 하기도 합니다.

작가님에게 좋은 자극을 안겨준 독립출판물은
무엇인가요? 혹은 작가는 누구인가요?

　　　　『내가 30대가 됐다』라는 책을 재미있게
봤습니다. 2015년에 삼십대가 되었기 때문에
공감 가는 부분이 많았어요. 절제된 위트도
인상적이었습니다. 독립출판물은 아니지만 바스티앙
비베스(Bastien Vives)라는 작가도 좋아합니다.
『라스트맨 1, 2』『염소의 맛』『폴리나』등을 펴낸
만화가입니다.

SNS에 자신을 '취미 드로잉, 야그림'으로 소개했어요.
특히 '야그림'이 좋은 반응을 얻고 있는데요. 사람들이
야그림에 반응하는 이유는 무엇일까요?

　　　　과거에 비해서 사람들의 성(性) 관련 인식이
개방적으로 바뀐 것 같아요. 〈마녀사냥〉이라는 방송
프로그램이 이슈가 되었듯이 성에 대해 솔직하게
드러내는 것이 더는 부끄러운 일이 아니게 된 거죠.
작가인 제가 여자라는 사실도 사람들에게 흥미롭게
여겨졌다고 생각합니다.

야그림을 그리게 된 특별한 동기가 있었나요?

　　　　어렸을 때부터 야한 것을 좋아했어요.
좋아하는 것을 그리다보니 자연스럽게……
나도 모르게…….

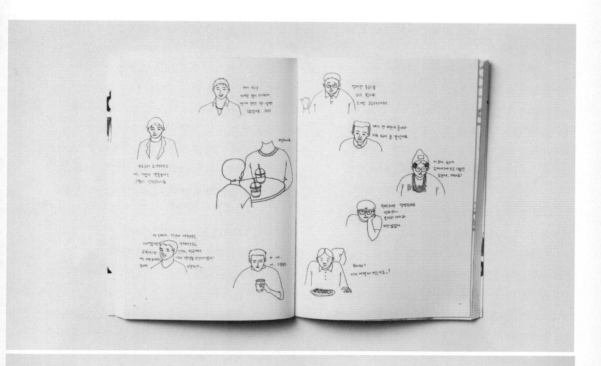

**공개적인 SNS에 야그림과 개인 사생활이 함께
올라와 있습니다.**

　　대부분의 사람들처럼 저 역시 사생활을 주변
사람과 공유하거나 일기용으로 SNS를 시작했어요.
그림으로 주목받았지만 사생활을 숨길 필요는
없다고 생각해서 함께 올렸는데 길을 가다가 저를
알아봐주는 분들이 계셔서 놀랐습니다. 불쾌한
일보다는 재미있고 기분 좋은 일이 많았어요.

**결혼을 곧 앞두고 있는데요. '연애고자'가 아닌데
『연애고자』를 쓰게 된 이유가 있나요?**

　　비밀인데…… 사실 저는 '연애고자'
출신이에요. 책의 내용도 연애를 하기 전 연애를 하고
싶어 발악했던 제 이야기를 담았고요. 지금 남자친구
(곧 남편이 되는)를 만나기 전까지, 25년간 '나는 왜
연애를 못하는 걸까'를 심각하게 고민했던 날들의
이야기를 담았습니다.

연애에서 꼭 지켜야 하는 것은 무엇일까요?

　　폭언(자존심을 건드리는 말이나 욕설)을
하지 않을 것, 거짓말하지 않을 것, 연락이 두절되지
않을 것!

**회사와 그림, 그리고 독립출판을 병행하면서 힘들진
않나요?**

　　그림은 퇴근 후 취미로 그렸던 것이라
즐겁게 해왔지만, 출판을 준비할 때는 힘들었습니다.
독립출판 행사를 앞두고 퇴근 후 집에서 손목에
통증을 느낄 정도로 그렸어요. 시간이 모자라
회사에서 몰래 디지털 작업을 하기도 했고요. 다행히
남자친구가 편집 등을 도와줘서 무사히 출판할 수
있었습니다. 많이 힘들었지만 좋은 추억이 되었네요.

**유명 브랜드와 협업도 하고 있습니다.
앞으로 꼭 하고 싶은 작업은 무엇인가요?**

　　개인전을 통해 나를 좀더 알리고, 나만의
아이덴티티를 확립하고 싶은 욕심이 있었어요.
속옷 등의 브랜드와 협업하고 싶은 생각도 있고요.
하지만 책을 출판하면서 책 만드는 것의 매력을 알게
되어서 『연애고자』 후속작으로 연인이 공감할 수 있는
책을 출간하고자 합니다.

인터뷰. 성서연

작가님만의 아지트를 소개해주세요.

 민조킹
집

민조킹 저는 '집순이'라서 집에서 보내는 시간을 좋아합니다. 작업하는 책상은 일부러 큰 것으로 장만했어요. 대부분의 시간을 이곳에서 보냅니다.

글쓰기,
시간과 공간을
넘나들며
대화하는 일

신인아

오늘날 서울의 풍경에 관심이 많습니다.
또, 가장 사랑하는 일은 '서울 구경' 입니다.
이방인으로서 서울의 인상을 붙잡아 정리해 기록한
연습장 같은 책이에요. 느낌을 기록하기에는
글이 가장 적합한 형태라고 생각해요.

책을 읽거나
저는 일은 '오늘'이라는
시간의 가치를 꼼꼼히 뜯어보고
진실하게 살펴보는 일이자로 만든다.

신인아

글쓰기,
시간과 공간을
넘나들며
대화하는 일

신인아
- 「현실탐구단 보고서」, 「그대로」, 「고서점 호산방」

자신의 책을 쓰고 만든 특별한 계기가 있나요?
언제, 어떤 것과 마주했을 때 '굳이' 글로
남겨야겠다고 생각하나요?

첫 독립출판물 『현실탐구단 보고서』를
기준으로 말씀드릴게요. 『현실탐구단 보고서』는
글쓰기 소모임의 결과를 엮은 출판물입니다. 그 책은
저에게 연습장과 같았어요. 이방인으로서 서울의
인상을 붙잡아 정리해 기록한 연습장. 제 느낌을
기록하기에는 글이 가장 적합한 형태라고 생각해요.
그래서 굳이 남길 필요가 없는 출판물이라는 생각도
합니다. 그럼에도 계속 책을 내는 건 처음 이유와
같아요. '이렇게라도 하지 않으면 절대 하지 않기'
때문입니다.

첫 책이 나왔을 때 누가 가장 먼저 생각났나요?
어떤 분에게 자신의 책을 가장 먼저 드렸나요?

당시에는 특별한 생각 없이 벌인 일이어서
특별한 사람은 없었습니다. 질문을 받고 생각해보니
현시원, 윤원화 선생에게 드렸으면 좋았겠다 싶어요.
두 분의 미술 글쓰기 수업이 책의 구성원을 만난
계기가 되었으니까요.

독립책방과 독립출판물을 찾는 사람이 늘어가고
있습니다. 그들은 왜 독립책방을 찾아서 독립출판물을
사고 읽는 걸까요? 그곳에서, 그 책을 통해 어떤 가치를
찾고 있는 걸까요?

'제작자'로서 '누가 왜 독립출판(물)을
소비하는 것일까'를 고민한 적은 없습니다.
'소비자'의 유무와 관계없이 이전에도 있었고
앞으로도 존재할 하위문화로 인지하고 있거든요.
고서 관련 프로젝트를 하며 '독립출판'이라 부를
만한 것들은 언제나 있었다는 생각을 하기도 했고요.
'소비자'로서 생각하면 '다른 사람이 보건 말건
상관없는' 그런 출판물이 더 많이 나오면 좋겠습니다.
독립출판에도 어떤 '유행'이 생긴 듯해서 별로
재미없게 느껴지거든요.

자신이 지금 사는 삶의 공간에서 가장 마음에 드는
'곳'은 어디인가요? 작가님이 지금 가장 사랑하는
'일'은 무엇인가요?

가장 마음에 드는 곳은 집 안의 제 방입니다.
만족할 만한 집과 방을 찾기까지 오래 걸렸고, 생활에
기본적인 안정감을 주는 가장 중요한 역할을 하는
곳입니다. 가장 사랑하는 일은 '서울 구경'입니다.
아직도 언제나 재미있습니다.

**작가님의 이십대는 어땠나요?
지금 우리는 어떤 세상을 살고 있는 걸까요?**

저의 이십대는 행복했습니다. 맛있는 것도
많이 먹고, 많이 경험했고, 많이 우왕좌왕했습니다.
재정적 지원을 아끼지 않은 (효율적이진 않았던
듯하지만) 부모님 덕이 컸고, 무서움을 모르고
자란 복도 있었어요. 살고 있는 세상은 개인마다
다른 듯해서 선뜻 정의내리기 어렵네요.

**유독 '인생의 평균 속도'를 강조하는 이 사회에서
그 규칙을 지키며 살다가 마침표를 찍던 순간이 누구나
있습니다. 작가님은 어땠나요? 언제, 무슨 일로 가장
힘들었나요? 그리고 지금 평범한 일상을 지켜나가는
용기는 어디서 얻나요?**

일상을 지키는 데 용기는 필요 없고, 유지를
위한 기본 소득이 필요한 것 같습니다.

**'하고 싶은 일'과 '해야 하는 일'에 대해 어떤 원칙을
갖고 있나요?**

'해야 하는 일'은 없는데 '하기 싫은 일'은
있습니다. 저는 '하기 싫은 일'을 많이 하면 정신
상담을 받아야 하는 나약한 정신의 소유자입니다.
그래서 되도록 '하고 싶은 일'을 합니다. 그렇지만
이건 제가 파악한 저라는 개인의 경우이고, 주위를
둘러보면 '딱히 하고 싶은 일은 아니지만 해서
먹고사는 일'을 선택해 효율적으로 처리하고 나머지
시간을 확보하여 '하고 싶은 일'을 하는 사람들이
있습니다. 감정적으로 성숙한 듯해서 부럽고 배우고
싶습니다. 최근에 겨우 조금씩 '딱히 하고 싶은 일은
아니지만 해서 먹고사는 일'을 감정 소모 없이
해낼 수 있게 되었습니다. 위태위태하지만,
그 정도로나마 성장한 자신이 자랑스럽습니다.

**첫 책은 몇 부를 찍었나요? 총제작비는 어느 정도
소요되었나요? 제작비는 어떻게 마련했는지
궁금합니다.**

60부를 A4 레이저 프린터로 뽑아 손으로
중철제본을 했습니다. 그래서 제작비는 얼마
들지 않았습니다. 당시 서울시청년허브의 '청년참
지원금'을 받아 모든 비용(모임 음료 비용, 제작에
필요한 자잘한 재료들)을 처리했습니다.

**독립출판은 작가가 직접 제작-입고-유통을 주도적으로
할 수밖에 없을 텐데요. 편집-디자인-인쇄 등은 어떻게
해결했나요? 독립책방 유통도 직접 챙겨서 하고 있나요?**

『현실탐구단 보고서』는 편집과 제작을
구성원들이 할 수 있는 범위에서 조금씩 맡아서
해결하고 있습니다. 디자인도 크게 신경 쓰지 않는
선에서 처리합니다.『그대로』『고서점 호산방』의
경우 지인에게 편집을 부탁했고, 디자인은 제가,
인쇄는 인쇄소에 맡겼습니다.『현실탐구단 보고서』는
연습장처럼 힘을 빼고 진행하지만, 다른 작업은
최대한 완성도에 신경을 쓰는 편입니다. 유통은 가장
신경을 쓰지 못하고 모르는 분야여서 한계를 느낍니다.

**작가님에게 좋은 자극을 안겨준 독립출판물은
무엇인가요? 혹은 작가는 누구인가요?**

그때그때 바뀌는 편이라, 딱히 집어서
말하면 거짓말하는 기분이라 말하기 어렵습니다.

**'명동' '한국의 책' '서울에서 일어나는 일들'을 탐구
주제로 삼고 있다고 들었습니다. 세 가지 주제를
선정한 이유와 각 주제의 의미가 궁금합니다.**

오늘날 서울의 풍경에 관심이 많습니다.
모두 그것과 관련 있습니다.

『현실탐구단 보고서』는 현실의 문제의식을 나누고
탐구하는 글쓰기 소모임의 보고서입니다.
처음 '현실탐구단'으로 의기투합한 계기가 있었나요?
　　　　'자유 인문 캠프'에서 진행한 윤원화, 현시원
선생의 〈미술 글쓰기〉 수업입니다. 뇌가 얼얼해질
정도로 열심히 했었어요. 수업을 마치고 다시
혼자 글을 써보니 여전히 힘들어 함께 수강했던
사람들에게 '글쓰기 소모임'을 하자고 단체 메일을
보냈어요. 그렇게 '현실탐구단'의 첫 구성원이 모이게
되었습니다.

『현실탐구단 보고서』는 위트 있게 현실의 문제점을
꼬집어냅니다. 한국의 결혼정보회사 관련 글이
참 흥미로웠습니다. 〈오늘의 풍경〉에서 추천하는
『현실탐구단 보고서』의 글이 있다면 무엇일까요?
　　　　'현실탐구단'은 사람마다 개성과 주제가
달라서 특정 글을 추천하기 어렵습니다. 글쓰기
연습을 하는 소모임이다 보니 기복도 있고요.
처음 『현실탐구단 보고서』를 보는 분이라면 가장
안정적인 글쓰기를 보여주는 호키포키 씨 글이나
'후죠시'라는 한 가지 주제를 꾸준히 파고드는
박하다 씨의 글을 추천합니다.

『고서점 호산방—첫번째 방문. 송광용의 만화일기』를
만든 계기가 재미있습니다. 우연히 들른 고서점
'호산방'에서 주인과 이야기를 나누며 시작한
프로젝트인데요. 작가님이 생각하는 고서점과
고서(古書)의 매력은 무엇인가요?

    '호산방' 주인 박대헌 선생의 『고서 이야기』
(열화당, 2008)처럼 고서점과 고서의 매력을 잘 설명한
글이 없는 것 같아요. 아, 기획할 당시 보았던 히스토리
채널 〈인류, 우리 모두의 이야기〉에서 문자의 발명에
대한 코멘트 – "쓰기를 통해 인류는 시간과 공간을
넘나들며 대화할 수 있게 됐다" – 도 고서의 매력을
잘 설명해줍니다. 송광용의 일기를 보며 실제로
송광용을 만나는 느낌이 들어 별일 없는 그의 일상이
모두 특별하게 다가왔습니다.

『고서점 호산방—첫번째 방문. 송광용의 만화일기』는
고서 원본의 느낌을 살리기 위하여 디자인에 정성을
쏟은 게 느껴집니다. 책의 구성도 독특한데요.

    오늘날 굳이 송광용의 일기를 다시 꺼내야
한다면, 어떤 식으로 꺼내야 할지 고민이 컸습니다.
박대헌 선생과 이야기를 나누며 잘못된 복원과 전달이
후대에 얼마나 큰 짐이 되는지 배웠어요. 그러면서도
박물관 유리 상자 속 고서가 아닌, 가깝게 느낄 수 있는
고서를 소개하고 싶었습니다. 저나 취재를 함께한
정아람 씨는 고서를 처음 접하는 사람들이잖아요.
이 책을 보게 될 독자와 비슷한 수준으로 고서를
이해하고 있다고 생각했어요. 그래서 우리가 만난
송광용의 일기가 무엇인지 보여주는 형태를 편집의
원칙으로 삼았습니다. 일기장은 유리벽 없이 그대로
보여주고 싶어서 다양한 형태로 보존된 낱장을
일정한 형태로 보이도록 조광사진관 박정근 씨가
전북 삼례까지 동행해주셨습니다. 제작에서는
원본의 제본 방식이나 종이의 질감을 최대한

반영하려고 했습니다. 어려운 지점이었는데 인쇄소
'효성문화'에서 도와주셔서 구현할 수 있었습니다.

『고서점 호산방—첫번째 방문. 송광용의 만화일기』는
송광용의 40년 만화일기를 모은 책입니다. 장기
프로젝트인데요. 〈오늘의 풍경〉도 장기간 기획하고
있는 프로젝트가 있나요?

    장기 프로젝트는 머릿속에 있다가 실행에
옮기는 데 시간이 걸리는 것 같아요. 머릿속에 몇 개
있지만 실현이 될지 모르겠네요.

개인 작업 외에도 협업도 진행하고 있는데요.
작가님이 함께하는 협업은 어떤 것이 있나요?
협업이 갖는 장점도 궁금합니다.

    관심사가 맞고 작업에 대한 믿음이 있으면
협업하는 건 즐거운 일이에요. 협업자는 같은 분야
종사자가 아닐수록 좋은 것 같아요. 혼자 하는
것에는 한계가 있기 마련인데 함께하면 그 한계를
가뿐히 뛰어넘을 수 있어서 좋아요.

인터뷰. 윤여준

작가님만의 아지트를 소개해주세요.

신인아
작업실 & 우리 동네 국숫집

                                               ○ ○ ○

신인아 #작업실_ 햇볕이 잘 들어 마음에 드는 작업실입니다.

#우리 동네 국숫집_ 서울에서 가장 좋아하는 음식점입니다.

각자의 속도로
각자의 일상을 사는 것

엄지용

만약 모든 사람들이 같은 목표를 가지고 사는 세상이라면
속도는 의미 있을 거예요. 정해진 트랙, 정해진 결승선이
있다면요. 하지만 그게 아니잖아요. 우리는 각자의
트랙에서 각자의 결승선을 보고 사는 거잖아요. 그러니
누가 빠르다, 느리다는 건 의미 없어요. 각자의 트랙에서
각자의 속도로 각자의 일상을 살아가는 것, 각자의 길이
다르다는 것을 인지하는 것, 그렇게 서로 다른 길을
응원하는 것. 그거면 됩니다.

네 이름 뒤엔

마침표를 찍지 않기로 했다

언지용

각자의 속도로
각자의 일상을 사는 것

엄지용
- 『시다발』

자신의 책을 쓰고 만든 특별한 계기가 있나요?
언제, 어떤 것과 마주했을 때 '굳이' 글로
남겨야겠다고 생각하나요?

　　예전부터 제가 느낀 감정이나 생각을 시로
적어두었어요. 연습장, 일기장, 미니홈피, 블로그……
닥치는 대로 적어두었죠. 그러다 사십대 무렵 꼭
시집을 내야겠다고 생각했어요. 그게 꿈이었어요.
그러다가 우연히 친구를 통해 독립출판을 알았고,
사십대까지 기다릴 필요가 없겠다 싶었어요.
그동안 써온 시가 있고, 그것을 모아 책으로 만들
돈도 있었어요.

　　특별히 어떤 때, 어떤 순간에 시를 써야겠다고
생각하지는 않아요. 그냥 시가 생각날 때 써요.
그 순간이 특정 순간에만 찾아오는 것은 아니라서……
그냥 돌아다니다가 갑자기 생각나면 휴대폰
메모장에 쓰고, 컴퓨터 작업을 하다가 생각나면
바로 블로그에 쓰는 식이에요.

첫 책이 나왔을 때 누가 가장 먼저 생각났나요?
어떤 분에게 자신의 책을 가장 먼저 드렸나요?

　　여자친구가 가장 먼저 생각났어요. 그 친구
때문에 쓴 시가 워낙 많았으니 당연했어요. 그런데
실제로 가장 먼저 책을 드린 건 그 친구도, 가족도
아닌, 당시 같이 일하던 회사 분들이었어요. 책이
회사로 배달됐거든요. 회사 분들이 가장 먼저
『시다발』을 가져 갔어요. 그렇다고 나쁜 기억은
아닙니다. 그분들도 저에게 꽤나 소중한 분들이었고,
지금도 응원해주시는 감사한 사람들이니까요.

독립책방과 독립출판물을 찾는 사람이 늘어가고 있습니다. 그들은 왜 독립책방을 찾아서 독립출판물을 사고 읽는 걸까요? 그곳에서, 그 책을 통해 어떤 가치를 찾고 있는 걸까요?

독립출판물과 독립책방을 찾는 사람들이 늘어났다는 것은 확실해요. 하지만 아직은 작은 관심에서 끝나는 경우가 많아요. 그냥 주변에 보여주기 위한 관심 정도. 어떤 분은 자신의 SNS에 제 시집의 시를 사진으로 찍어 올렸는데, 시집 제목을 엉뚱한 걸 적어놓았더라고요. 사진도 직접 찍은 게 아니라 다른 사람의 것을 무단으로 퍼온 거였어요. 자신이 사서 읽은 척 글을 적어둔 거죠. 그것도 관심의 차원일 테니 감사하지만, 기분이 썩 유쾌하지는 않았어요. 관심을 끌기 위한 용도로 시가 소비된 느낌이었어요. 독립출판에 대한 관심 가운데 이런 성격도 상당 부분 있을 거라고 생각합니다. 누구를 탓하기보다 더 노력해야겠죠. 독립출판을 향한 관심이 단순히 다른 사람의 시선을 끄는 것에서 멈추지 않도록 말이에요. 저부터 책을 만들 때 그런 마음을 경계하려 합니다.

그럼에도 독립출판은 누구나 작가가 될 수 있다는 매력이 있어요. 그래서 더 공감 가는 건지도 몰라요. 독립책방 역시 각각의 책방만의 문화가 있어요. 찾아다니는 재미가 있고, 그 재미를 아는 사람들이 다시 독립책방을 찾는 거죠. 그 대표적인 사례가 바로 저예요.

자신이 지금 사는 삶의 공간에서 가장 마음에 드는 '곳'은 어디인가요? 작가님이 지금 가장 사랑하는 '일'은 무엇인가요?

제가 가장 사랑하는 곳은 저의 방이에요. 커피 한 잔을 사오면 카페가 되고, 영화를 보면 극장이 되기도 해요. 내가 무엇을 하느냐에 따라 성격이 바뀌는 전천후 문화 휴식 공간. 그러니 사랑하지 않을 수 없어요. 워낙 혼자 있는 걸 즐기는 것도 있고요. 세상과 단절된 공간이자 하나의 세상이에요. 특히 침대에 누워서 놓쳤던 예능 프로그램을 볼 때 진짜 행복해요. 텔레비전을 두고 바보상자라고 하는데, 제가 거기에 빠지는 바보거든요. 가장 사랑하는 일 중 하나라고 치죠. (웃음)

작가님의 이십대는 어땠나요? 지금 우리는 어떤 세상을 살고 있는 걸까요?

2016년, 지금 딱 서른이에요. 저의 이십대는 버스나 지하철을 탄 듯했어요. 다음 정류장, 그다음 정류장이 정해져 있었죠. 대학을 가고, 군대를 가고, 취업을 하고. 쉴 틈 없이 정해진 경로를 달렸어요. 일탈이 없었죠. 제주도 여행도 해외여행도 스물아홉 막판에 처음 가봤어요. 그게 나쁘다고는 생각하지 않아요. 그게 제 삶이었고, 그 삶에도 나름의 행복이 있었어요. 한 번쯤 일탈해봐야, 혹은 다른 사람이 하지 않는 일을 해야 가치 있는 삶이라고 생각하지는 않아요. 어떤 삶이든 그 자체로 특별하다고 생각해요. 지금 우리가 사는 세상이 그런 면이 있어요. 어떤 삶을 가리켜 함부로 재미없다고 치부해요. 이십대가 창업하면 대단하다고, 특별하다고 말하고, 이십대가 취업하면 그런 시선으로 보지 않아요. '도전'의 정의를 사회가 정해요. 창업은 도전이고 취업은 도전이 아니라는 식으로요. 조금 평범하면 진 것 같은 느낌이 들어요. 회사에 취업한 사람도 엄청난 준비를 하고, 그 힘든 과정을 이겨낸 건데 알 수 없는 패배감이 들어요. 그게 싫어요. 모두가 특별해요. 다른 삶에 대한 가치를 함부로 평가하지 않았으면 합니다. 우리가 경계해야 하는 건 목적 없이 휩쓸리는 삶이지, 평범한 삶이 아니에요.

유독 '인생의 평균 속도'를 강조하는 이 사회에서 그 규칙을 지키며 살다가 마침표를 찍던 순간이 누구나 있습니다. 작가님은 어땠나요? 언제, 무슨 일로 가장 힘들었나요? 그리고 지금 평범한 일상을 지켜나가는 용기는 어디에서 얻나요?

저는 대학 동기에 비해 취업이 빨랐어요. 운이 좋게도 3학년 2학기부터 직장 생활을 했으니까요. 친구들이 학교에서 리포트를 쓸 때 저는 회사에서 업무 보고서를 썼어요. 그때는 제가 좀 더 빨리 시작했으니 남들보다 빨리 원하는 것을 얻으며 살 거라고 착각했어요. 그런데 지금 친구들과 비교해보면 전혀 그렇지 않아요. 그냥 각자의 속도로 살고 있는 거예요. 그러다 보니 빠르다는 생각 자체가 우스워졌어요. 그래서 지금은 속도를 생각하지 않으려 해요. 만약 모든 사람들이 같은 목표를 가지고 사는 세상이라면 속도는 의미 있을 거예요. 정해진 트랙, 정해진 결승선이 있다면요. 하지만 그게 아니잖아요. 우리는 각자의 트랙에서 각자의 결승선을 보고 사는 거잖아요. 그러니 누가 빠르다, 느리다는 건 의미 없어요. 각자의 트랙에서 각자의 속도로 각자의 일상을 살아가는 것, 각자의 길이 다르다는 것을 인지하는 것, 그렇게 서로 다른 길을 응원하는 것. 그거면 됩니다. 평범한 일상을 지켜나가는 용기도 거기서 비롯되죠. 다른 사람의 속도를 신경 쓰지 말고 내가 지금 하고 싶은 일을 하자. 이것이 바로 제가 일상을 지키는 방법입니다.

'하고 싶은 일'과 '해야 하는 일'에 대해 어떤 원칙을 갖고 있나요?

'하고 싶은 일은 다하며 살자'가 저의 원칙이에요. 블로그 소개 글에도 적어두었어요. 하고 싶은 일을 해야 하는 일로 삼자는 거예요. 그래서 하고 싶은 일이 있고, 할 수 있는 능력이 있으면 망설이지 않으려 합니다. 조급하게 생각하지 않으려 해요. 하고 싶은 일을 다 해버리면 무슨 재미가 있겠어요. 그러니까 하고 싶은 일을 열심히 하며 살겠습니다.

첫 책은 몇 부를 찍었나요? 총 제작비는 어느 정도 소요되었나요? 제작비는 어떻게 마련했는지 궁금합니다.

소심하게 200부만 찍었어요. 200부도 다 팔릴까 의문이었어요. 다 팔리지 않으면 선물용으로 써야겠다고 생각했어요. 명함 대신 주기도 하고, 결혼하면 하객 선물용으로 돌려야지 생각했어요. 그런데 운 좋게도 다 팔렸고, 그 후에 좀 더 많이 찍었습니다. 책의 표지만 컬러이고 본문은 흑백이어서 제작비가 저렴해요. 한 번에 많이 찍어도 큰 부담이 없는 편이라고 생각하면 될 것 같아요. 직장인이기 때문에 매달 고정 수입이 있어서 제작비 때문에 스트레스는 없었어요. 제작비는 어떻게 마련했냐고 굳이 묻는다면 "그냥 가던 일터 꾸준히 잘 갔습니다"라고 말하고 싶네요.

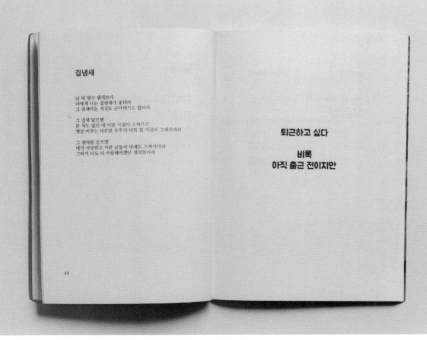

**독립출판은 작가가 직접 제작-입고-유통을 주도적으로
할 수밖에 없을 텐데요. 편집-디자인-인쇄 등은 어떻게
해결했나요? 독립책방 유통도 직접 챙겨서 하고 있나요?**

　　편집-디자인-인쇄. 너무 어려웠고, 지금도
어려워요. 포털사이트에서 기능을 일일이 검색하며
편집하고 디자인했어요. 인터넷이 선생님이에요.
디자인을 글로 배웠습니다. 나중에 여유가 되면
책방에서 주최하는 편집 워크숍을 통해 디자인
프로그램을 제대로 배우고 싶습니다. 다음 책은
더 멋지게 만들고 싶어요. 독립책방 유통은 제가
직접 챙겨요. 지방의 독립 책방에는 택배를 이용하지만,
서울의 책방은 가급적 방문 입고를 합니다.
방문 입고 후 사진을 찍어 SNS에 올리는 방식으로
홍보 아닌 홍보도 하고요. 책방에 작은 공간을 내서
제 책이 판매되는 거라 그 공간에 대한 책임은 지고
싶어요. 그러니 책방에 많이 가주시고, 책도 많이
사주세요. (웃음)

**작가님에게 좋은 자극을 안겨준 독립출판물은
무엇인가요? 혹은 작가는 누구인가요?**

　　잘 만든 책을 보면 '나도 책을 잘 만들고
싶다'고 자극 받죠. 책을 잘 만든다는 기준은 사람마다
다르겠지만, 저는 만든 이의 정성이 느껴지는 책이
좋아요. 잡지 《The Kooh》나 『시간이 많아서』를
보고 멋지다고 생각했어요. 《The Kooh》는
매 호마다 주제에 맞춰 표지를 작업하는 것을 보고
놀랐어요. 그 속의 콘텐츠를 보고 또 한 번 놀랐고요.
『시간이 많아서』는 작가가 직접 제본을 한다는
점이 좋았고, 글도 막힘없이 술술 읽혀서 좋았어요.
개인적으로 그런 글을 좋아해요. 문장에서 커다란
감동이 밀려오지 않아도 담백하게 막힘없이 이어지는
글들. 읽기 편하잖아요.

**인터넷에서 '이직 준비중'이라고 보았습니다.
아직도 준비중인가요? 지금 무슨 일을 하는지
살짝 알려줄 수 있을까요?**

　　2015년 말에 했던 인터뷰를 본 것 같은데,
지금은 회사를 다니고 있어요. 한 교육기업에서
마케팅을 담당하고 있어요. 그때는 회사를 그만두고
쉬고 있었어요. 이직 준비중은 아니었고, 그냥
놀았어요. 회사를 그만두면서 '3개월간 취업 사이트는
열지도 말자!'고 다짐했거든요. 그 약속을 열심히
지키고 있었을 때였죠. 그렇게 3개월을 놀고,
운 좋게 지금의 회사로 이직했어요.

'SNS 시인'으로 불리는 분들이 많아졌고 대중의 인기를
모으는 분들도 있습니다. 'SNS 시'에 대한 소견과
더불어 작가님 '시'만의 특별한 느낌은 무엇일까요?

　　'SNS 시인'에서 제가 중요하게 생각하는 건
SNS가 아니라 시인이에요. 각자 자신의 이야기, 자기
목소리를 낸다면 SNS가 됐든, 책이 됐든 중요하지
않다고 생각해요. 'SNS 시인'으로 불리는 분들의 시가
SNS에서만 읽히는 것은 아니잖아요. 서점의 시집
베스트셀러 코너에도 그분들의 시집이 있다는 건,
많은 사람들이 그 시를 읽고 마음이 동했기 때문일
겁니다. 물론 취향의 차이는 있겠지만요. 다만
'SNS 시'에 우려되는 건 SNS이라는 공간의 특성상
즉각적으로 반응을 얻는다는 거예요. 그 반응을
너무 의식할 수 있다는 거죠. 그런 반응을 자꾸
의식하다보면 자기도 모르게 과해지거나, 거짓을
쓰는 경우도 오지 않을까요?

　　제 시만의 특별한 점이 있는지는……
잘 모르겠어요. 모든 시인이 자신의 얘기를 한다는
점에서 시는 모두 특별해요. 제 시는 제가 써서
특별하고, 다른 시는 다른 사람이 써서 특별한 거죠.

「편지」라는 시에서, 글보다 글씨를 더 잘 쓰고 싶다고
했습니다. 특별한 이유가 있나요?

　　원문을 다 쓰자면, '너에게 편지를 쓰는
그 순간만큼은 글보다 글씨를 잘 쓰고 싶어'잖아요.
정말 단순한 마음을 적었어요. 너에게 잘 보이고
싶은 마음. 제가 어릴 때 좋아하는 친구에게 편지를
자주 썼거든요. 편지를 쓸 때마다 글씨를 예쁘게
쓰고 싶은데 그러질 못했어요. 엄청난 악필은
아니지만, 그렇다고 예쁜 글씨도 아니거든요.
그때마다 답답했어요. 내 글씨마저도 그 아이에게
예쁘게 보이고 싶은데, 그러질 못하니 창피했어요.
그런 마음을 쓴 거예요. 좋아하는 사람에게 멋지게,
예쁘게 보이고 싶은 순수한 마음.

가장 애착이 가는 '시'가 있나요?

　　　　시집 『시다발』에 있는 「영화」라는 시예요.
처음 시집을 냈을 때부터 지금까지 가장 많은 분들이
좋아해주는 시라서 애착이 가요. 인스타그램 등
SNS에 가장 많이 올라오는 시이기도 하고요. 이 시
하나 때문에 시집을 사주는 분들도 꽤 있으니 애착이
갈 수밖에요. 고마운 시예요. 한 가지 더 고르자면,
두번째 시집 『스타리스타리나잇』 뒤표지에 적혀
있는 「밤하늘」을 꼽고 싶어요. 여자 친구와 함께
밤바다를 보러 갔다가 밤바다가 아니라 밤하늘에
매료되어서 넋을 놓고 바라본 적이 있었거든요.
그날의 감정을 시로 쓴 거예요. 지금도 그 시를
읽으면 그날의 밤하늘이 펼쳐지는 듯해서 좋아요.

어떤 경로를 통해서 '독립출판'을 접하게 되었나요?
그때와 지금, 독립출판(계)에 어떤 변화가 생겼다고
보나요?

　　　　지금은 없어졌지만 《궁상도 가지가지》라는
독립출판 잡지가 있었어요. 잡지 편집장이 친구였어요.
그 친구를 통해 저도 필진으로 참여했고, 그걸 계기로
독립출판을 알게 되었어요. 사실 3년 밖에 되지
않았지만, 그사이 제가 체감한 변화가 있어요.
우선 독립책방이 눈에 띄게 많아졌고, 독립출판을
하려는 사람도 많아졌어요. 언론에서도 이따금
독립출판에 관심을 갖게 되었고요. 모두 긍정적인
변화라고 생각합니다.

독립출판물의 단점은 작가가 모든 것을 준비하고
감당해야 한다는 것입니다. 그동안 두 권의 시집을
펴내면서 유독 아쉬운 부분은 무엇이었나요?

　　　　디자인, 편집, 검수 과정이 모두 아쉬워요.
그중에서도 검수 과정이 가장 아쉬워요. 부끄러운
고백을 하자면 『시다발』과 『스타리스타리나잇』에
오타가 있습니다. 오타를 발견한 분들이 메일이나
메시지를 통해 오타를 제보해주세요. 뜨끔하고
부끄럽죠. 책을 만들기 전에 오타를 열심히
찾았는데도 만들고 나면 오타가 보여요. 오타를
발견하는 가장 빠른 방법은 일단 책을 만들어내는
일인 것 같아요. (웃음)

독립출판의 베스트셀러 작가가 되었습니다.
앞으로 독립출판이 아닌 정식 등단 계획은 없나요?

　　　　시인을 존경하고 또 동경해요. 하지만
지금은 등단 계획은 없어요. 시를 쓰고 싶었고,
그 시를 엮어서 시집을 내고 싶었어요. 하고 싶은 일이
있었을 뿐, 무엇이 되고 싶다는 생각은 없었어요.
만약 등단하지 않은 사람은 시를 쓸 수 없는 거라면
능력이 모자라도 등단에 도전해볼 것 같아요.
하지만 아니잖아요. 지금도 내가 하고 싶은 일을
할 수 있고, 시를 쓸 수 있어요. 그래서 등단 생각은
전혀 없습니다. 하지만 인생은 모르는 거니까,
혹시 도전한다면 응원해주세요.

인터뷰. 이선미

작가님만의 아지트를 소개해주세요.

엄지용
목련공원

                                                                      o o o

엄지용 제가 '집돌이'라서 아지트로 부를 만한 공간이 마땅치 않아요. 굳이 한 곳을 고르자면
집 앞의 '목련공원'이에요. 지금까지 서울 송파구 오금동에서만 살았거든요. 2년 전, 옆 동네
거여동으로 이사를 왔지만, 지금도 오금동이 '우리 동네'라고 생각해요. 목련공원은 오금동에서
평생을 살아온 저의 모든 추억이 담겨 있는 곳이에요. 비록 모래바닥 놀이터는 고무바닥 놀이터가
되었고, 철봉과 평행봉이 있던 자리에는 현대식 운동기구가 들어섰지만 그곳에 가면 어린 시절이
생생하게 떠올라요. '얼음 땡'을 하던 친구들과 축구를 하던 친구들, 고백하던 순간과 이별하던
순간. 목련공원에 다 담겨 있어요. 심지어 첫 키스도 목련공원 어느 벤치에서 했어요.

하고 싶은 대로······
그냥 자신의 삶을 사세요

오지혜

어느 날, 회사를 그만두지 않는 건 바로 나라는 사실을
깨닫고 화들짝 놀랐습니다. 내 인생이니까 뭐든지 할 수
있는 거잖아요. 내 인생에 중요하지 않은 사람들이,
나를 잘 알지도 못하면서 나를 평가하는 게 두려워
내 인생을 내버려둘 수는 없었어요. 내가, 지금, 여기서
행복해지고 싶은 마음, 한 번뿐인 인생에 아쉬움을
남기고 싶지 않다는 마음이 오늘을 살아가는 큰 지침이
되고 있습니다.

하고 싶은 대로……
그냥 자신의 삶을 사세요

오지혜
- 「지혜로운 생활」, 「두번째 퇴사」

자신의 책을 쓰고 만든 특별한 계기가 있나요?
언제, 어떤 것과 마주했을 때 '굳이' 글로
남겨야겠다고 생각하나요?

　　회사를 그만두고 취미 강좌를 찾아보던 때가
있었습니다. 수업을 소개하는 글을 읽다가 재미있을
것 같아서 독립출판 강좌를 신청했어요. 이제 와서
보니 인연이었던 것 같아요. 내 생각을 표현하고
나누며 살고 싶다는, 막연해서 오랫동안 품고 있던
꿈의 첫 단추를 끼우는 계기가 되었으니까요. 수업을
듣고 뭐든지 만들고 싶어서 대학 시절 기록해둔
메모를 엮어 책을 만들었습니다. 제가 썼지만 스스로
좋아하던 글이었어요. 그게 『지혜로운 생활』
('지혜로운 생활'이라는 이름으로 독립출판을 지속하고
있습니다)의 시작이었습니다. 내 감정과 생각,
눈앞의 풍경, 바람과 햇살…… 감수성 충만하던
십대 시절에 머무르지 않고 스쳐가는 모든 것을
붙잡고 싶었습니다. 이후에도 쓰는 습관은 이어져서
하루에도 몇 번씩 간단히 기록하고 있어요. 감정을
해소하고, 좋은 순간을 담아두고, 다짐하며, 생각을
풀어갑니다. 그중에서도 오랫동안 기억하고 싶은
것들을 시간을 들여 정리된 문장으로 남겨두려고
노력합니다.

첫 책이 나왔을 때 누가 가장 먼저 생각났나요?
어떤 분에게 자신의 책을 가장 먼저 드렸나요?

　　제 옆의 연인에게 제일 먼저 보여주었습니다.

독립책방과 독립출판물을 찾는 사람이 늘어가고
있습니다. 그들은 왜 독립책방을 찾아서 독립출판물을
사고 읽는 걸까요? 그곳에서, 그 책을 통해 어떤 가치를
찾고 있는 걸까요?

　　독립책방을 처음 방문한 날, 충격을
받았습니다. '이토록 다양한 형태와 소재, 방식을 가진
책이라니!', '이런 것도 책이라니!' 책은 어때야 한다는
기존 관념이 깨졌어요. 요즘도 독립책방에 들를 때마다
자극을 받습니다. 한층 마음이 가벼워지고, 머리가
말랑말랑해져서 돌아와요. 회사를 그만두기까지의
고민을 담은 『두번째 퇴사』는 읽은 분들이 공감이
간다는 말씀을 해주세요. 독립출판물은 만드는 이와
읽는 이의 나이, 환경이 비슷한 경우가 많죠. 자신의
이야기를 털어놓는 방식이어서 친구의 이야기를
곁에서 듣는 듯한 느낌을 받아요. 나만 그런 게
아니구나, 위로를 받는 거죠.

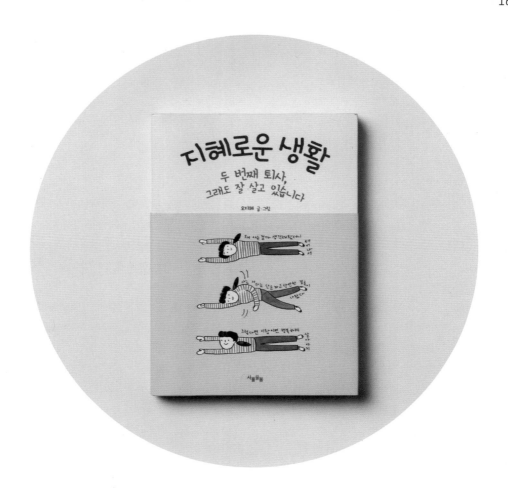

**지금 사는 삶의 공간에서 가장 마음에 드는
'곳'은 어디인가요? 작가님이 지금 가장 사랑하는
'일'은 무엇인가요?**

하루의 대부분을 저의 아담한 원룸에서
보냅니다. 회사를 그만두고 집에서 보내는
시간이 많아지면서 내 공간을 가꾸고 살겠노라
마음먹었지만 여전히 정돈만 하고 지냅니다. 시간이
없어서 인테리어를 하지 못하는 거라고 핑계를
댔는데, 그만큼 열의가 없었다는 것을 깨달았습니다.
(웃음) 그래도 가장 마음 편한 곳입니다. 늦은 밤,
주방 한쪽에서 밥솥을 살피고 내일 동생에게

내어줄 아침을 준비하는 게 낙입니다. 동생이
갑작스레 서울로 취직하면서 당분간 함께 살게
되었거든요. 가끔 성가시기도 하지만 이때가 아니면
언제 챙겨주겠어요. 정말 소박한 차림인데, 아침에
맛있게 먹어주면 좋아요. 참, 잠자리에 들기 전
폭닥한 이불에 누워서 하고 싶은 것을 적는 것도
가장 성실히 하는 일이에요. 적을 때마다 같은데,
매번 처음인 듯 정성 들여 적습니다. 그것만으로
이미 무언가를 이룬 것처럼 충만해집니다.

작가님의 이십대는 어땠나요?
지금 우리는 어떤 세상을 살고 있는 걸까요?

       지금이 아니면 안 될 것처럼 뛰었고, 붙잡았고 동시에 초조하고 불안했습니다. 학교 과제와 시험을 준비하는 것으로도 바빴지만, 공모전에 제출할 기획서를 쓰느라 밤을 지새웠어요. 성적 장학금을 유지하려고 애썼고, 용돈을 벌기 위해서 기업에서 주최하는 학생 마케터나 기자 활동에도 적극적으로 참여했습니다. 소심한 성격인데도 축제 기획부를 이끌고, 사회를 보기도 했고요. 그 와중에 전공이 아닌 다른 분야를 기웃거렸으나 깊이 해보진 못했어요. 주춤거릴 시간이 없었고, 진로를 빨리 정해야 했거든요. 4학년이 된 후에는 이력서를 쓰느라 동분서주했습니다. 들어가고 싶은 회사나 부서는 없었지만 어디든 들어가야 한다고 생각했어요. 그렇게 저를 뽑아준 곳에 기쁘게 입사했죠. 무작정 열심히 일했어요. 그런데 얼마 가지 않아 '왜 이렇게 사나' 하는 회의감이 들었습니다. 내가 원하는 일이 아니었고, 노동 강도가 무시무시했어요. 고민 끝에 그만두었지만 스스로 '실패했다'고 생각했습니다. 다른 친구들은 더 좋은 회사를 잘 다니고 있는데, 저는 다시 출발선으로 돌아왔으니까요. 숨을 고를 겨를 없이 그해 가을 두번째 회사에 입사했습니다. 전공과 관련된 일이었는데 겪어보니 맞지 않는 부분이 많았어요. 회사의 조직문화가 너무 폭력적으로 느껴졌고요. 하지만 한 차례 회사를 그만두었기에 필사적으로 일했습니다. 길지 않은 기간에 두 번의 퇴사라니…… 있을 수 없는 일이었어요. 그렇지만 결국 더는 그렇게 살고 싶지 않아서 2년을 조금 넘기고 퇴사했습니다. 스물여덟 살 마지막 날이었습니다. 퇴사 후에야 비로소 나의 속도로 살기 시작했어요.

모든 사람들이 실체를 모르는 불안과 걱정을 안고 쫓기듯 달리느라 바빠요. 해야 하는 것을 하기에는 시간이 모자라고, 하고 싶은 게 무엇인지 제대로 찾을 시간은 없어요. 열심히 사는데 힘들기만 합니다. 행복이라는 말이 '사치'로 여겨지는 세상을 살고 있어요.

유독 '인생의 평균 속도'를 강조하는 이 사회에서
그 규칙을 지키며 살다가 마침표를 찍던 순간이 누구나
있습니다. 작가님은 어땠나요? 언제, 무슨 일로 가장
힘들었나요? 그리고 지금 평범한 일상을 지켜나가는
용기는 어디에서 얻나요?

       두번째 퇴사를 결심하기 전까지 저는 피동적으로 살았어요. '지금처럼 사는 게 너무 싫지만 아무것도 할 수 없어'라고 합리화했어요. 어느 날, 회사를 그만두지 않는 건 바로 나라는 사실을 깨닫고 화들짝 놀랐습니다. 내 인생이니까 뭐든지 할 수 있는 거잖아요. 최선을 다해서 일했는데, 이 회사와 이 일은 아니라는 결론에 다다랐다면 그만두는 게 맞는 거였어요. 내 인생에 중요하지 않은 사람들이, 나를 잘 알지도 못하면서 나를 평가하는 게 두려워 내 인생을 내버려둘 수는 없었어요. 다른 사람에게 좋은 사람이고 싶은 욕구가 강한 저는 그만두는 과정이 꽤 힘들었습니다. 그때마다 스스로 묻고 답하며 내가 원하는 것을 분명히 알아갔어요. 내가, 지금, 여기서 행복해지고 싶은 마음, 한 번뿐인 인생에 아쉬움을 남기고 싶지 않다는 마음이 오늘을 살아가는 큰 지침이 되고 있습니다.

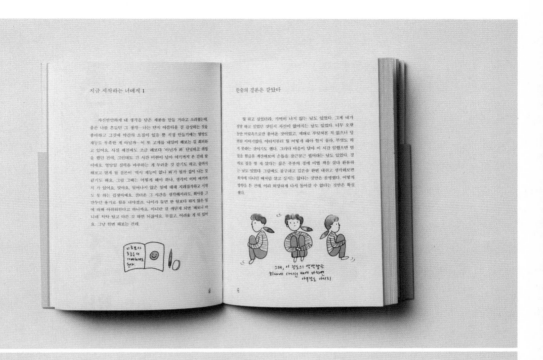

'하고 싶은 일'과 '해야 하는 일'에 대해 어떤 원칙을 갖고 있나요?

　　　　운 좋게도 하고 싶은 일에 특출한 재능을 가지고 있거나 엄청난 부를 가지고 있지 않은 이상 하고 싶은 일만 하면서 살 수 없어요. 하고 싶은 일도 세부적으로 들어가면 내키지 않지만 해야 하는 일이 포함되어 있습니다. 우리는 해야 하는 일을 평생 하며 살아야 해요. 그러니 할 수 있다면 덜 할 수 있는 방법을 고민합니다. 피할 수 없이 해야 할 때는 좀더 기꺼이 할 방법을 고민합니다. 잘 되지 않지만.

첫 책은 몇 부를 찍었나요? 총제작비는 어느 정도 소요되었나요? 제작비는 어떻게 마련했는지 궁금합니다.

　　　　500부를 찍었고, 160만 원 정도 들었습니다. 제작비는 회사를 다니며 모은 돈으로 충당했습니다.

독립출판은 작가가 직접 제작-입고-유통을 주도적으로 할 수밖에 없을 텐데요. 편집-디자인-인쇄 등은 어떻게 해결했나요? 독립책방 유통도 직접 챙겨서 하고 있나요?

　　　　책 제작은 독립출판 강좌를 통해 익혔고 세부 내용은 관련 책들을 찾아서 읽었어요. 인터넷 검색을 하며 정보를 습득하기도 했고요. 시중에 판매되는 책들을 보며 디자인을 고민했습니다. 여기저기에서 얻은 조각 정보를 토대로 한 것이라 여전히 잘 몰라요. 중요한 건 몰라도 할 수 있다는 사실이에요. 다만 알지 못한 채로 하다보면 순간순간 피로해져요. 전문가가 아니어서 완성도도 떨어지고요. 독립책방 유통은 직접 챙깁니다. 생각보다 시간과 비용, 노력을 많이 쏟아야 해요. 하지만 내 이야기를 읽어주는 사람들이 생기는 감동적인 경험을 하게 되지요.

작가님에게 좋은 자극을 안겨준 독립출판물은 무엇인가요? 혹은 작가는 누구인가요?

　　　　독립출판 과정에서도 제작은 가장 생소한 분야여서 심리적 장벽이 높았습니다. 그때, 한 독립책방에서 『미상지』라는 책을 소개해줬어요. 한글 프로그램을 사용해서 가정용 프린터로 출력한 후 직접 자르고 묶은 책이었어요. 만들고 싶은 의지만 있으면 어떻게든 할 수 있다는 걸 깨달았어요.

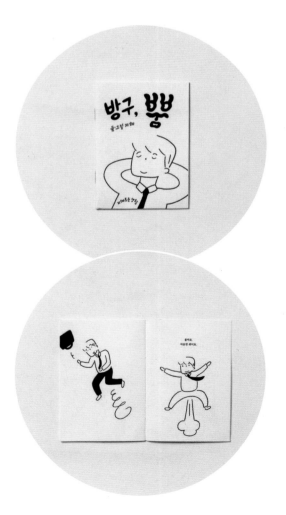

자신을 '행복하고 싶은 사람'이라고 소개했습니다.
가장 최근에 느낀 행복은 무엇이었나요?

　　며칠 전 밤에 본 겹벚꽃이 너무
아름다웠어요. 얼마 전, 이사를 앞두고 문제가
생겼는데 연인이 내 일처럼 챙겨줘서 든든했습니다.
그날 저녁, 사고 싶었던 원피스를 입어봤는데 역시
잘 어울렸습니다. 그래서 샀어요. 주말에는 긴 잠을
자고, 연인, 동생과 엄마가 보내준 반찬으로 아침을
먹었습니다. 전화기 너머 들리는 엄마 목소리에
웃음이 묻어납니다. 벽에 기대어 앉아 따뜻한
이야기를 읽었습니다. 창을 열어두니 이제는 제법
시원한 바람이 불어와 블라인드가 달그락거립니다.
아직 주말이 하루 더 남았고요.

사직서를 잘 쓰는 팁 하나만 공유해주세요.

　　사직서는 회사와 퇴사가 협의가 이뤄진
후 형식적으로 쓰는 경우가 많아요. 퇴사 결심이
확고하다면 그동안 몸담은 부서와 인사를 주관하는
부서장, 혹은 그 위까지 거쳐야 하는 사람들에게
자신의 의견을 당당하게 주장하는 것이 중요해요.
직장 상사와 대화를 하다보면 회사로부터 받은 것만
있는 듯한 생각이 듭니다. 자신이 죄를 짓는 듯한
감정이 드는데요. 하지만 잊지 마세요. 회사에 다니는
동안 우리가 회사를 위해 얼마나 열심히 일했는지를.
퇴사는 누구나 할 수 있는, 보편적이고 자연스러운
선택이에요. 그냥 자신의 삶을 사는 것이니까요.

스스로를 계속 채찍질하면서도, 많이 내려놓으려는 모습이 책에서 느껴집니다. 둘 중 어느 쪽에 가까운 사람인가요?

　　스스로 좀 엄격한 편입니다. 그로 인해 괴로운 건 저 자신이더라고요. 그래서 내 모습 그대로를 받아들이려고 노력합니다. 특히 내가 하겠다고 마음을 먹고 열심히 하지 않을 때 자신을 너무 몰아세우지 않으려 합니다. 안 될 때는 그냥 놓아두면 저절로 되거든요. 하기 싫지만 시간이 지나면 다시 의욕이 생겨 달려들기도 하고요. 스스로에게 늘 이렇게 말해요. 될 때, 하고 싶을 때 하면 된다고요.

살면서, 혹은 작가로서 가장 받기 싫은 질문은 무엇인가요?(혹시 이 질문은 아니겠지요?)

　　'그래서 훗날 뭐가 되고 싶은 거야?'라고 물어보면 대답하기 어려워요. 지금 하고 싶은 걸 하는 거니까요. 기왕이면 잘하고 싶고요.

언젠가 소설을 쓰고 싶다고 했는데, 특별한 계기가 있었나요? 어떤 소설을 쓰고 싶은가요?

　　회사를 그만두고 한동안 저를 알아가는 데 몰입했어요. 그런 시간이 필요했어요. 지난날의 나를 이해하고, 지금의 나와 가까워지고, 앞으로의 날을 그려보는 시간이었어요. 그 결과물이 몇 권의 독립출판물이었습니다. 글을 쓰면 머릿속으로 생각하는 것보다 잘 보이거든요. 최근에는 뚜렷한 메시지를 가지고 흐름을 전개하는, 화자(話者)가 내가 아닌 이야기를 지어보고 싶은 생각이 더해졌어요. 우리가 사는 이야기를 옮겨보고 싶습니다. 평범한 사람이 특별할 것 없는 하루를 살아가는 이야기. 우리는 서로 다르지만, 사는 모습이 비슷하거든요. 때로는 모두 그렇게 산다는 사실에 위로를 받습니다.

소설을 쓰겠다는 건 아니에요. 어떤 형태가 될지 몰라도 스스로 만족스러운 글을 쓰기 위해서 차곡차곡 시간을 쌓아갈 것입니다.

타임머신을 탄다면 언제로 가고 싶나요?

　　회사를 그만두고 마음이 가는 대로 살았어요. 안 되는 것도, 못한다는 것도 없이. 돈 앞에서 기운 빠질 때도 있지만, 지금이 내 인생이라 좋아요. 다행이에요. 다시 대학생으로 돌아갈 수 있다면 하고 싶은 걸 마음껏 해보고 싶어요. 내키지 않는 것은 하지 않고요. 할 수 있는 한 대책 없이.

다른 사람과 다르지 않게 사는 것, 다른 사람과 다르게 사는 것. 참 어려운 질문인데요. 둘 중 무엇이 더 어려울까요?

　　다른 사람을 기준에 두고 산다면, 전자든 후자든 어려운 건 마찬가지예요. 자신이 처한 상황에서, 스스로 감당할 수 있는 만큼, 하고 싶은 대로 살면 되지 않을까요?

인터뷰. 이현주

작가님만의 아지트를 소개해주세요.

 오지혜
노들나루 공원

오지혜 집에서 가까운 공원을 종종 찾아요. 거닐다보면 가슴을 답답하게 메우는 것들이 별것

아니라는 걸 느끼게 됩니다.

내가 여행을
떠나는 이유

이광호

여행이라는게 완벽히 준비한다고 해서 완벽한 여행이
될 수는 없어요. 완벽하지 않은 것도 여행의 일부일
겁니다. 길을 잃는 것 역시 여행의 과정이에요.
길을 잃어도 당황하지 않는 여유를 갖는게 중요합니다.
그러면 어느새 목적지에 도달할 수 있을 겁니다.

여행도 체력이 있어야 가능한 법.

즐거운 여행은 즐거운 휴식으로 완성된다.

내가 여행을
떠나는 이유

이광호

- 《스테게론 매거진》

**자신의 책을 쓰고 만든 특별한 계기가 있나요?
언제, 어떤 것과 마주했을 때 '굳이' 글로
남겨야겠다고 생각하나요?**

　　굳이 계기가 있다면 제게 필요한 책을 만들고
싶었습니다. 저에게 그런 책이 필요했어요. 기존
여행서에는 제가 방문하고 싶은 곳에 대한 정보가
없었거든요. 그래서 직접 정보를 찾고 수집하여
문서화해서 여행을 다녔습니다. 책보다는 종이
묶음에 가까웠어요. 이후 제가 다녀온 도시로
여행을 떠나는 지인에게 종이 묶음을 공유하면서
자연스럽게 책이라는 형식을 갖추게 되었습니다.

　　여행할 때 느꼈던 부분을 최대한 생생하게
기록하려고 합니다. 사실 여행이라는 게 시간이
지나면 어떤 도시를 여행했다는 객관적 사실만
기억날 뿐, 여행지에서 좋았던 부분이나 영감을
받았던 부분은 희미해지거든요. 잊고 싶지 않은
생각과 느낌이 드는 순간, 글로 남겨야 해요. 노트에
적는 것이 익숙하지 않다면 스마트폰을 활용하여
촬영하거나 녹음하는 것도 좋은 방법입니다.

**첫 책이 나왔을 때 누가 가장 먼저 생각났나요?
어떤 분에게 자신의 책을 가장 먼저 드렸나요?**

　　부모님이 가장 먼저 생각났습니다. 첫 책을
기획하고 인쇄된 책을 받기까지 1년이 걸렸어요.
마지막 학기를 남겨놓고 휴학한 상태였는데, 그사이
친구들이 취직하거나 대학원에 진학했어요. 제가
안정된 직장에 취직하기를 바라셨을 부모님께
죄송했어요. 동시에 저를 늘 지지해주고 믿어주셔서
감사했고요. 그래서 부모님이 가장 먼저 생각났고,
가장 먼저 책을 보여드렸습니다.

**독립책방과 독립출판물을 찾는 사람이 늘어가고
있습니다. 그들은 왜 독립책방을 찾아서 독립출판물을
사고 읽는 걸까요? 그곳에서, 그 책을 통해 어떤 가치를
찾고 있는 걸까요?**

　　기존 출판 시스템에서는 제작하기 어려운
다채로운 출판물이 독립책방이라는 유통 채널을
통해 소개되면서 관심을 끄는 듯합니다. 독자의 공감
요소도 좀더 세분화되고 날카로워졌고요. 거창한
가치를 찾기보다 소소한 공감을 느끼고 싶은 거죠.

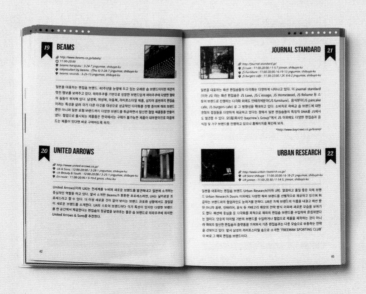

자신이 지금 사는 삶의 공간에서 가장 마음에 드는
'곳'은 어디인가요? 작가님이 지금 가장 사랑하는
'일'은 무엇인가요?

　　　삶의 공간이라고 하니 집이 떠오릅니다.
집에서 가장 마음에 드는 곳은 여행할 때 어렵게
구한 홍차가 진열된 부엌 선반과 여행에서 구매한
책과 물건이 있는 책장입니다. 취향의 흔적이라고
할까요. 내가 좋아하는 공간에서, 나를 대변해주는
느낌이랄까요. 그런 공간을 좋아합니다.

작가님의 이십대는 어땠나요?
지금 우리는 어떤 세상을 살고 있는 걸까요?

　　　이십대를 돌아보면 여유가 없었던 것
같아요. 이십대 중반까지 좋은 대학에 진학하고
좋은 성적을 받으면 행복이 보장되겠지, 라는 막연한
환상이 있었어요. 그 기준에 부합하려 노력했습니다.
뭐가 그리 급했는지 성취감보다 허무함이 더 크게
다가왔던 시간이었어요. 그걸 깨달은 후부터는
무엇을 하든지 여유와 나름의 이유를 가지고
고민하고 있습니다. 나만의 취향과 가치관도
유지하려고 합니다. 그런 노력 덕분에 책을 만들 수
있었다고 생각합니다.

유독 '인생의 평균 속도'를 강조하는 이 사회에서
그 규칙을 지키며 살다가 마침표를 찍던 순간이 누구나
있습니다. 작가님은 어땠나요? 언제, 무슨 일로
가장 힘들었나요? 그리고 지금 평범한 일상을
지켜나가는 용기는 어디에서 얻나요?

　　　저 역시 사회의 규칙을 지키며, 그것을
기준으로 열심히 살아왔어요. 머리는 안 좋은데
열심히 하는 사람들 있잖아요. 제가 그랬어요.
덕분에 목표의식이나 성취감을 배웠습니다. 하지만
사회가 정해놓은 규칙에 맞춰서 산다고 행복한 건
아니구나 싶은 순간이 있었어요. 그 이후 제 자신에게
집중하고 있습니다. 무엇을 해야 행복할까, 내가
좋아하는 것은 무엇일까. 나만의 취향이나 행복을
찾는 과정에서 괴리감을 느끼며 힘들기도 했고요.
사회의 기준에 맞춰서 살다보면 다음 단계가 훤히
보이지만, 창작 활동은 그렇지 않잖아요. 어둡고
불확실한 동굴을 끝없이 걷는 기분이죠. 지금은
그 동굴을 두 번이나 들어갔다가 살아서 돌아온
경험 때문인지 주어진 상황을 담담하게 받아들이고,
제가 할 수 있는 일에 집중하려 합니다. 그런
제 모습을 보고 주변에서 응원해주면 속도는
그대로일지라도 경쾌하게 걷는 느낌이 듭니다.

'하고 싶은 일'과 '해야 하는 일'에 대해 어떤 원칙을
갖고 있나요?

어릴 때는 하고 싶은 일과 해야 하는
일이 서로 대립한다고 생각했어요. "놀고 싶지만,
공부해야 한다" 같은 상황 있잖아요. 그런데 지금은
다릅니다. 하고 싶은 일을 하기 위해서 해야만 하는
일도 있다는 사실을 알았어요. 사람들은 '하고
싶다'를 낭만적으로 생각하는 경향이 있어요. 현실은
그렇지 않거든요. 어떤 것을 하고 싶은 마음과
최악의 상황에서도 버틸 수 있다는 각오의 무게는
비례합니다. '그럼에도 불구하고'라는 문구 앞에
본인이 생각하는 최악의 상황을 넣고, 문구 뒤에는
본인이 하고 싶은 일을 넣어보면 쉽게 답을 찾을 수
있을 겁니다.

첫 책은 몇 부를 찍었나요? 총제작비는 어느 정도
소요되었나요? 제작비는 어떻게 마련했는지
궁금합니다.

첫 책은 100부만 인쇄했어요. 책의 특성을
감안한 결정이기도 했고 부모님께 손을 벌리고 싶지
않았어요. 소량 인쇄가 가능한 디지털 인쇄로 60만
원 정도 들었지만, 가제본 테스트 과정에서 적잖은
비용이 들었어요. 인디자인 프로그램을 구매하고,
출판 등록, 사업자 등록, 저작권 등록 등으로
총 100만 원 정도가 소요되었습니다.

독립출판은 작가가 직접 제작-입고-유통을 주도적으로
할 수밖에 없을 텐데요. 편집-디자인-인쇄 등은 어떻게
해결했나요? 독립책방 유통도 직접 챙겨서 하고 있나요?

1인 출판의 장점이자 단점은 모든 것을
혼자서 책임지고 해결해야 하는 거죠. 물론 외주로
맡기거나 인맥을 동원할 수 있지만 일정 조율이
생각보다 어려워서 진행하는 게 만만찮더라고요.
그래서 꼭 필요한 부분(교정 교열 및 인쇄)을
제외하고는 제가 도맡고 있습니다.

**작가님에게 좋은 자극을 안겨준 독립출판물은
무엇인가요? 혹은 작가는 누구인가요?**

     '스토리지북앤필름'에서 진행한 '리틀
프레스'라는 독립출판 강의가 도움이 되었어요.
독립출판물 작가들이 자신의 경험을 살려 노하우를
전달하는 수업이었는데 좋은 자극이 되었습니다.
결국 기획은 스스로 해결해야 하는 것이고,
그 밖의 것들은 책을 만든 사람들의 이야기를
통해 자신에게 필요한 부분을 아는 것이 좋다고
생각합니다. 이 책에 소개된 작가들의 이야기도
누군가에게 도움이 되리라 믿어요.

**《스테게론 매거진》이 소개한 런던과 도쿄는 누구나
꿈꾸는 여행지이자 여행자의 발길이 끊이지 않는
곳인데요. 그러다 보니 알 만한 곳은 거의 소개되었을
테고요. 《스테게론 매거진》이 특별히 강력 추천하는
공간이나 장소가 있나요?**

     《스테게론 매거진: 숍 가이드 시리즈》에서
소개하는 장소는 방문자의 경험 요소를 우선하여
선정하고 있습니다. 다시 방문해도 후회하지 않을
장소를 모아서 구성한다는 뜻이 'Stergeron
(No Regrets을 거꾸로 한 단어)'에 함축되어 있어요.
각 도시마다 100여 곳을 소개하고 있는데, 그중에서도
런던에서는 '리버티(Liberty) 백화점', 도쿄에서는
'21_21 design sight 미술관'을 소개하고 싶습니다.
국내에서 볼 수 없는 공간이거든요. 전자는 독특한
외관은 물론 빈티지까지 아우르는 다양한 제품군,
그리고 특별한 브랜딩 전략이 특징인 곳이고, 후자는
패션, 제품, 건축 디자이너가 합심하여 구성한 디자인
전시 공간입니다.

**여행을 떠나기 위해 특별한 조건이 따르는 건 아니겠죠.
하지만 지금 당장 떠나야 할 사람은 어떤 사람이라고
생각하나요? 어떤 사람이 여행이라는 선물을 받으면
행복할까요? 반대로 이런 사람은 여행 가면 안 된다고
생각한 적은 없나요?**

     회피의 목적으로 떠나는 여행은 효과적이지
않아요. 결국 돌아와야 하니까요. 새로운 아이디어나
영감을 찾는 이에게 여행이 큰 도움이 될 것입니다.

**여행지에서 누구나 한 번쯤 길을 잃곤 하는데요.
길을 잃었을 때 길을 되찾는 작가님만의 방법이 있나요?**

     여행이라는 게 완벽히 준비한다고 해서
완벽한 여행이 될 수는 없어요. 완벽하지 않은 것도
여행의 일부일 겁니다. 당연히 길을 잃는 것 역시
여행의 과정이에요. 길을 잃어도 당황하지 않는
여유를 갖는 게 중요합니다. 그러면 어느새 목적지에
도달할 수 있을 겁니다.

**사진으로만 보던 여행지를 눈앞에서 마주한 순간 실망
혹은 괴리감이 느껴지는 경우가 있습니다. 작가님은
그런 적이 없었나요?**

     물론 있죠. 반대의 경우도 많고요. 그러나
실망이나 괴리도 여행의 묘미이고, 여행을 떠나는
이유일 거예요. 직접 경험한 사람만이 알 수 있는
것일 테고요.

1년에 한 권씩 여행책을 만들고 있습니다. 정성이 느껴지기도 하고, 동시에 차별화를 위한 전략으로도 다가옵니다. 왜 1년에 한 권인가요? 2017년에 나올 책을 미리 살짝 귀뜸해줄 수 있을까요?

《스테게론 매거진: 숍 가이드 시리즈》는 비정기 간행물로 정해진 발행일이 없어요. 독립 출판의 특성상 제가 모든 것을 진행하기 때문에 많은 시간을 들여야 하는 점이 이유라면 이유겠지요. 숍 가이드 시리즈는 해당 지역을 직접 방문하기 때문에 비용 측면에서도 준비 기간이 필요합니다. 그래도 1년을 넘기지 않기 위해 노력하고 있습니다. 2017년에는 숍 가이드 시리즈는 물론 다른 시리즈도 준비하고 있으니 기대해주세요.

책을 편집하는 과정에서 어쩔 수 없이 편집되거나 조건에 맞지 않아서 빠진 내용이 있었을 텐데요. 소개하지 못한 아까운 편집숍이 있었나요?

기획한 도시를 방문하기 전에 2~3배수 리스트를 뽑습니다. 여행을 가서 모두 방문하고 경험한 후 의미 있는 장소만 필터링하고 있습니다. 완벽한 리스트를 구성했다고 해도 해당 브랜드나 매장 사정에 따라 리스트에서 빠지거나 수정되기도 합니다. 인쇄를 이틀 앞두고 리스트에서 빼야 했던 도쿄의 '오모테산도 커피'가 가장 기억에 남네요.

책에서 국내 편집숍의 한계와 아쉬움을 언급한 부분을 읽었습니다. 특정 인기 브랜드에 치중하는 국내 편집숍을 꼬집어 얘기했는데요. 반대로 작가님이 인상 깊게 관찰하고 있는 국내 편집숍은 어디인가요?

서울 종로구 팔판동에 위치한 'Slow Steady Club'을 좋아합니다. 'Blankof'라는 브랜드를 진행하던 분이 편집숍, 갤러리, 카페를 함께 구성한 곳이에요. 차분하고 균형 있는 구성이 특징입니다. 해외 브랜드 외에도 자체 브랜드와 숍의 이미지가 공존하는 곳이기도 하고요. 디렉터의 취향이 반영되어 있다는 점도 좋습니다.

인터뷰. 강경선

작가님만의 아지트를 소개해주세요.

이광호
작업실 책장 & 선반

이광호 #작업실 책장_ 아직 떠나지 못한 책들이 놓여 있습니다.

#작업실 선반_ 여행에서 구매한 물건과 책자, 샘플, 기타 잡화를 정리해놓은 선반입니다.

수납 박스는 숫자로 구분했습니다.

나답게 잘 살기

임소라

공무원에서 취업 준비생으로, 직장인에서 책방 주인으로,
여러 일들을 거쳐 지금은 내가 하고 싶은 대로 재밌게
손으로 책을 만드는 작가로 살고 있습니다. '다른 사람처럼
잘 살기'보다 '나답게 잘 살기'위해 도망치기를 반복하고
끝없이 고민한 시간을 글로 남깁니다.

늘 사소한 게 문제가 된다.
사소한 일로 사소하지 않은 문제가 생긴다.
사소한 말이 사소하지 않은 상처가 된다.
너무 사소해서 입 밖에 꺼낼 수도 없는 기억이,
너무 거대해서 꺼내기도 힘든 전부가 된다.

- 김소라

나답게 잘 살기

임소라

- 「사소설」, 「똥5줌」, 「시간이 많아서」 등

**자신의 책을 쓰고 만든 특별한 계기가 있나요?
언제, 어떤 것과 마주했을 때 '굳이' 글로
남겨야겠다고 생각하나요?**

  출판사에서 근무했던 적이 있습니다. 책을
만드는 일이 신기하고 뿌듯했는데 회사 일이다보니
이런저런 제약이 있었습니다. 일로 생각하지 않고
정말 내가 하고 싶은 대로 재미있게 하자는 마음에
'내 책'을 만들게 되었습니다. 굳이 글로 남기고
싶은 것은 주로 힘든 일입니다. 예전에 썼던 글을
시간이 지난 후에 다시 읽는 것을 좋아하는데
힘든 일을 소재로 한 글을 읽을 때에는 '아, 이때도
몹시 힘들었군. 사는 걸 힘들어한 게 하루 이틀이
아니었군. 그동안 잘 살아냈으니 지금 힘든 일도
잘 이겨내겠군' 혹은 '악, 이딴 일로 힘들어하다니
나약했군. 이젠 이런 일로 힘들어하지 않을 만큼
성장했군'이라는 생각이 들어요. 힘든 일을 기록하는
데 더욱 힘써야겠다고 다짐해봅니다.

**첫 책이 나왔을 때 누가 가장 먼저 생각났나요?
어떤 분에게 자신의 책을 가장 먼저 드렸나요?**

  이런 걸 책으로 만들어도 될까 고민할 때
곁에서 끊임없이 격려해준 남자친구에게 주었습니다.
이후에도 책을 만들 때마다 '이걸로 남자친구를
웃길 수 있을까?' 고민하고, 다 만든 후 보여줬을 때
재미있다고 하면 매우 뿌듯합니다.

**독립책방과 독립출판물을 찾는 사람이 늘어가고
있습니다. 그들은 왜 독립책방을 찾아서 독립출판물을
사고 읽는 걸까요? 그곳에서, 그 책을 통해 어떤 가치를
찾고 있는 걸까요?**

  같은 시대를 살아가는 또래 세대의 목소리를
'책'하면 익히 떠올리는 이미지보다 좀더 친근한
방식으로 들을 수 있기 때문이라고 생각합니다.

**자신이 지금 사는 삶의 공간에서 가장 마음에 드는
'곳'은 어디인가요? 작가님이 지금 가장 사랑하는
'일'은 무엇인가요?**

  가장 마음에 드는 곳은 작업실입니다.
엉겁결에 방 두 개짜리를 구해 작은 방을 침실로,
큰 방을 작업실로 쓰고 있어요. 우선 잠과 일의
공간이 분리되어 좋고, 출퇴근에 소요되는 시간이
초 단위라는 점도 좋습니다. 가장 사랑하는 일은
오래도록 생각만 하던 것을 글로 푸는 것입니다.
생각대로 풀어지지 않아서 생각이라는 걸 제대로 한
것인지 돌아보는 일이 때마다 놀랍고, 이걸 글이라고
쓴 건가 싶어서 고치다보면 처음과 전혀 다른 모양을
갖게 되는 과정을 확인하는 일이 묘하게 시원합니다.

작가님의 이십대는 어땠나요?
지금 우리는 어떤 세상을 살고 있는 걸까요?

　　저의 이십대는 온갖 도망으로 가득했습니다.
학교 다닐 때엔 휴학으로, 졸업한 후엔 공무원으로,
공무원에서 다시 취업 준비생으로, 직장인에서
사업자로 계속 도망쳤습니다. 이렇게 사는 게
맞나 싶을 때마다 도망쳤는데 요즘은 더는
도망갈 곳이 없는 기분입니다. 이렇게 사는 게
맞나 싶어 고민을 털어놓으려다가 상대방이
나보다 더 힘들어 보여서 말문이 턱 막히는 세상에
살고 있는 것 같습니다.

유독 '인생의 평균 속도'를 강조하는 이 사회에서
그 규칙을 지키며 살다가 마침표를 찍던 순간이 누구나
있습니다. 작가님은 어땠나요? 언제, 무슨 일로
가장 힘들었나요? 그리고 지금 평범한 일상을
지켜나가는 용기는 어디에서 얻나요?

　　바로 앞 질문의 답변에 나온 도망과 관련된
일입니다. '시간을 이렇게 쓰고 싶지 않다'는 생각이
들 때마다 도망쳤는데, 예를 들자면 회식 같은 것이
있습니다. 이왕 가까워지면 다들 좋은 사람이고,
다른 사람들도 다 이런 식으로 잘 사는데 회식 자리를
매번 이토록 힘들어하는 것은 나에게 문제가 있기
때문이다, 라는 생각 때문에 힘들었는데 '그래, 나는
이것밖에 안 되는 인간이다' 인정하고 '다른 사람처럼
잘 살기'를 포기하니 적극적으로 용기 내어 도망치게
되었습니다. 거듭된 도망으로 얻게 된 지금의
일상이 때때로 무섭고 불안해질 때마다 스스로
어떤 사람인지 상기하며 '다른 사람처럼 잘 살기'가
아니라 '나답게 잘 살기'를 다짐합니다.

'하고 싶은 일'과 '해야 하는 일'에 대해 어떤 원칙을
갖고 있나요?

　　7대 3으로 합니다. 해야 하는 일 때문에
3일 힘들었으면 일주일은 제가 하고 싶은 작업에
시간을 쓰고자 합니다. 마음대로 되진 않지만
그러려고 노력합니다. 요즘 고민은 '하고 싶은 일'로
시작한 일 가운데 많은 부분이 '해야 하는 일'로
바뀌었다는 점입니다. 해야 하는 일로 얻을 돈이
하고 싶은 일로 얻을 즐거움을 상쇄할 만한 수준인지
깊이 고민하며 결정합니다.

첫 책은 몇 부를 찍었나요? 총제작비는 어느 정도
소요되었나요? 제작비는 어떻게 마련했는지
궁금합니다.

　　100부 찍었고 30만 원 정도 들었습니다. A5
크기에 흑백으로 64페이지였고, 주로 참고서 복사 및
제본을 하는 회사 근처 인쇄소에 맡겨 제작했습니다.
당시엔 회사를 다녀서 여유 자금이 있었습니다.

독립출판은 작가가 직접 제작-입고-유통을 주도적으로 할 수밖에 없을 텐데요. 편집-디자인-인쇄 등은 어떻게 해결했나요? 독립책방 유통도 직접 챙겨서 하고 있나요?

처음에는 책을 만들려면 반드시 그래야 한다는 생각에 굳이 인디자인을 사용했는데, 잘 다룰 수 있는 툴을 가지고 하고 싶은 대로 해보자는 생각에 한글을 애용하게 되었습니다. 인쇄의 경우, 모르는 것이 많아서 더 알려고 노력하지 않고 이미 알고 있는 선에서 해결하고 활용하기 위해 집에서 직접 작업하게 되었습니다. 유통의 경우, 책방에 놀러가는 기분으로 가서 책도 드리고 옵니다. 요즘은 책방이 많이 생겨서 새 책이 나오면 1~2주 정도는 책방 투어 기간으로 정해둡니다.

작가님에게 좋은 자극을 안겨준 독립출판물은 무엇인가요? 혹은 작가는 누구인가요?

《록셔리》를 만드는 현영석 작가입니다. 《록셔리》를 통해 독립출판을 처음 알게 됐어요. 매번 새로운 호가 나올 때마다 웃겨서 이렇게 꾸준히 웃기기도 어려운 일이다 싶어 신기합니다. 실제로 만났을 때도 한마디, 한마디가 웃겨서 부러운 작가인데, 《록셔리》를 보면 '이건 이 사람만 만들 수 있는 책이다'는 생각이 들고, 저도 그런 작업을 하고 싶어 자극을 받습니다.

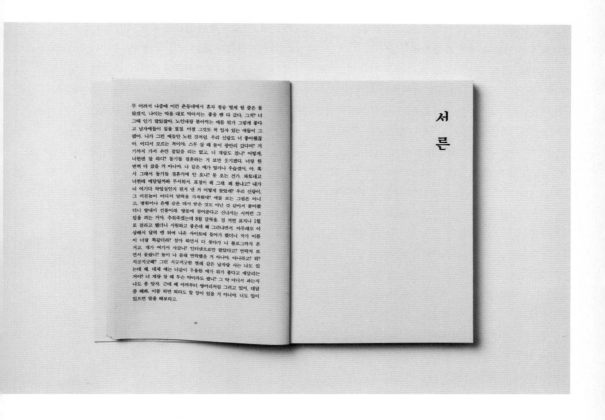

책을 손으로 직접 제본하고, 직접 인쇄한다고 들었습니다. 기계 대신 수작업을 선택한 이유는 무엇인가요?

일부러 기계를 피하고 수작업을 '선택'했다기보다는 어쩌다 시작하게 된 것을 이것도 해보고 저것도 해보는 식으로 계속 이어가게 되었습니다. 같은 질문을 여러 번 받아서 그때마다 '그러게, 왜 그랬지?'하고 돌아보는데, 일단 손으로 종이를 만지는 일이 즐겁습니다. 마냥 즐겁기만 한 것도 아닌 지경에 이르렀지만 책을 직접 만드는 데에서 오는 즐거움이 있습니다. 또다른 이유는 '하고 싶은' 일을 '할 수 있는' 방식으로 이어나가고 싶은 마음입니다.

책을 직접 만드는 과정에서 가장 중요하게 생각하는 것은 무엇인가요?

가능한 작업인가, 하는 점입니다. 머릿속으로 책의 형태와 필요한 작업을 떠올려두고 발행하는 과정으로 옮길 때, 적어도 100부는 만들 수 있을지 생각합니다. 100부를 만드는 데 필요한 작업을 감당할 수 있는지, 가진 능력과 시간으로 가능한 작업인지 고민하고 결정합니다.

**『똥5줌』의 제작 방식도 특이합니다. 그 방식을
선택하게 된 이유와 제작 과정이 궁금합니다.**

독립책방 '유어마인드'에서 어떤 책을 봤는데,
매 페이지마다 서로 다른 책의 복사본이 이어지는
구성이었습니다. 전부 외국어인 데다 글이 그림처럼
보이는 것도 많아서 뜻을 알 수는 없었지만, 복사한
단면이 쭉 이어지는 그 책이 계속 생각났습니다.
『똥5줌』의 경우 배탈 났던 사연이기 때문에
사연의 당사자가 부끄럽고 민망한 내용이 많아서
다른 글 구석구석에 숨겨두는 방식으로 두 개의
텍스트를 섞어보았습니다. 마침 회사 서재에서
『문학비평용어사전』이라는 책을 발견하여 일부
페이지를 A3 크기로 복사했습니다. 그 복사본에
다섯 개의 사연 출력물을 한두 어절 단위로 오려
붙였습니다. 한동안 가위와 물풀을 들고 다니며
본문을 구성했는데, 다른 사람들도 여기서 웃었으면
좋겠다 싶은 부분이 많아 설렜습니다. 다 붙인 후
스캔하여 책 크기에 맞게 인쇄하였습니다.

**『사소설』에 등장하는 인물은 세계 어디에나 있을
듯합니다. 그들이 갖는 각각의 감정도 누구나 한 번쯤
느껴봤을 것 같고요. 『시간이 많아서』를 보면 『사소설』
속 인물과 비슷한 부분이 존재하는데요. 『사소설』 속
인물은 실제 모델을 두고 썼나요? 아니라면
어디에서 영향을 받았나요?**

처음엔 이미 알고 있는 인물들의 특징을
이것저것 차용하는 식으로 썼는데, 쓰다 보니
그건 인물이 아니라 기억 짜깁기에 불과했습니다.
쓰고자 하는 것이 '일기'가 아니라 '이야기'라는
점을 생각하며 많은 부분을 덜어내고 비워진 부분을
채웠습니다. 영향을 받았다면 제게 있었던 일이든,
제가 읽었던 글이든, 모두 제 기억에서 온 것입니다.

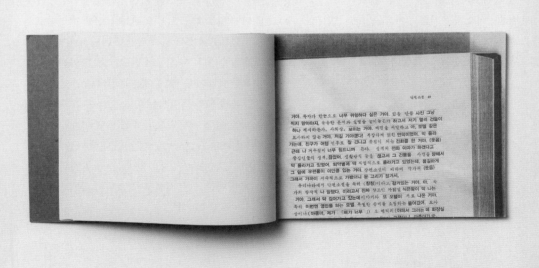

『시간이 많아서』에서 몇 번이나 SNS를 지웠다
만들었다는 구절을 읽었습니다. 반면 블로그는
오래 운영하고 있는데요. 작가님에게 블로그 혹은
SNS는 어떤 의미인가요? 블로그의 기록을 책으로
남기고 싶었던 이유는 무엇이었나요?

　　블로그의 경우 티스토리와 네이버, 두 개를
운영하고 있습니다. 네이버 블로그는 책방을 운영하며
미약하나마 홍보를 위해 시작했는데, 더 오래 운영해온
티스토리보다 피드백이 많아 애용하고 있습니다.
티스토리 블로그에는 네이버보다 조금 더 사적이고
내밀해서, 주로 암울한 일기를 올리는 데 요즘은
잘 쓰지 않고 있습니다. 저에게 블로그 혹은 SNS는
기회의 땅 같은 의미입니다. 감히 떠올려보지도
않았던 '독자'의 존재를 상상하게 만들고 누군가
내 글을 읽어줄지도 모른다는 희망을 품게 했습니다.
『시간이 많아서』에 담았던 티스토리 블로그의 글은
2~3년 전에 쓴 건데, 다시 읽어보니 제 얘기여서인지
재미있었습니다. 하지만 티스토리 블로그는 유입자도
너무 적고 들어오더라도 댓글 하나 달리는 일이
없어서 '아아, 이렇게 웃긴데 누가 좀 읽어줬으면
좋겠구나' 싶어서 적극적으로 일독을 권하는
차원에서 책으로 만들게 되었습니다.

예전에 운영했던 책방, 그리고 책 만드는 곳인 'HOW
WE ARE'는 무슨 의미를 갖고 있나요?

　　책방을 정리한 지 얼마 되지 않아서 아직은
'의미' 같은 것을 떠올리기가 어렵습니다. 책방을
정리하면서 그곳을 운영했던 것 역시 저라는 사람을
알게 된 일이라는 생각이 들었습니다. 책을 좋아하는
것과 책방을 운영하는 일, 그리고 책을 좋아하는
사람과 책방을 운영하는 사람 사이의 차이를 몸소
겪고, 이전에는 몰랐던 자신의 한계 혹은 특징을
알게 되었습니다. 책 만드는 'HOW WE ARE'는
우리가 어떻게 살고 있는지를 이야기하는 작업을
이어나가고 싶다는 포부를 밝히려 한 이름이었는데,
지금까지 만든 책이 '내가 어떻게 살고 있는지'에만
치중해 있어서 고민스럽습니다.

**여러 직업을 거쳐 책 제작자와 작가로 살고 있습니다.
10년 후 작가님은 어떤 일을 하고 있을까요?**

　　다음 달 카드 대금 상황도 짐작하기 어려운
생활을 이어나가는 중이라 10년 후가 몹시 막연합니다.
그땐 어떤 일을 하고 있을 거라는 상상을 제멋대로
'그땐 이랬으면 좋겠다'는 희망으로 바꿔서 써보자면
다음과 같습니다. 지금 같이 살고 있는 강아지가
10년 후면 11살이 될 텐데, 예전에 같이 살던 강아지를
보니 그때쯤 되면 강아지들이 많이 아프더라고요.
10년 후에 이 강아지도 노견이 될 텐데 그때
강아지가 아파도 병원비 걱정을 먼저 하지 않는
사람이면 좋겠습니다. 책을 만들든, 글을 쓰든 같이
사는 개가 아픈데 돈 걱정을 제일 먼저 하지 않는
사람이면 좋겠습니다.

인터뷰. 성서연

작가님만의 아지트를 소개해주세요.

 임소라
작업실

임소라 저의 아지트는 작업실입니다. 우선 창문을 앞에 두고 이케아 책상 두 개가 나란히
붙어 있고, 왼편으로는 자작나무 5단 선반을 두고 있습니다. 책상 하나는 원래 책방에서 책을
진열하는 데 썼는데 책방을 정리하면서 두 개의 책상을 붙여 쓰게 되었습니다. 더 넓게 쓸 수
있을 줄 알았는데 더 넓게 어지르고 있습니다. 다른 두 벽에는 입던 옷을 거는 행거와 6단
앵글이 있고 나머지 공간은 휑하니 비어 있어 작업하다가 자꾸 뒤를 돌아보게 됩니다.

아직 존재하지 않는
책들을 생각하며
두근두근

임진아

어제 들은 말

아직 임진아

집에 가고 싶다

'나라는 사람을 시작으로 다양한 방식의 이야기를
하는 일', 그리고 부끄럽게도 제 자신을 무척이나 좋아해요.
그래서인지 저의 이야기를 다양하게 표현하는 일을
사랑합니다. 첫 책이 나왔을 때 제가 생각났어요.
그래서 저에게 선물했습니다. 그리고 꼭 그때의 마음을
지키고 살자고 다짐했어요.

푸르게
푸르게

-아직 임진아-

아직 존재하지 않는
책들을 생각하며
두근두근

임진아

- 『도시 건강 도감』, 『어제 들은 말』, 『현명한 사람』 등

**자신의 책을 쓰고 만든 특별한 계기가 있나요?
언제, 어떤 것과 마주했을 때 '굳이' 글로
남겨야겠다고 생각하나요?**

　　　'캠페인'을 하고 싶다는 생각이 컸어요.
도시에서 살며 이곳저곳을 다니고, 이 사람 저
사람을 관찰하고 사회를 겪으면서 스스로 목소리를
내고 싶은 캠페인이 쌓였는데, 그것을 얇지만 단단한
책으로 만들고 싶다는 생각에서 출발했습니다.
가장 큰 계기는 회사 생활에 지쳐 가다 몸이 상해
병원에 입원했을 때였어요. 위장염이 심해서 이틀
동안 물도 마시지 못하고 금식하며 괴로운 날을
보냈는데, 병실에 누워 나지막이 책을 만들자고
결심했어요. 도시에 사는 나의 몸과 마음을 위한 책.
그래서 『도시 건강 도감』의 아이디어를 떠올렸고,
그 이야기를 많은 사람들에게 들려주고 싶었어요.

**첫 책이 나왔을 때 누가 가장 먼저 생각났나요?
어떤 분에게 자신의 책을 가장 먼저 드렸나요?**

　　　제가 생각났어요. 그래서 저에게
선물했습니다. 그리고 꼭 그때의 마음을 지키고
살자고 다짐했어요.

**독립책방과 독립출판물을 찾는 사람이 늘어가고
있습니다. 그들은 왜 독립책방을 찾아서 독립출판물을
사고 읽는 걸까요? 그곳에서, 그 책을 통해 어떤 가치를
찾고 있는 걸까요?**

　　　정형화된 책에 비해 이야기나 콘텐츠의 폭이
넓고 다양하기 때문에 재미를 느끼는 것 같은데,
이제는 독립출판물도 그 안에서 굉장히 전문적인
방향으로 변화하는 듯해요. 저는 더 엉뚱한 쪽으로
전문적인 독립출판물에 가치를 느낍니다.

**자신이 지금 사는 삶의 공간에서 가장 마음에 드는
'곳'은 어디인가요? 작가님이 지금 가장 사랑하는
'일'은 무엇인가요?**

　　　아무렇게나 어질러도 되는 '방'과 좋아하는
분위기에서 커피를 마실 수 있는 연출된 공간인
'카페'를 좋아해요. 그 둘은 서로 다른 온도의
여유를 가져다줘요. 여유라는 것에도 종류가 있나
봐요. 가장 사랑하는 일은 '나라는 사람을 시작으로
다양한 방식의 이야기를 하는 일'이에요. 부끄럽게도
제 자신을 무척이나 좋아해요. SNS나 블로그에서
제가 쓴 글을 다시 보는 걸 즐기고요. 그래서인지
저의 이야기를 다양하게 표현하는 일을 사랑합니다.

작가님의 이십대는 어땠나요?
지금 우리는 어떤 세상을 살고 있는 걸까요?

　　스물두 살에 첫 직장에 들어간 이후로 내내
일만 한 것 같아요. 제가 좋아하는 쪽에 가까운
일이었지만…… '일이라는 걸 좀 늦게 시작할걸' 하는
후회가 돼요. 지금 우리가 사는 세상은 불행이 더
많을 거예요. 이십대를 거쳐 막 삼십대를 시작한
저에게는 그게 더 많이 보여요. 이십대에는 '뭘 하며
어떻게 살아야 할까?'라는 고민을 했다면, 삼십대가
되고 나서는 '뭘 하며 어떻게 살아야 할까……
어디에서?'라고 고민해요. '어디에서'라는 걱정거리가
하나 더 생긴 거죠. 주위를 둘러보면 저만의 고민은
아니더라고요. 기본적으로 이러한 고민을 안고
살아야 하는 세상인 듯해요. 그만큼 저도 이 세상에
걱정이 많은 사람이 됐어요.

유독 '인생의 평균 속도'를 강조하는 우리나라에서
그 규칙을 지키며 살다가 마침표를 찍던 순간이 누구나
있습니다. 작가님은 어땠나요? 언제, 무슨 일로
가장 힘들었나요? 그리고 지금 평범한 일상을
지켜나가는 용기는 어디에서 얻나요?

　　너무나 진부하게도 '회사'라는 곳에서의
생활이 가장 힘들었어요. 아침이 싫은 사람이 된다는
건 하루를 불행하게 시작하는 사람이라는 거잖아요.
어느 날 아침, 여느 때와 다름없이 출근하는 동네
골목에서 저도 모르게 "구출~ 구출~" 하는 이상한
노래를 불렀어요. 아무도 저에게 회사를 다니라고
떠밀지 않았는데, 대학을 나오자마자 회사에
들어가서 그렇게 이십대를 보냈어요. 첫번째 회사는
1년, 두번째 회사는 2년, 세번째 회사는 3년 반을
다녔어요. 그리고 아무도 저에게 시키지 않았지만
'이제 회사에 다니지 말자'고 정했어요. 한국 사회는
제게 '무직(無職)'이라는 딱지를 붙이겠지만……
요즘은 카페에서 일하면서 평소 배우고 싶었던 카페
일을 접하고, 하고 싶은 이야기를 하기 위해 그림을
그리고 있어요. 저는 종교는 없지만, 살면서 믿는 게
있다면 이따금씩 떠오르는 제 결정이에요.

'하고 싶은 일'과 '해야 하는 일'에 어떤 원칙을
갖고 있나요?

　　해야 하는 일이 하고 싶은 일에 언젠가
도움이 되겠지, 라는 생각이 들면 두 눈을 꼭 감고
열심히 하는 편이에요. '하고 싶은 일'을 그저 '하기
싫은 일'에 대한 오기로 하지 말자는 생각이에요.
'해야 하는 일'은 하기 싫더라도 언젠가 이 일을
끝내고 침대에 두 다리 뻗고 아무것도 하지 않을
나를 생각하며 해요.

**첫 책은 몇 부를 찍었나요? 총제작비는 어느 정도
소요되었나요? 제작비는 어떻게 마련했는지
궁금합니다.**

　　첫 책은 『in the palm』이라는 손바닥만
한 책이었어요. 독립책방 '유어마인드' 〈손바닥책〉
행사를 위해 만든 거라 50부만 제작했어요. 본문과
표지는 모두 리소그래프 먹 1도로 인쇄했고,
제작비는 10만 원이 넘지 않았어요. 첫 책이고,
행사를 위해 만든 책이라 많이 만들지 않았는데
생각보다 금세 사라져서 아쉬움이 많아요. 이후에
만든 책들은 '우주만화'라는 작은 팀을 만들어
제작한 거예요. 시작할 때는 모아둔 돈이 없어서
각자 제작비를 부담해서 자신의 책을 만들었고,
판매 후에는 모아진 판매금으로 제작비를
돌려받았어요. 그리고 시간이 흐르면서 책을
판매한 돈으로 책을 만들 수 있게 되었어요.

**독립출판은 작가가 직접 제작-입고-유통을 주도적으로
할 수밖에 없을 텐데요. 편집-디자인-인쇄 등은 어떻게
해결했나요? 독립책방 유통도 직접 챙겨서 하고 있나요?**

　　처음 시작할 때는 인쇄를 제외하고 전부
스스로 했어요. 소량만 제작했기 때문에 조금이라도
제작비를 줄이려고 한 건데, 제본과 재단까지 하려니
정말 힘들더라고요. 하지만 '독립출판'이라는 걸
떠나서 스스로 책을 만들어보고 싶은 사람이라면
한 번쯤 이런 과정을 겪었을 거예요. 최근에 만든
『여행 기록 연습』도 인쇄만 맡기고 제본은 직접
하고 있어요. 덕분에 아주 더듬더듬 만들 수밖에
없는 게 흠이지만 이런 시도가 독립출판의 시작이
아닐까 싶어요. 자신의 책이 놓였으면 하는 책방을
제작자가 스스로 결정하는 것도 중요해요. 책방은
많이 생기는데, 그곳에 있는 책이 다른 책방과
같다면 재미없잖아요. 그래서 입고도 한정시켰어요.

지역별로 다양한 책방에 입고하되 너무 가까운
곳에는 두지 않는 식으로요. 원하는 대로 책을
만들듯이 유통도 원하는 대로 할 수 있기 때문에
독립출판이 재미있는 것 같아요.

**작가님에게 좋은 자극을 안겨준 독립출판물은
무엇인가요? 혹은 작가는 누구인가요?**

　　〈호상근 재현소〉 프로젝트의 호상근 작가의
작업을 좋아해요. 사람들의 경험담과 꿈 이야기를
듣고 하나의 장면으로 옮기는 일이 멋있었어요. 무엇보다
그림이 너무 좋아요. 색연필로 아주 꼼꼼하고
단단하게 그린 그림에서 강렬한 인상을 받아요. 고유의
작업 방식과 흐름이 있다는 건 참 멋지다는 걸 느껴요.
지나가다가 왠지 자꾸 돌아보게 되는 한 장면을
두고 '저거 찍을까?' 고민하다보면 어느새 지나쳐
있을 때가 많잖아요. 〈호상근 재현소〉는 그것들의
집합이에요. 작은 것을 놓치지 않는 면모가 대단해요.
　　니시와키 타다시(ニシワキタダシ)라는 일본
작가도 좋아해요. 캐릭터를 만드는 건 쉬운 설정이라고
여길 수 있지만, 그 캐릭터가 나오기까지 만들어야
하는 것들은 세밀하고 어렵거든요. 다정하고 귀여운
그림으로 표현하고 무궁무진하게 여러 이야기를 할 수
있게 설정한 그의 작업은 저에게 마술처럼 다가와요.
그림이 주는 귀여움에 한없이 마음이 보들해져요.

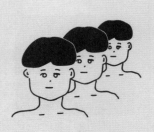

생각을 생각한다

어제 먹은 밥은 기억해도
어제 들은 말은 기억하지 말아요

'아직 임진아'는 어떤 사람인가요?

　　'아직 임진아'라는 이름은 태어나면서 얻은
(할아버지가 지어준) '임진아'라는 이름을 죽기 전까지
쓰면서 살 테니까, 살아 있는 동안에는 '아직'
임진아라는 뜻이에요. '아직'이라는 말에 마음이 간 건
두번째 회사에서 만난 동료 언니 때문이기도 해요.
"포스터 시안 다 했어?" "회의 준비했어?" 이런 질문에
늘 "아직이요"라고 말했더니 그 언니가 모든 것에
'아직'이라고 답한다면서 '임아직'이라는 별명을
지어줬어요. 그게 왠지 마음에 들어서 임아직으로
지었다가 위의 뜻을 붙여서 '아직 임진아'로 바꿨어요.
스스로에게 매우 후한 편이라 늘 '아직'일 때가
많아요. 저는 그런 사람이에요.

**다양한 형태의 작품이 인상적입니다. 문구 디자인
경력 때문이 아닐까 하는데요. 책 외에도 특별히
선호하는 게 있나요?**

　　책을 포함해서 종이로 된 모든 것을
사랑해요. 종이로 무언가를 표현하는 것에 매력을
느껴요. 문구 회사에서 오래 일했기 때문에 '인쇄물'에
익숙하지만, 아무리 일하고 일해도 그 일을 잘 안다고
말하지는 못하겠어요. 그만큼 알아야 할 것들이 많기
때문일 거예요. 문구류에서 가장 좋아하는 건
봉투예요. 편지든 선물이든 무언가를 담아 전하는
종이로 된 주머니. 그 안에 있는 것을 보기 전에
먼저 보이는 첫번째 주인공이라는 것도 귀엽고
짠해요. 봉투도 하나의 물건인데 결국 버려지는
경우가 많아서 모으기 시작했어요. 언젠가는 모은
봉투들을 전시해보고 싶어요.

**『어제 들은 말』에서 '책을 읽을 때마다 문장을
잃는다'는 글을 보았어요. 어떤 의미인가요?**

　　시에 빠져서 시집만 엄청 읽던 때가 있었어요.
곧장 '나도 시를 써보고 싶다'는 생각이 들었어요.
그래서 시를 연습했는데, 그 이후 시를 읽다가 좋은
구절을 만나면 '이 좋은 문장은 이제 내가 쓸 수
없는 문장이구나'라는 생각에 '책을 읽을 때마다
문장을 잃는다'는 글을 쓰게 되었어요. 그렇게 잃은
문장들이 저에게 온 문장인 것 같기도 했고요.
『어제 들은 말』은 그렇게 스치듯 지나간 문구와
메모를 ㄱ~ㅎ 순으로 나열한 책인데 그 문장은
'ㅊ' 순서에 넣게 되었어요.

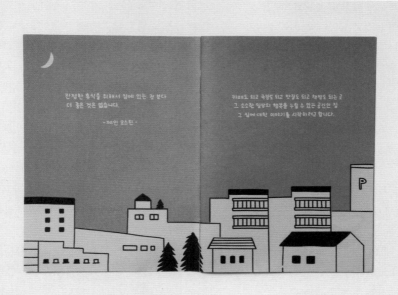

최근 '무릎을 탁 치게 만든 생각'은 무엇인가요?

곧 일본에 가서 살게 될 친구와 서울 여기저기를 산책하는데 친구가 이런 말을 했어요. "서울도 사실 좋은 곳이 많은데……." 친구가 없는 서울은 정말 싫고, 저 역시 일본에 가서 살고 싶은 마음이 크지만, 어째서인지 나는 나대로 서울에서 지내면서 이곳의 이야기를 계속 전하며 살고 싶어졌어요.

'우주만화'의 규모를 확장할 생각은 없나요? 다른 작가를 영입한다거나…….

'우주만화'는 저와 글을 쓰고 다듬는 홍구김이 함께 운영하는 작은 독립출판사입니다. 우선 이렇게 꾸준히 무언가를 같이 고민하고 만들고 이야기를 쓰는 데 만족해요. 최근에는 작업실도 생겨서 조금씩 규모가 확장되는 것 같고요. 서로 조금씩 욕심이 생기는 시기인 듯해요. 처음 시작할 때는 다른 작가들과 함께 작업해보자는 이야기도 했는데, 우선 각자의 작업을 다지는 것에 치중하고 있어요. 1인 출판과 다른 지점을 찾고 독립출판다운 지점에서 경험을 많이 쌓을 계획이에요. 다양한 제본 방식으로 웃기고 엉뚱한 책을 만들고 싶고 두껍고 호흡이 긴 책도 만들고 싶어요. 작은 작업실에서 이런저런 이야기를 나누면서 아직 존재하지 않는 책들을 생각하며 매일 설레는 '우주만화'입니다.

자신만의 여행의 기술이 있나요?

기술이라고 할 만한 건 딱히 없지만, 여행지에서 아주 마음에 드는 곳을 만나면 여행 중에 그곳에 한 번 더 가요. 새로운 시도를 통해 이만큼 좋은 곳을 찾을 용기가 없다면 마음에 드는 곳에 몇 번 더 가는 걸 선호해요. 새로운 음식을 먹기보다 좋아하는 음식만 먹는 성격 때문인지도 모르겠어요.

너무 계획하지 않아요. 그렇다고 너무 계획을 안 세우지도 않아요. 여행은 여행하는 시간뿐만 아니라 준비하는 것부터 시작이잖아요. 저는 딱히 여행 계획이 없더라도 어디선가 본 좋은 장소를 꾸준히 모아둬요. 그래서 어느 도시를 가면 이전에 저장해둔 장소를 다시 꺼내어 봐요. 과거의 나에게 덕을 보는 거죠. 일본 여행을 좋아해서 일본의 좋은 장소를 자주 찾아봐요. 언젠가 여행할 나를 위해서.

'아름다운 재단' 주거 지원 캠페인 〈집에 가고 싶다〉 소책자 작업에 참여하셨어요. 작가님에게 집은 어떤 공간인가요?

온전히 쉬는 공간이에요. 학생 때는 방학 동안 집에 있는 시간이 나가 있는 시간보다 더 많을 정도로 집순이였어요. 부모님은 별 말을 안 하셨는데, 두 살 터울 오빠는 저를 답답해했어요. 그런데 지금은 나가지 않고 집에만 있는 날이 손에 꼽을 정도로 적어졌어요. 그래도 일주일에 한 번은 집에 있어야 쉬었다는 느낌이 들어요. 집에 있으면 침대에서 벗어나질 않아요. 침대에서 밥을 먹고 책을 보고 강아지와 놀고 노래를 듣고 영화도 봐요. 저에게 집은 침대일지도 모르겠어요. 〈집에 가고 싶다〉 캠페인 소책자를 작업하면서 집에 대해 많은 생각을 했어요. 사람들은 모두 집에 가고 싶어 해요. 그런데 그 집이 정말 가고 싶은 집일까, 그게 궁금했어요. 사람들이 주거 문제에 더욱 관심을 가지면 좋겠어요.

인터뷰. 이현주

작가님만의 아지트를 소개해주세요.

임진아
망원동 스몰커피

임진아 최근에 생긴 작업실이 특별한 아지트이지만, 근처에 있는 카페 '스몰커피'가 작업실 바깥의 가장 완벽한 아지트가 아닐까 해요. 부끄러울 정도로 제 그림이 많이 비치되어 있고, 서울의 수많은 카페 가운데 가장 마음 편히 드나드는 곳이에요. 요즘 생기는 카페는 특정 소비자층만 몰리는 경향이 있는데, '스몰커피'는 아주 다양한 연령층과 가까운 이웃이 마음 편히 드나드는 곳이에요. 젊은 사람들도 만족하고 가까운 이웃도 만족하는 카페는 드물잖아요. 망원시장이 가까워서인지 동네 아주머니들도 자주 오가고, 말 그대로 문턱이 낮은 카페예요. 그렇기에 부끄러움 많은 저도 자연스럽게 흡수된 것 같아요. 작업실이 생기기 전에도 '스몰커피'에 작업하러 자주 갔는데, 이제는 작업실에 가기 전에 들르는 곳이자 작업에 필요한 회의를 하는 곳이 되었어요. 꼭 회의가 아니더라도 그냥 커피만 마셔도 이런저런 생각이 마구 들어서 이것저것 말하게 되는 그런 곳이에요.

나와 닮은 사람,
내 자아의
근원을 찾아서

전지

구슬옥

있을재

가족구술회·열여섯   글. 그림 / 전지. 재욱

내 가까이 있는 사람들, 내가 하는 행위에 대한 믿음이
평범한 일상을 지켜나가는 데 아주 중요하다는 것을
경험으로 알게 되었습니다. 사람이 사는 이야기가 거기서
거기라고, 다른 사람의 이야기는 내 삶에 거울로 삼으면
되고, 그건 삶의 깊이를 더하는 이로움이라 생각했습니다.

나의 인생 , 나의 삶이 짜증 왕짜증인데도

어머님 요양 , 자식들 비위에 여봉 힘주기에

와이리 힘드노.
다 떼어 버리고 차라리 욕먹고 내 삶을 찾아가고 싶다

전지의 가족구술화 엄마편 〈잊을재 구슬옥〉中에서
2014년 1월 5일 재옥씨 일기

전지

나와 닮은 사람,
내 자아의
근원을 찾아서

전지
- 「있을 재 구슬 옥」

자신의 책을 쓰고 만든 특별한 계기가 있나요?
언제, 어떤 것과 마주했을 때 '굳이' 글로
남겨야겠다고 생각하나요?

저는 만화를 그립니다. 살다보면 '이 순간,
이 이야기는 남겨야겠다' 싶거나 다른 사람에게
보여주고 반응을 보고 싶을 때 작업을 합니다.
이야기에 따라 만화로 그리지 않고 글로만 쓰거나,
그림과 글을 함께 쓰기도 합니다. 내 생각이나 삶을
표현할 수 있는 만큼 남겨놓으려 합니다.

나의 '마이 웨이(My way)' 성향으로 벌어진
일을 다루고 그에 대한 다른 사람의 반응이
궁금했습니다. 작업을 하고 몇 년의 시간이 흐른
지금은 오로지 '나'뿐이던 관심사가 가족과 친구로
넓어졌습니다. 그들의 삶이나 성향 가운데 기록으로
남길 의미가 있는 것들을 글이나 그림, 만화로
작업합니다.

첫 책이 나왔을 때 누가 가장 먼저 생각났나요?
어떤 분에게 자신의 책을 가장 먼저 드렸나요?

제일 자주 만나던 친구에게 주었습니다.
책값은 받았습니다(안 받으려 했는데 주더군요. 책값이
워낙 싸기도 했고요). 책에 그 친구 이야기가 꽤 들어
있었고, 내가 그린 자신의 이야기에 대한 친구의
반응이 궁금했습니다.

독립책방과 독립출판물을 찾는 사람이 늘어가고
있습니다. 그들은 왜 독립책방을 찾아서 독립출판물을
사고 읽는 걸까요? 그곳에서, 그 책을 통해 어떤 가치를
찾고 있는 걸까요?

우선 제가 독립책방을 찾는 이유를
말씀드릴게요. 고등학교 때 《십대들의 쪽지》라는
얇은 책을 접했습니다. 저에겐 첫 간행물이었는데요.
교실 뒤에 놓여 있던 그 책에 당시 저에게 와닿는
내용이 많았어요. 책을 가까이하지 않았던 청소년
시절이기도 했고, 부담스럽지 않게 스테이플러로
철심을 박은 중철 제본으로 묶인 얇은 책과 엉성한
듯 손때 묻은 편집, 그리고 그 속의 친근한 이야기가
좋아 차곡차곡 모았습니다. 이후 미술을 하면서도
주류 미술 공간이 아닌 대안공간을 즐겨 찾는
성향이었는데, 그런 공간에서도 언제부턴가 개인이
만든 잡지와 책을 만날 수 있었어요. 의욕과 성의로
만들어진 비정형 출간물은 그 존재 자체만으로도
반가웠어요. 주로 삶의 이야기를 다룬, 그래서
어찌 보면 미술에서는 뜬금없는 이야기나 허무한
감성을 다루는 출간물도 반가웠습니다. 출판사 같은
'기관'을 통하지 않은 출간물에서 느낄 수 있는 거친
편집, 정리되지 않은 이야기 진행, 걸러지지 않은
주제가 저는 '맛'으로 느껴졌어요. 정말 '맛있는'
책들이 많았습니다. 우리가 알고 있는 맛, 누군가
다행히 만들어내고 있는 그 맛을 계속 보고 싶어서
독립출판물을 찾는다고 생각합니다.

자신이 지금 사는 삶의 공간에서 가장 마음에 드는 '곳'은 어디인가요? 작가님이 지금 가장 사랑하는 '일'은 무엇인가요?

집의 작은 방을 작업하는 곳으로 쓰고 있습니다. 그간 모은 책과 작업물, 재료가 모여 있어서 가장 마음에 들고 정리의 완성도도 높아요. 책상 하나를 책장과 선반이 둘러싸고 있는 구조인데, 수년의 세월을 거쳐 비로소 복잡한 카테고리의 물건들을 제대로 정리한 것 같아요. 그리고 우리 동네 '안양천'도 빼놓을 수 없습니다. 안양천에서의 산책은 도무지 안 하고는 못 배기는 '좋은 짓'이에요. 언제부턴가 몸이 좋지 않아서 산책을 시작했는데, 이제는 제 작업의 성향이나 주제에도 영향을 끼칠 정도로 중요해졌고 필요한 일이 되었습니다. 안양천을 산책하면서 들풀이 눈에 들어오기도 하고, 작은 것부터 큰 것까지 한눈에 볼 수 있게 되었습니다. 주택 단지로 사방이 빽빽한 우리 동네 박달동을 산책하는 것도 좋아합니다. 가끔 지나는 자동차를 비켜줘야 하는 건 귀찮지만요.

작가님의 이십대는 어땠나요? 지금 우리는 어떤 세상을 살고 있는 걸까요?

몸의 근육을 잔뜩 힘주고 있었던 것 같아요. 눈에 힘을 주고 있고, 그래야 한다고 생각했던 시절이었어요. 늘 화가 나 있었고 건드리면 물고 싶었던. 내 안에 채워진 게 없다보니 더 센 척을 해야 했고, 나를 드러내는 일을 힘겨워했어요. 내 이야기에 힘이 없다고 여겨서 더 없어 보이게 너덜너덜하게 치장했고, 매끄러운 이야기가 나오지 않아서 거친 맛이라도 내려고 우악스러움을 택했어요. 세상은…… 글쎄요. 너무 포괄적이라……. 가끔 자연 다큐멘터리 채널을 보다가 도시가 발달한(우리나라도 포함) 곳을 생각하면 인간이 참 징그러워져요.

유독 '인생의 평균 속도'를 강조하는 이 사회에서 그 규칙을 지키며 살다가 마침표를 찍던 순간이 누구나 있습니다. 작가님은 어땠나요? 언제, 무슨 일로 가장 힘들었나요? 그리고 지금 평범한 일상을 지켜나가는 용기는 어디에서 얻나요?

저는 '수면중뇌전증'을 앓고 있어요. 이 병이 질문의 '평범한 일상'을 무너지게 하더군요. 한번 발작을 하고 나면 시간 개념, 사람 얼굴, 현실 개념, 상황 판단, 기억이 흔들리는데…… 너무 무서워요. 보통의 일상을 일궈나갈 수 없다는 불안감에 집에 있을 때에도 심장이 벌렁거리고, 가족이 곁에 있어도 마음이 울렁거리면서 안절부절못해요. 어떤 약 성분에 따라 사람의 일상이 이렇게 무너질 수 있다고 생각하니 허무해요. 삶은 작은 믿음이 흔들리면서 무너지기 시작해요. 내 가까이 있는 사람들, 내가 하는 행위에 대한 믿음이 평범한 일상을 지켜나가는 데 아주 중요하다는 것을 경험으로 알게 되었습니다. 저는 삶의 이야기를 주제로 작업을 하다보니 제가 하는 작업이 무의미해지는 순간부터 현실 감각도, 관계도, 일상 꼬이기 시작합니다.

'하고 싶은 일'과 '해야 하는 일'에 대해 어떤 원칙을 갖고 있나요?

해야 하는 일부터 말씀드리면 '의존'하지 않기 위해서 해야 할 의무를 합니다. 나의 밥벌이, 내 가족을 최소한으로 챙기는 일, 사람으로서 해야 할 기본적인 것들. 그 외에 나에게 '촉(觸)'이 세워지는 일은 제가 할 수 있는 선에서 합니다. 가령 만화를 그리고 싶었던 몇 년 전에도 만화를 어떻게 그리는지 몰랐지만, 내가 좋아하는 작가의 만화와 이야기 방식을 따라 하면서 나만의 이야기를 써나갔어요. 하고 싶은 일은 좀 지르는 편입니다. 대신 '조악함'이 졸졸 뒤따라옵니다.

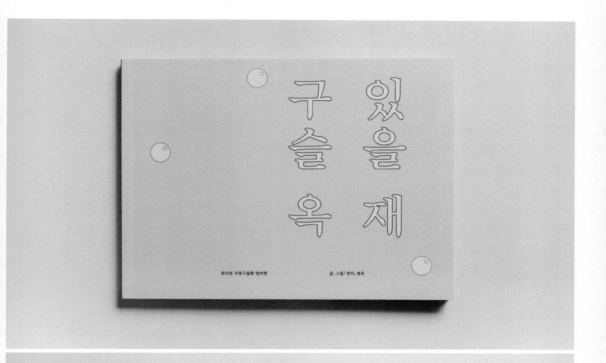

**첫 책은 몇 부를 찍었나요? 총제작비는 어느 정도
소요되었나요? 제작비는 어떻게 마련했는지
궁금합니다.**

　　　　첫 책은 『단편 만화수필집 '꿈'』이었고,
300부를 찍었습니다. 인쇄비는 115만 원 정도
들었어요. 당시 경기문화재단 우수창작예술지원사업에
선정되었어요. 600만 원을 지원받아서 종이와 펜도
사고, 취재도 다니고, 밥도 먹고, 논픽션을 다룬
만화책을 사고, 인쇄비까지 충당했습니다.
경기문화재단은 순수미술 작가를 주로 지원하는데
만화를 그리겠다고 하니 심사에서 심층면접을
했었어요. 심사위원이 지금까지 만화 작업을 지원한
적은 없다고 말하길래 만화도 미술이니 이제부터
지원하면 되지 않느냐고 벌벌 떨면서 얘기했던
기억이 나네요.

**독립출판은 작가가 직접 제작-입고-유통을 주도적으로
할 수밖에 없을 텐데요. 편집-디자인-인쇄 등은 어떻게
해결했나요? 독립책방 유통도 직접 챙겨서 하고 있나요?**

　　　　만화를 A4 용지에 그려서 스캔해서
포토샵으로 수정해서 글씨를 얹었는데, 178페이지
만화를 한 페이지씩 PSD(Photoshop Document,
포토샵 전용 파일 포맷 방식) 파일로 가지고 있었습니다.
인디자인을 모르던 때여서 72만 원짜리 도시바
노트북이 쥐포를 구울 만큼 뜨거워질 정도로
작업했어요. 그렇게 표지까지 직접 그려 한 페이지씩
PDF 파일로 만들어 인쇄소에 보냈습니다.
ISBN(International Standard Book Number,
국제표준도서번호)이 있어야 일반 서점에 입고할 수
있다고 해서 ISBN을 받기 위해 검색했더니 도무지
하고 싶은 과정이 아니었어요(어려웠다는 말이죠).
그래서 아주머니들이 시장에 갈 때 끌고 다니는
작은 손수레 같은 것에 책을 20~30권 싣고 알고

있던 독립책방을 직접 찾아 입고시켰습니다. 샘플
한 권과 다섯 권씩. 그때 홍대 근처의 한양문고에도
갔는데, 사장님께서 제 책을 훑어보는 동안 눈에는
힘을 주고 있었지만 속으로는 발발 떨고 있었던
스물아홉 살의 제가 기억이 나네요. 몇몇 책방은
책값을 입금해주었지만, 다른 몇 곳은 1년이 지나도
연락이 없어서 직접 찾아가서 받기도 했습니다. 당시
상수동 이리카페에도 입고시켰는데, 책을 직접
팔아줄 여력은 되지 않지만 무인판매는 가능하다고
해서 나무로 책 상자를 만들었습니다. 나중에 가보니
상자에 다른 책들을 꽂아두었길래 화가 나서 가지고
와버렸습니다(욱하는 성질이 있습니다).

**작가님에게 좋은 자극을 안겨준 독립출판물은
무엇인가요? 혹은 작가는 누구인가요?**

　　　　만화는 김수박 작가, 독립출판물 제작자는
《순진》을 발행하는 복태 작가입니다. 꾹꾹 눌러쓴
손글씨와 직접 겪은 이야기를 바탕으로 그린 김수박
작가의 만화는 '일상의 소중함'이나 '세상을 바라보는
시선'이 인상적입니다. 제 만화에서 이야기를 서술하는
방식에 김수박 작가의 냄새가 조금 들어가는 것
같아요. 오랫동안 차곡차곡 모으고 있는 잡지
《순진》은 그 '얇음'과 '꾸준함'과 '나른함'이 마음에
들었습니다. '이야기를 모았구나' '계속 이렇게
만들 테고, 이 사람들은 계속 이렇게 살아가겠구나'
외에는 억지스러운 게 없어서 마음에 듭니다.

책의 마지막 장이 가족사진 그림입니다.
특별한 이유가 있나요?

　　『있을 재 구슬 옥』은 엄마에 관한 책인데,
엄마의 이야기에는 가족 이야기가 빠지지 않잖아요.
그 이야기를 다 보고 난 후에 엄마를 둘러싼 이야기의
주인공인 가족을 보여주는 게 맞다고 생각했어요.
가족사진 그림을 두 개 넣었는데, 우리 형제가
모두 학생일 때와 언니와 내가 결혼하고 남동생이
군인일 때를 그렸습니다(그사이, 언니가 이혼해서
형부는 없습니다).

어머님의 존함 '있을 재 구슬 옥'이라는 제목이
인상적입니다. 제목을 짓게 된 이유가 궁금합니다.

　　『있을 재 구슬 옥』을 디자인한 친구 김꽃
(리사익)이 제안했어요. 이 친구의 작명 능력에
일가견이 있다고 늘 생각했어요. 덩치가 큰 남자 사람
친구인데, 본인 이름도 '김꽃'이라고 하는 걸 보면…….

지극히 사적인 이야기를 날것의 느낌으로
들려주었습니다. 나와 관계없는 독자들이 개인사를
알게 되는 것에 부담은 없었나요?

　　만화도 그렇게 그리는 편입니다. 없는 이야기를
만들거나, 실제를 바탕으로 이야기를 가공하고
엮어내어 새 이야기를 만드는 것이 작가의 능력이라면
저는 부족한 작가인지도 몰라요. 첫 만화책도 저의
이야기를 내놓았는데 그때도 친구들이 걱정했어요.
그 책으로 좋지 않은 일이 생겨봐야 가족이 놀라거나
주변인들이 나를 도마 위에 올리는 정도겠지
생각했어요. 그 정도는 감당할 수 있다고 생각했습니다
(늘 문제는 나와 '관계 있는' 독자들이 일으키기
마련이지요). 사람이 사는 이야기가 거기서 거기라고,
다른 사람의 이야기는 내 삶에 거울로 삼으면 되고,
그건 삶의 깊이를 더하는 이로움이라 생각했습니다.
『있을 재 구슬 옥』은 만화책에 비해서는 아주 담백한
이야기이고, 어머니께는 만천하에 보여줄 책을 만들
거라고 말씀드린 후 인터뷰하고 일기를 요청했기
때문에 어머니께서도 스스로 감당할 수 있는 정도로
말씀하셨으리라 생각합니다.

책을 마주하신 어머니의 반응이 궁금합니다.

　　　　어머니는 자존감이 높은 분이세요. 아버지와
비교하면 더욱……. 고생을 많이 하셨지만 말을
재미있게 하시는 분이라 인터뷰도 재미있게
풀어나가셨는데 정작 당신만은 재미없을까봐
염려하셨어요. 물론 저는 어머니의 이야기에 확신이
있었어요. 일상의 힘이 강한 어머니는 이야기의 맥을
잘 잡고 계셨고, 마음 근육도 튼튼해서 결과물이
잘 나올 것이라 확신하시는 것 같았어요. 오히려 책을
엮는 제가 잘 엮을 수 있을까 걱정됐어요. 다행히
어머니도 만족스러워했고, '집안 일을 다른 사람이
알게 해서 좋을 게 없다' 하시던 아버지도 인터뷰와
책 작업을 허락하셨습니다. 책을 알리기 위해 열었던
원화 전시에서는 어머니께서 직접 오곡밥과 나물을
지어 오셔서 관객과 나눠 먹는 이벤트를 열었어요.
사사로운 당신의 이야기를 보러 온 사람들을 보면서
신기해하시던 어머니가 애틋했습니다.

어머니가 들려주는 이야기를 글로 풀었습니다.
어머니의 육성을 들으면서 어떤 생각이 드셨나요?
책을 펴낸 이후 가족과의 관계에서 변한 것은 없었나요?

　　　　유난히 가족 안에서 저와 엄마의 사이가
좋아요. 띠도 같고, 성격도 비슷하고, 얼굴도 제일
닮아서 엄마도 '너랑 나랑 비슷하다'는 얘기를 많이
하셨어요. 그런데도 '오춘기'가 찾아온 이십대 후반에
내 옆에 꼭 붙어 있는 어머니에게 반감이 들었는지
날이 선 대화가 오가곤 했었어요. 그게 나빴던 것만은
아니고 그때의 거리감이 지금의 건강한 관계를
유지하는 데 도움이 됐다고 생각합니다. 작업을
하면서도 거리를 둔 채 어머니를 여자 사람으로
바라보았습니다. 책이 나온 후, 가족 안에서
어머니의 입지가 조금(아주 조금) 높아진 느낌을
받았습니다. 어머니의 삶을 들여다볼 생각을 하지

못했던 막내, 아직 초등학생인 언니의 딸, 나의 남편,
심지어 나의 시댁 식구까지도 어머니의 이야기를
보았고, 저마다 어떤 생각을 했을 겁니다.
아주 사사로운 이야기일지라도 그것을 조명하고
정리했을 때 나름의 무게를 지니게 된다고 생각합니다.

'엄마' 하면 떠오르는 이미지가 있죠. 작가님은 어떤가요?

　　　　나 같다고 생각해요. 어렸을 때부터
나와 닮은 사람이라고 들어서인지 서로를 투영하는
사이라고 생각합니다. 마주 보다가도 튕겨내고,
다시 찾고, 거리를 두고, 깊이 파헤쳐보고 싶은
내 자아의 근원 같습니다.

'전지의 가족구술화 엄마편'으로 되어 있는데요.
다음은 〈아빠편〉인가요?

　　　　네. 가족구술화는 〈아빠편〉으로 마무리하려고
합니다. 〈언니편〉도 생각했는데 언니가 강하게
반대하고, 제안했을 때와 다르게 저도 하고 싶지
않아졌어요. 아버지도 그간 써놓은 일기와 메모 등을
준비하고 계신다고 들었어요. 나름대로 작업의
방향을 잡고 아버지께 인터뷰를 제안하려 합니다.

인터뷰. 김효정

작가님만의 아지트를 소개해주세요.

 전지
우리 집 작은 방

            ○ ○ ○

전지 역시 우리 집 작은 방입니다. 결혼하면서 돈이 필요해 개인 작업실을 정리하고,
작은 방에 작업실을 꾸렸습니다. 작업실이라면 담배 연기가 자욱하고 신발도 신고 다니고……
거친 맛이 있어야 한다는 고정관념이 있었는데, 금연도 했고 굳이 장판 바닥에 신발을 신을
이유도 없고 동거남도 있어서 깔끔하게 유지하고 있습니다. 슬슬 줄을 매달아 그림도 걸고 벽에
흠집이 생기지 않게 침 핀으로 그림도 꽂아서 조금씩 나만의 '에고(ego)'가 생기고 있습니다.

읽고 싶은 책,
사고 싶은 책,
가장 나다운 책

정미진(엣눈북스)

어릴 때는 작은 일에도 기뻐하고 슬퍼하고 화를 냈는데
어른이 될수록 점점 무뎌져요. 분노해야 할 때 분노하지
못하고, 슬퍼해야 할 때 슬퍼하지 못하고, 기쁠 때 온전히
기쁘지 못하니까요. 그렇기에 이야기를 통해 잊고 있었던
감정을 있는 그대로 느끼고, 그것이 각자의 삶에 긍정적인
자극이 되었으면 해요.

앞과 뒤가 딱 들어맞는
논리적인 사건이나 대단한 계기가 아닌
어이없고 사소한 실수 한 번으로 모든 것이
어그러질 때가 있다.
삶은, 그토록이나 허술하다.

— 정미진

읽고 싶은 책,
사고 싶은 책,
가장 나다운 책

정미진(옛눈북스)

- 『있잖아, 누구씨』, 『깎은 손톱』, 『휴게소』 등

자신의 책을 쓰고 만든 특별한 계기가 있나요?
언제, 어떤 것과 마주했을 때 '굳이' 글로
남겨야겠다고 생각하나요?

　　10년 동안 시나리오 작가로 일했습니다.
전업 작가로 살았지만, 그다지 행복하다는 생각을
못했어요. 상업적인 의도에 맞춰 고용주가 원하는
글을 써야 했기 때문에 진정 '내 글'을 쓴다는
만족감이 들지 않았어요. 다른 사람에 의해 각색되지
않은 온전한 '내 글'을 선보일 수 있는 방법을 찾았고,
그것이 출판의 계기가 되었습니다.

첫 책이 나왔을 때 누가 가장 먼저 생각났나요?
어떤 분에게 자신의 책을 가장 먼저 드렸나요?

　　책을 함께 만든 그림 작가들이 가장 먼저
떠올랐고, 가장 먼저 책을 드렸습니다. 어떤 책이건,
처음부터 끝까지 함께 작품을 만든 작가들이
가장 먼저 떠올라요.

독립책방과 독립출판물을 찾는 사람이 늘어가고
있습니다. 그들은 왜 독립책방을 찾아서 독립출판물을
사고 읽는 걸까요? 그곳에서, 그 책을 통해 어떤 가치를
찾고 있는 걸까요?

　　기존 책은 작가와 독자의 관계가 수직적이에요.
작가 혹은 출판사가 고고한 위치에서 독자에게
교훈을 전달하고, 독자는 수동적으로 그것을
받아들이는 거죠. 하지만 독립출판, 독립책방은
작가와 독자 간의 수평 관계가 특징이에요. 동등한
위치에서 서로의 이야기를 나누고 공감하기에
독자들이 흥미를 느끼는 듯합니다. 창작이 누군가의
전유물이 아닌, 누구나 만들고 참여할 수 있기
때문에 독립출판의 공감대가 넓혀지고 있다고
봅니다. 좀더 현실적인 이유로는 독립출판 제작자와
책방지기들이 SNS를 통해 친근한 마케팅을 선보이고
팬덤을 형성한 게 관심으로 연결된 것 같아요.

자신이 지금 사는 삶의 공간에서 가장 마음에 드는
'곳'은 어디인가요? 작가님이 지금 가장 사랑하는
'일'은 무엇인가요?

　　제가 살고 있는 동네를 가장 좋아합니다.
홍대 부근이라 출판 일을 하기에도 좋고 책방도
많거든요. 비슷한 생각과 생활 양식을 가진 사람들이
모여 있어서 '나만 유별나지 않구나'라고 안정감을
느끼곤 합니다. 저는 이야기를 만드는 일에 애착을
갖고 있어요. 솔직히 '책'보다 '이야기'가 좋아서
출판을 선택했습니다. 흥미로운 이야기를
내 방식대로 풀 수 있다면 그것이 출판이든, 웹이든,
영상이든, 무엇이든 좋습니다. 평생 이야기를
만들며 살고 싶어요.

작가님의 이십대는 어땠나요?
지금 우리는 어떤 세상을 살고 있는 걸까요?

　　이십대로 돌아가라면 가고 싶지 않아요.
가난하고 외롭고 서러웠거든요. 이십대뿐만이 아니라,
지금 우리는 어느 세대든 경제적으로, 심리적으로
불안하게 살고 있어요. 어느 하나 최소한 보장되는 게
없으니까요. 사건 사고도 많고, 자연환경도 나빠져서
진지하게 생명의 위협을 느낍니다. 최소한의 생존이
보장되는 안전한 세상에서 살고 싶어요.

유독 '인생의 평균 속도'를 강조하는 이 사회에서
그 규칙을 지키며 살다가 마침표를 찍던 순간이 누구나
있습니다. 작가님은 어땠나요? 언제, 무슨 일로
가장 힘들었나요? 그리고 지금 평범한 일상을
지켜나가는 용기는 어디에서 얻나요?

　　아버지의 죽음이 삶의 전환점이 되었어요.
아버지는 '남보다 한 걸음 더 빨리, 미리미리
준비하자'를 삶의 신조로 삼으신 분이셨어요.
누구보다 치열하게 미래를 준비하셨는데
은퇴하시자마자 돌아가셨어요. 문득 부질없다는
생각이 들었습니다. 그 이후 '미래를 위한 삶'보다
'현재를 위한 삶'을 살자고 생각했어요. 그 이야기가
바탕이 되어 『잘 자, 코코』가 나왔어요. 책에 나와
있듯 순간순간을 소중하게 살아가는 것이
제가 찾은 답이에요.

'하고 싶은 일'과 '해야 하는 일'에 대해 어떤 원칙을 갖고 있나요?

　　예전에 일할 때는 제가 쓰고 싶은 글을 고용주의 의도에 따라 수정하는 일이 힘들었어요. 그래서 출판을 하게 되었고요. 지금 내가 원하는 글을 마음껏 쓸 수 있게 되니 '써야 하는 글'과 '쓰고 싶은 글'의 기준이 생겼어요. 이제는 '써야만 하는 글'은 의뢰인의 요구에 맞춰 철저히 '직업인의 자세'로 쓰고 있어요. 마음의 여유가 생겼다고 할까요? 독립출판으로 내가 원하는 글을 쓸 수 있게 되어서 좀 유들유들해진 것 같아요. 제작자의 입장도 이해하게 되었고요. 그래서 독립출판 이전보다 출판 후 외주 작업을 할 때 최선을 다하고 있습니다.

첫 책은 몇 부를 찍었나요? 총제작비는 어느 정도 소요되었나요? 제작비는 어떻게 마련했는지 궁금합니다.

　　『있잖아, 누구씨』는 1천 부를 찍었어요. 이후 각 쇄마다 1천 부 혹은 2천 부를 찍고 있어요. 총 제작비는 700만 원 정도 들었어요. 시나리오 일을 하며 저축해둔 돈이 씨앗이 되었지요.

독립출판은 작가가 직접 제작-입고-유통을 주도적으로 할 수밖에 없을 텐데요. 편집-디자인-인쇄 등은 어떻게 해결했나요? 독립책방 유통도 직접 챙겨서 하고 있나요?

　　가능한 한 자체적으로 해결하려고 해요. 자금 문제도 있지만, 제작, 유통, 마케팅 전 과정을 '작품'이라고 생각합니다. 그 과정을 저의 의도에 맞춰 조정하고 싶어서 출판을 시작한 거니까요. 다만 전문 지식을 필요로 하는 분야, 특히 디자인은 외주 디자이너와 협업하고 있습니다. 협업이란 말 그대로 함께 의논해서 만들어가는 것이라 따로 분리해서 생각하지 않습니다. 유통은 물류회사에 위탁하고 있지만, 직접 배달할 수 있는 거리는 가능한 직접 가고 있어요. 책을 입고하는 과정에서 독립책방 관계자들과 인사도 나누고요. 영업이라기보다 정을 쌓으려고 노력합니다.

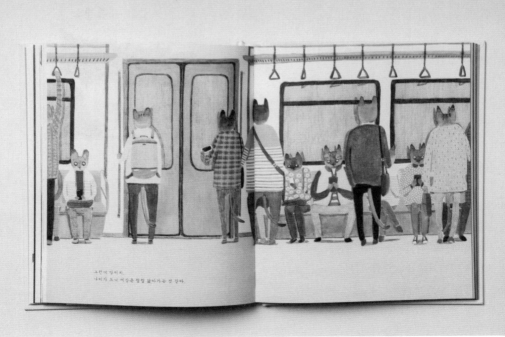

**작가님에게 좋은 자극을 안겨준 독립출판물은
무엇인가요? 혹은 작가는 누구인가요?**

　　책을 내기 전에 그림책『여우모자』의 김승연
작가님을 찾아가서 조언을 구했어요. 독립출판의
선구자라고 생각해요.

**대부분 '엣눈북스'에서 책을 출간했어요.
'엣눈북스'와의 관계가 궁금합니다.**

　　'토이'가 유희열이듯, '엣눈북스'가 곧
정미진입니다. 유희열씨가 객원가수와 협업하듯,
저는 책마다 그림 혹은 사진작가와 협업하고 있어요.
지금까지는 제 글로만 책을 만들었지만, 차차
그 비율을 줄이고 작가들의 순수 창작품을 늘릴
계획입니다. 한 사람으로부터 나온 글은 비슷한
주제와 감성에 빠질 수밖에 없거든요. 행복한
기억보다 불행한 기억을 소재로 삼다 보니 감정
소모도 심해요. 앞으로 '엣눈북스' 성향과 잘 맞는
다양한 장르의 작가들을 만날 수 있을 거예요.

왜 어른을 위한 '그림책'인가요?

　　시나리오를 쓰다 보니 글을 쓸 때 이미지를
먼저 떠올립니다. 애니메이션을 오래 해서 주위에
그림 작가도 많아서 자연스럽게 '그림책'을 만들게
되었어요. '어른을 위한 그림책'인 이유는 우선 제가
공감하고, 읽고 싶은 그림책을 만들고 싶었어요. 저는
어른인데 아이의 이야기를 만들려면 저의 고민과
생각이 아닌, 과거 혹은 만들어낸 상상을 억지로
구겨 넣게 되더라고요. 부자연스러운 이야기가
나올 수밖에 없죠. 그래서 지금 제가 하는, 또래의
고민과 생각을 이야기하고 싶었습니다. 아동용
그림책은 이미 큰 출판사에서 너무 많이, 너무 잘
만들고 있기에 그 시장에 끼어들 필요가 없다고
생각했습니다. 나름 틈새시장을 노렸지요.

어른에게는 어떤 이야기가 필요하다고 생각하나요?

　　　재밌는 이야기요. 다른 멋진 말을 떠올리려고
해봤지만…… 아이에게든 어른에게든 이야기는
재밌어야 해요. 재미가 우선하고 분명한 감정을
일으키는 이야기가 좋아요. 그게 기쁨이든, 슬픔이든,
분노이든요. 어릴 때는 작은 일에도 기뻐하고
슬퍼하고 화를 냈는데 어른이 될수록 점점 무뎌져요.
요즘에는 불황이다 뭐다 해서 사람들이 어지간한
일에 무감각한 것 같아요. 분노해야 할 때 분노하지
못하고, 슬퍼해야 할 때 슬퍼하지 못하고, 기쁠 때
온전히 기쁘지 못하니까요. 그렇기에 이야기를 통해
잊고 있었던 감정을 있는 그대로 느끼고, 그것이
각자의 삶에 긍정적인 자극이 되었으면 해요.

**책의 품질이 상당히 높아요. 제작비에 대한 부담은
없었나요?**

　　　품질에 대한 고민을 많이 했습니다. 단순히
혼자만의 작품이라면 가볍게 만들어도 상관없지만,
그림 작가와 함께한 작품이기 때문에 최선의
방법으로 표현하고 싶었어요. 그림 작가들을
섭외할 때 '작은 출판사이지만 품질만큼은 뒤처지지
않겠다'고 설득했어요. 첫번째 책의 제작비는 저축한
돈으로 시작했습니다. 딱 세 권 정도 만들 수 있는
돈이었어요. 일단 세 권만 내보자, 그리고 망해도
후회하지 말자고 생각했는데, 다행히 여섯번째 책이
나오게 되었네요.

**마음이 따뜻해지는 그림책부터 미스터리까지 장르가
다양합니다. 장르의 선택 기준은 무엇인가요?
어떤 장르가 가장 '정미진'답다고 생각하나요?**

　　그림책은 철저히 읽는 사람의 만족도를
생각합니다. '읽고 싶은 책, 사고 싶은 책'이 기획의
우선 기준이에요. 제 성향은 미스터리 소설 『뼈』에
가깝습니다. 원래 스토리텔링이 강한 미스터리나
스릴러물을 즐겨 씁니다. 그림책은 독자의 성향을
고려해서 기획하지만, 『뼈』는 마음껏 썼어요.
하지만 따뜻한 그림책 역시 제 속에서 나온 것이니
저의 일부분이라고 생각해요.

**『뼈』는 굳이 장르를 구분하자면 미스터리 포토
소설이라고 할 수 있는데요. 소설에 사진을 접목시킨
이유가 있나요?**

　　저는 시나리오 작가라 문장에 자신이
없었어요. 소설은 문장 중심이지만 시나리오는
구성 중심이라고 할까요? '소설을 공부하지 않은
내가 소설을 써도 될까?'라는 걱정과 두려움이
있었습니다. 우리나라 독자들이 유독 문장에
엄격하다는 걸 알고 있었거든요. 그렇다고 장편
소설 분량을 짧은 분량의 그림책으로 표현할
수는 없었어요. 고민하다가 시나리오처럼 속도감
있고 술술 읽히는 문체에 사진을 결합시켜
소설과 시나리오의 중간 같은 책을 만들어보자고
생각했어요. 마침 가까운 지인이 사진작가이기도
했고요. 이런 배경 설명을 따로 하지 않았는데도
『뼈』리뷰를 보면 열에 아홉이 영화를 본 것 같다고
하세요. 처음에는 문장에 대한 콤플렉스가
있었지만, 영상을 보는 듯 이미지가 떠오르고 술술
읽혀서 좋다는 리뷰를 보고 힘을 얻었습니다.

**짧은 기간에 인상적인 다작을 했습니다.
창작 에너지의 동력이 궁금합니다.**

　　창작의 원동력은 '오기'인 것 같아요.
10년 동안 쓰고 싶은 글을 마음대로 못 써서 그 오기로
쓰고 싶은 글을 많이 써뒀습니다. 그때 차곡차곡
쌓아둔 글을 하나씩 풀고 있지요. 길게는 8~9년,
짧게는 2~3년 전에 써둔 이야기입니다.

인터뷰. 유성은

작가님만의 아지트를 소개해주세요.

 정미진
연남동 북향 카페

                                          ○ ○ ○

정미진 연남동 '북향'이라는 카페에 자주 가요. 집 근처라 미팅도 이곳에서 하고 있어요. 저에겐
작업실이자 사무실 같은 소중한 공간이지요. 게다가 커피도 아주 맛있어요.

보호의 다른 말은
관심과 사랑입니다

정훈교

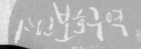

'시인보호구역'이 제 삶이고, 이곳에서 이루어지는
모든 일은 결국 제가 사랑하기 때문에 일어납니다.
그중에서도 가장 사랑하는 일은 '시'를 쓰는 것입니다.

빈 밤에서 별밤을 그리워하거나

폐허처럼 넘어가는 달을 보며

당신을 손꼽아 기다려도 좋겠다,

생각합니다

― 정현교 시, 「바람을 읽는 마른 숲」 중에서.

보호의 다른 말은
관심과 사랑입니다

정훈교

- 《시인보호구역》

자신의 책을 쓰고 만든 특별한 계기가 있나요?
언제, 어떤 것과 마주했을 때 '굳이' 글로
남겨야겠다고 생각하나요?

　　　　저는 시를 쓰고 있습니다. 등단한 시인이기도
하고요. 대개의 독립잡지가 개인의 글을 싣는데,
저희 월간 《시인보호구역》은 지역의 의미 있는 문화
공간과 예술가를 소개하고 있습니다. 시민들의 감성
글을 싣기도 하고요. 지역의 문화 공간과 예술가들이
자본에 밀려 사라지거나 문을 닫는 경우가 많습니다.
이런 것들을 기록으로 남기고 싶었습니다.

첫 책이 나왔을 때 누가 가장 먼저 생각났나요?
어떤 분에게 자신의 책을 가장 먼저 드렸나요?

　　　　시인인 저에게 첫 책은 시집입니다. 서울의
'시인동네'라는 출판사에서 2014년에 첫 시집
『또 하나의 입술』을 펴냈습니다. 받자마자 부모님께
드렸습니다. 그리고 늘 함께하는 K에게도요.
반면 월간 《시인보호구역》 창간호는 지역의 젊은
예술가들과 나누고 싶었습니다. 이분들이 대구
문화의 미래니까요.

독립책방과 독립출판물을 찾는 사람이 늘어가고
있습니다. 그들은 왜 독립책방을 찾아서 독립출판물을
사고 읽는 걸까요? 그곳에서, 그 책을 통해 어떤 가치를
찾고 있는 걸까요?

　　　　독립책방과 독립출판물의 특징은
희귀하다는 것입니다. 인터넷이나 서점에서 볼 수 없는
다양한 풍경과 읽을거리를 만날 수 있죠.
바꿔 말하자면, 소장 가치가 있다는 뜻이기도 하고요.
독립책방이 그리 많지 않고, 독립출판물도 쉽게
구할 수 없으니까 그 가치는 말로 표현할 수
없겠지요. 수집의 의미도 있고요. 제도권이나 규정에
얽매이지 않고, 있는 그대로의 풍경과 세계를
만날 수 있다는 장점도 있습니다. 자신의 목소리를
관습이나 억압된 테두리를 벗어나 마음껏 펼칠 수
있는 장점도 있고요. 어떤 측면에서는 자신이
하지 못한 것에 대한 동경으로, 독립출판물을
구매하겠지요.

자신이 지금 사는 삶의 공간에서 가장 마음에 드는
'곳'은 어디인가요? 작가님이 지금 가장 사랑하는
'일'은 무엇인가요?

　　　　지금 이 글을 쓰고 있는 '시인보호구역'이
가장 편안합니다. 공간으로서의 의미보다 심리적
의미가 더 큰 곳이죠. 〈시인보호구역〉은 문학 다방이자
출판사로, 인문예술 강좌(캘리그래피 교실, 글쓰기
기초, 시 창작 교실, 영화愛 모임, 시 낭독회 등)를 열고,
월간 《시인보호구역》을 펴내고 있습니다.
'시인보호구역'이 제 삶이고, 이곳에서 이루어지는
모든 일은 결국 제가 사랑하기 때문에 일어나겠지요.
물론 그중에서 가장 사랑하는 일은 '시'를 쓰는
것입니다.

작가님의 이십대는 어땠나요?
지금 우리는 어떤 세상을 살고 있는 걸까요?

　　　　청춘의 상당한 시간을 대학 생활과
아르바이트로 보냈습니다. 수업이 없을 때나
방학 때마다 늘 아르바이트를 했습니다. 다양한
아르바이트(음식점 종업원, 이삿짐센터 직원, 주유원,
운전기사, 파견업체 직원 등) 경험 덕분에 무슨 일이든
할 수 있다는 자신감을 키울 수 있었습니다.
물론 지금은 그때보다 더 바쁘고, 비싼 등록금 때문에
아르바이트를 하지 않으면 안 되는 시대입니다.
그러나 좌절하기보다 사회 경험을 미리 쌓는다는
각오로 열심히 하면 분명 좋은 결과가 있을 거라고
확신합니다.

유독 '인생의 평균 속도'를 강조하는 이 사회에서
규칙을 지키며 살다가 마침표를 찍던 순간이 누구나
있습니다. 작가님은 어땠나요? 언제, 무슨 일로 가장
힘들었나요? 그리고 지금 평범한 일상을 지켜나가는
용기는 어디에서 얻나요?

　　　　전에는 회사를 다녔습니다. 12년 정도
근무하고 작년 봄에 사직서를 냈는데요. 회사에
다니면서 가장 힘들었던 때는 2011년 경영대학원에
입학해 학업과 일을 병행하던 3년이었습니다.
그러나 지금은 회사를 그만두고 인문예술 공동체
'시인보호구역'을 운영하고 있습니다. 직장에 다닐
때보다 행복과 보람을 느끼지만, 반대로 생계는 쉽지
않습니다. 비록 힘들지만, 무슨 일이든 그 자리에서
최선을 다하는 것만이 그 자리를 지키는 거라고
생각합니다. 현재 하고 있는 일에 최선을 다하는 것!
그것이 바로 지켜나가는 용기의 원천이 아닐까 싶어요.

**'하고 싶은 일'과 '해야 하는 일'에 대해 어떤 원칙을
갖고 있나요?**

　　　　하고 싶은 일을 하기 위해 타인에게 피해가
가는 일은 아닌지 고민해보는 것을 원칙으로 하고
있습니다. 인간은 사회적 동물입니다. 어떤 일을
열심히 해서 성공을 이루었다면, 그것은 분명 개인의
노력이지만 직간접적으로 타인의 도움이 있었기
때문에 가능한 일일 겁니다. 자기가 하고 싶은 일을
해서 뜻하지 않은 이익이 창출되면 일정 부분 사회에
환원해서 함께 나누어야 한다고 생각합니다.
그렇게 조금이나마 서로 도움 되는 일을 하는 것이
의미 있다고 생각합니다.

**첫 책은 몇 부를 찍었나요? 총제작비는 어느 정도
소요되었나요? 제작비는 어떻게 마련했는지
궁금합니다.**

첫 책은 시집이지만, 2016년 1월에 펴낸
독립잡지 월간 《시인보호구역》 창간호에 대해
이야기하고 싶습니다. 처음 총 100부를 찍었습니다.
표지와 맨 뒷면만 컬러 인쇄로, 현재는 300여 부를
찍고 있습니다. 인건비를 제외한 인쇄비용 및 발송
비용은 매달 30만 원 정도입니다. 물론 사비로
충당하고 있습니다. 쉽지는 않지만, 끝까지
버텨봐야죠.

**독립출판은 작가가 직접 제작-입고-유통을 주도적으로
할 수밖에 없을 텐데요. 편집-디자인-인쇄 등은 어떻게
해결했나요? 독립책방 유통도 직접 챙겨서 하고 있나요?**

네, 저 역시 모든 과정을 직접 하고 있습니다.
차례 정하는 것부터 콘텐츠 개발, 디자인, 인쇄, 입고,
유통 등 처음에는 모든 것이 생소했습니다. 더구나
책을 매달 펴내다 보니, 혼자 해낼 수 있는 분량이
아닙니다. 다행히 뜻을 함께하는 젊은 친구들이
있습니다. 취재는 박영민 씨(경북대학교 철학과 석사
재학)와 이동경 씨(경북대학교 국어교육학과 석사 재학)가
맡고 있으며, 편집디자인은 윤진호 씨(경북대학교
국어국문학과 재학)가 맡아주고 있습니다. 발행과
유통 등 나머지 일은 제가 챙기고 있고요.

**작가님에게 좋은 자극을 안겨준 독립출판물은
무엇인가요? 혹은 작가는 누구인가요?**

제가 월간 《시인보호구역》을 펴낸 동기는
조명되지 않는 젊은 예술가에 대해 이야기를
나누려는 것이었습니다. 누군가는 담아야 한다고
생각했습니다. 그러한 이유로 '시인보호구역' 참여
작가들에게서 좋은 자극을 받습니다.

**'시인보호구역'은 누구의 손도 닿지 않는 청정 구역을
떠오르게 합니다. 특별한 사연이나 이름을 짓게 된
계기가 있을까요?**

'시인보호구역'은 2012년 대구 중구
'김광석 다시 그리기 길'에 처음 문을 열었다 현재
이곳으로 이사했는데요. 어쩌면 시인보호구역보다는
예술인보호구역이 더 정확한 표현일지 모르겠습니다.
대구 경북에는 젊은 시인들이 손에 꼽을 정도입니다.
시인뿐만 아니라 젊은 예술가들을 보호해야 합니다.
예술인이라 해도 경제 논리가 우선인 시대에서는
무기력해질 수밖에 없습니다. 자신의 작품 세계를
마음껏 펼치는 일이 자본과 정치 논리에 휩쓸려
상술로 변질되기도 하고요. 보호의 다른 말은 관심과
사랑이기에 많은 분들이 사랑해주셔야 보호가 되지
않을까 합니다. 그래서 지금은 문학, 미술, 음악 등과
협업을 펼치고 있습니다. 앞으로 시인보호구역이
시민과 예술가, 그리고 시인이 어울려 유쾌한 난장을
만드는 공간으로 성장했으면 합니다.

**다양한 인문 강좌와 시민 교류 프로그램도 운영하고
있습니다. 해당 프로그램에 대해 좀더 설명해주세요.**

제가 작가이다 보니 글쓰기와 책에 중점을
두고 다양한 문화 프로그램을 운영하고 있습니다.
시 창작 교실 및 글쓰기 기초, 캘리그래피 교실,
소리 내어 읽는 시 낭독회 등이 대표적입니다. 때로는
장르와 상관없이 음악 공연 같은 새로운 행사를
기획하기도 합니다.

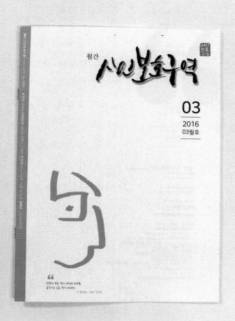

청년과 함께 프로그램을 기획하고 있다는 뉴스를
보았습니다. 그들에게 소중한 경험일 텐데요.
그 과정에서 가장 중요하게 생각하는 것은 무엇인가요?

　　　　문화는 함께 향유하고 공유하는 것입니다.
개인 의견을 주장하기보다 가급적 다수 의견을
반영하려고 합니다. 경영이든 문화든 정치든 소통과
나눔이 가장 중요하다고 생각하기 때문에 프로그램을
기획할 때마다 각자의 의견을 허심탄회하게
주고받습니다.

대구를 기반으로 활동하고 있습니다. 정훈교 작가님의
고향이 대구인가요? 작가님에게 대구는 어떤 공간,
어떤 도시인가요? 작가님에게 대구는 어떤 아름다움을
가진 도시이가요?

　　　　고향은 경북 영주이지만 친척들이 대구에
많아 대학을 대구로 진학했습니다. 대구는 역동적이진
않지만 그것이 장점인 도시입니다. 무엇이든 실행에
옮길 수 있는 땅이죠. 다만 새로운 것에 대한
사람들의 반응을 확인하는 데 꽤 시간이 걸립니다.
인간관계든 경영이든 오래 버티거나 지속하면,
그 가치를 인정해주는 느림의 미학이 있는 도시가
대구입니다.

습작들은 어떻게 보관하나요? 습작이 작품으로
바뀌는 가장 결정적인 기준은 무엇인가요?

　　　　월간 《시인보호구역》은 매달 그때그때
벌어지는 일을 취재해서 다음 호에 바로 싣고
있습니다. 시인으로서의 습작은 좀 다른데요.
시적 영감을 주는 풍경이나 장면을 마주하면
스마트폰으로 찍어두거나 그림을 스케치하듯
핵심 단어를 몇 개 적어놓습니다. 개인적으로
아침형 인간보다는 저녁형 인간이라 밤에 정신이
맑아집니다. 그래서 잠들기 전, 스케치한 내용을
다시 떠올려보곤 합니다. 습작품을 보다가,
신내림처럼 시가 내리면 그때 종이에 옮기곤 합니다.

"마음이 아닌 행동으로 시를 위해 무언가를 실천하고
싶다"는 인터뷰를 읽었습니다. 요즘 작가님이 가장
염두에 두고 실천하는 건 무엇인가요?

　　　　마음으로는 누구나 시인입니다. 하지만
그 마음을 행동으로 실천할 때만이 비로소 의미를
가질 수 있는데요. 실천적 측면에서 그동안 문학적
소통이 텍스트(책)를 강조했다면, 지금 시대는
시각화된 형태뿐만 아니라 경험 또는 체험을 동반한
독자와의 소통이 필요한 때라 생각합니다. 독자가
있어야 결국 문학도 존재하는 것이니까요. 그래서
'시인보호구역'은 독자와 다양한 방법으로 자주
만나기 위해 작년 봄부터 매주 시 낭독회를 갖고 있고,
시를 캘리그래피로 옮겨 기획전을 수시로 열고
있습니다. 또한 힙합을 전문으로 하는 시 노래팀
'트루베르'와 무대 공연을 기획하기도 했습니다.
시가 동시대인의 아픔을 담아내고, 휴머니즘 가득한
예술이기를 희망하며 앞으로도 다양한 활동을
할 것입니다.

인터뷰. 이원경

작가님만의 아지트를 소개해주세요.

정훈교
문학다방 시인보호구역

정훈교 제가 운영하는 '문학다방 시인보호구역'은 월요일을 제외한 모든 요일에 문을 열고
있어서 여기가 아지트일 수밖에 없습니다. 월간 《시인보호구역》 2016년 5월호에 4월 말을
마지막으로 사라지는 독립책방 '슬기로운 낙타'를 실었습니다. 대구는 광역시임에도 불구하고,
예술인들이 아지트로 삼을 만한 공간이 많지 않습니다. 대부분 운영의 어려움으로 금방 문을
닫지만, 저는 이곳을 끝까지 지키려 합니다.

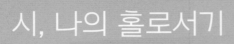

시, 나의 홀로서기

태재

보통 이십대를 청춘이라고 해서 '봄'에 비유하잖아요.
그런데 제 이십대는 봄이 아닌 것 같아요. 굳이 계절로
해결하자면 환절기인 듯해요. 저는 지금 알레르기를
앓고 있어요. 어느 곳에도 속해 있지 않아서 좋아요.
제가 책임져야 할 것이 저밖에 없으니까요.

"빛"

책 읽을 때 가장 좋은 빛은
술 속의 햇빛이다.

그 햇살을 받던 나무가
책이 되었기 때문이다.

사랑한 때 가장 좋은 빛은
당신의 눈빛이다.

그 눈빛을 받던 내가
사랑이 되었기 때문이다.

　　　　　　　　　-태재, <우리 잠에서 자도기 속에서.

시, 나의 홀로서기

태재

- 「애정놀음」, 「단순변심」, 「우리 집에서 자요」

**자신의 책을 쓰고 만든 특별한 계기가 있나요?
언제, 어떤 것과 마주했을 때 '굳이' 글로
남겨야겠다고 생각하나요?**

　　글을 쓰는 시간이 정해져 있지는 않아요.
대신 늘 메모할 것을 들고 다닙니다. 평소 늘 하는
행동을 할 때 곧잘 떠오르는 편이에요. 예를 들어
샤워를 하거나 양치질을 하거나 아침에 쌀을 불리거나
하는 반복적인 일을 할 때 불현듯 생각이 들어옵니다.
중학교 시절, 국어 선생님을 좋아했어요. 지금도 가끔
찾아뵙는데 감히 뭐라고 묘사할 수 없는 분이에요.
'저 사람은 몇 살일까' 같은 사사로운 질문이 떠오르는
게 아니라 '저 사람은 누굴까'가 통째로 궁금해지는
사람이죠. 지금처럼 짧은 글을 쓰기 시작한 건
그 선생님을 흠모했던 덕분이에요. 무지 수첩을
사서 그동안 써온 글을 손으로 일일이 옮겨 적어서
졸업식 때 드렸어요. 그게 저의 첫 독립출판물인
셈이에요. 『애정놀음』을 펴낸 것은 '죽기 전에 책
한 권 내봐야지'라는 생각이 '사람이 언제 죽을지
모르는구나'라는 생각으로 변했기 때문이에요.
당시 가까운 가족이 스스로 목숨을 끊었고, 친했던
친구가 사고로 세상을 떠났고…… 저도 지내는 게
시답잖았어요. 그래서 금방 책을 내게 되었어요.

**첫 책이 나왔을 때 누가 가장 먼저 생각났나요?
어떤 분에게 자신의 책을 가장 먼저 드렸나요?**

　　부모님이 가장 먼저 생각났어요. 고향집에는
어디에나 책이 있어요. 거실 한쪽이 전부 책이고
심지어 화장실 변기 위에도 책꽂이가 있어요. 하지만
십대 때는 집에 있는 걸 좋아하지 않아서 책을 거의
읽지 않았어요. 그랬던 제가 책을 내다니…… 그때는
대단한 일이라도 한 것처럼 감회가 새로웠어요.
부모님께 감사했어요. 부모님은 지금까지 한 번도
저에게 무언가를 강요하지 않으셨어요. 덕분에
서툴러도 무언가를 직접 시도하려는 긍정 에너지를
갖고 살게 되었어요. 책을 가장 먼저 준 사람은 바로
저예요. 가제본된 책을 처음 받았을 때 마치 아빠가
된 느낌이었어요. 처음 책을 건네받는데 '여기 보세요.
당신의 아기가 이렇게 생겼어요' 하는 듯했어요.
3년 사이 세 권을 냈는데, 완성된 책을 처음
받아볼 때는 늘 얼떨떨합니다.

독립책방과 독립출판물을 찾는 사람이 늘어가고 있습니다. 그들은 왜 독립책방을 찾아서 독립출판물을 사고 읽는 걸까요? 그곳에서, 그 책을 통해 어떤 가치를 찾고 있는 걸까요?

누구나 특정 조직에 속해서 안정적으로 살고 싶은 욕구와 나만의 것을 지키고 싶은 욕구가 공존하는 것 같아요. 특히 요즘처럼 힘든 세상에서는 더욱. 그래서 사회적으로 어떤 상태에 있느냐에 관계없이 자기가 혼자 무엇인가를 해낼 수 있는 분야를 찾는 게 아닐까 해요. 그것이 인디 음악이든 독립출판물이든. 저도 항상 찾고 있었거든요. 그렇게 독립책방과 독립출판물을 발견한 거예요. 상대적으로 자본이 들어가지 않아서 솔직할 수 있고 정제되지 않아서 매력적이에요. 다른 사람의 제작물을 보고 '나도 내 것을 할 수 있겠다'라는 동기를 부여한다는 점에서 가치 있어요.

자신이 지금 사는 삶의 공간에서 가장 마음에 드는 '곳'은 어디인가요? 작가님이 지금 가장 사랑하는 '일'은 무엇인가요?

지금 살고 있는 집의 주방에 하얀 정사각형 식탁이 있어요. 이전에 살던 여자 분이 화장대로 쓰던 건데 두고 가셨어요. 밥을 먹을 때도, 글을 쓸 때도, 책을 포장할 때도 이 식탁에서 해요. 요즘 가장 사랑하는 일은 아침에 일어나서 기지개를 펴고 베란다 창문을 열어 바깥 공기를 맡고 쌀을 불리는 일입니다.

작가님의 이십대는 어떤가요? 지금 우리는 어떤 세상을 살고 있는 걸까요?

보통 이십대를 청춘이라고 해서 '봄'에 비유하잖아요. 그런데 제 이십대는 봄이 아닌 것 같아요. 굳이 계절로 해결하자면 환절기인 듯해요. 저는 지금 알레르기를 앓고 있어요. 어느 곳에도 속해 있지 않아서 좋아요. 제가 책임져야 할 것이 저밖에 없으니까요. 살면서 책임질 일이 생기면 피하지 않고 책임지면서 살고 싶어요. 그런 용기를 가질 수 있으면 좋겠어요. 지금 우리가 살고 있는 세상은…… 글쎄요, 생각을 할 수 없게 만든다는 점에서 '미친 세상' 같아요. 예전에는 친구들에게 '야, 왜 생각을 안 하고 살아?'라고 쉽게 말했었는데, 지금은 그렇게 말했던 제가 건방졌었다는 생각이 들어요. 지금은 너 나 할 것 없이 가여워요.

유독 '인생의 평균 속도'를 강조하는 이 사회에서
규칙을 지키며 살다가 마침표를 찍던 순간이 누구나
있습니다. 작가님은 어땠나요? 언제, 무슨 일로 가장
힘들었나요? 그리고 지금 평범한 일상을 지켜나가는
용기는 어디에서 얻나요?

　　　　0이 불행이면 10이 행복인 줄 알았어요.
어두운 터널을 통과해 드디어 취업이 되었으니
나도 행복할 거라 생각했어요. 그런데 행복하지
않더라고요. 회사를 다니면서 한동안 거울을 보지
않았어요. 제대로 거울 볼 시간조차 없었고요.
그러다 문득 거울을 봤는데 제 얼굴에 아무 표정이
없는 거예요. 눈빛도 죽어 있고. 나는 세상과 사람들을
똑바로 보며 살고 싶은데, 회사를 다니면 자꾸만
엿보게 되어서 괴로웠어요. 기회를 살피고, 눈치를
보고……. 그게 너무 싫었어요. 건강도 많이 상했어요.
'이러다 죽겠다' 싶었을 때 회사를 나왔어요.
뭐, 나와도 행복하진 않았어요. 이제는 애써 행복을
찾으려 하지 않아요. 행복과 불행이 아니라 다행과
불행이라는 프레임이 맞을지 몰라요. 그래도 평범한
일상을 지키려는 용기는 짧게나마 직접 경험하고
돌아왔다는 생각이 들어요.

**'하고 싶은 일'과 '해야 하는 일'에 대해 어떤 원칙을
갖고 있나요?**

　　　　좋아하는 게 별로 없어요. 영화 보기,
축구 하기, 혼자 있기, 밥 해먹기 외에는 다 하기
싫어요. 하고 싶지 않은 일이 대부분인데 하고 싶은
일이 생겼다는 것은 정말 엄청난 일인 거예요.
'무려' 하고 싶은 일이 생겼는데 해야 하는 일에
밀리면 안 된다고 생각해요. 프랑수아즈 사강의 말을
빌린다면 '타인에게 피해를 주지 않는 선에서 나는
나 자신을 파괴할 권리가 있다'고 할까요.

첫 책은 몇 부를 찍었나요? 총제작비는 어느 정도
소요되었나요? 제작비는 어떻게 마련했는지
궁금합니다.

　　　　『애정놀음』 1쇄는 500부를 찍었어요.
제작비는 250만 원 정도 들었어요. 작은 아버지께
300만 원을 빌렸어요. 50만 원은 생활비로
충당했고요. 『단순변심』은 1쇄 500부를
찍었는데, 가장 듬직한 친구 신강현이 200만 원을
빌려주었어요. 2쇄는 삼촌에게 200만 원을 빌렸어요.
『우리 집에서 자요』 1쇄는 2천 부를 찍었는데,
신강현과 박주호 형에게 100만 원씩 빌렸어요.
모두 갚는 중이에요.

**독립출판은 작가가 직접 제작, 입고, 유통을 주도적으로
할 수밖에 없을 텐데요. 편집, 디자인, 인쇄 등은 어떻게
해결했나요? 독립책방 유통도 직접 챙겨서 하고 있나요?**

　　　　독립출판을 시작할 즈음에 해방촌
'스토리지북앤필름'에서 진행하는 〈LITTLE PRESS
(리틀 프레스)〉에서 독립출판에 대한 강의를 들었어요.
두번째 책 『단순변심』의 경우 〈리틀 프레스〉에서
만난 '디오브젝트'에 디자인을 의뢰했어요.
세번째 책 『우리 집에서 자요』는 평소 좋아하는
그래픽 디자이너('HON' 김강이, '요지경' 이솔비)에게
속성으로 인디자인을 배워서 본문 작업을 직접
했어요. 유통도 직접 하고 있어요. 독립책방에 일일이
입고 문의 메일을 보내고, 우체국 택배로 책을
보내고 시간적 여유가 생기면 직접 방문하고 있어요.

**작가님에게 좋은 자극을 안겨준 독립출판물 혹은
작가는 누구인가요?**

　　'스토리지북앤필름'의 강영규 형이에요.
'togofoto'라는 이름으로 자신의 작업도 하고
《WALK zine》시리즈도 진행하는 분이에요. 〈리틀
프레스〉를 통해서 알게 되었어요. 추진력과 실행력도
일품이지만 굉장히 사려 깊고요. 무엇보다 저에게
'오냐 오냐' 해주시고, 저 역시 그 '오냐 오냐'의 의미를
알아요. 《안녕, 둔촌주공아파트》의 이인규 누나도
빼놓을 수 없어요. 《안녕, 둔촌주공아파트》는
독립출판이라는 걸 몰랐을 때 처음 읽었어요.
어린 시절이 담긴 아파트가 재개발로 사라지게 되자
이를 기억하기 위해 같은 공간에서 추억을 공유하는
사람들과 함께 만드는 책이자 프로젝트예요.
영규 형과 반대로 저에게 '기택아, 이런 건 이렇게
하는 게 좋지 않을까?'라고 세심하게 조언해주는
분이에요. 우리 집에 와서 『우리 집에서 자요』
포장도 해주셨어요.

**'태재 시집', '강기택 옮김'으로 필명과 본명을 동시에
기록하는데요. 태재와 강기택을 구분한 이유는
무엇인가요? 태재의 역할과 강기택의 역할은 정확히
무엇인가요?**

　　'강기택'은 서류상 이름, 그러니까 사회에
등록될 때 지어진 이름이에요. 그러다 제가 여섯 살
되던 해에 동생들의 이름을 따서 이름이 더 생겼어요.
태희의 '태'와 민재의 '재'를 합친 태재. 그때부터
집에서는 저를 '태재'라고 불러요. 학교와 회사에서는
기택이라고 불리고요. 태재라는 이름은 세상에
등록되지 않아서 그 이름을 쓰면 익명에 가까워지는
기분이에요. 그래서 더 솔직해질 수 있어요. '기택'은
저를 더 확실한 사람으로 만들어줘요. 쉽게 말해
'태재'는 창작 담당, '기택'은 제작 담당입니다.

첫 시집 『애정놀음』(2014)과 두번째 시집 『단순변심』
(2015)은 단어의 선택만으로도 변화가 느껴집니다.
그사이에 어떤 변화가 있었나요? 그 두 권과 신간 『우리
집에서 자요』(2016) 사이에는 어떤 변화가 있었나요?

　　　『애정놀음』은 중학생부터 대학생까지
썼던 짧은 글을 모은 책이에요. 학교라는 울타리에
있었던 시기의 흔적이죠. 지금보다 무엇이든, 누구든
좋아하기가 수월했던 시기였던 것 같아요. 이것저것
묻지도 따지지도 않고 계속 누군가를 좋아했어요.
『단순변심』은 『애정놀음』을 대척점 삼아 만들었어요.
온라인에서 회원 가입을 할 때 약관을 제대로 읽지
않고 가입한 뒤 '어, 내가 생각했던 게 아니었네.
환불해야지' 싶은 때가 있잖아요. 환불 절차가
까다로워서 약관을 제대로 읽지 않은 자신을 탓하는
그런 거요. 쉽게 클릭하고 쉽게 체크하고 쉽게
사랑하고 쉽게 취소하고……. 인터넷 세대가 그런
세대가 아닌가 싶어요. 그런 것에 대한 반성이에요.

『우리 집에서 자요』는 꿈 없는 밤을 떠돌았던 시기의
기록이에요. 지금이기도 하고요. 영어로 'We Home
Sleep'. 우리, 집, 잠은 저에게도, 우리에게도 꼭
필요한 것이에요. 동시에 모순된 요소이기도 하고요.
나는 나 하나로 충분하지만 한편으로는 '우리'이고
싶고, 고향을 떠난 후로는 집이 아닌 방(room)에서
살았기에 아직 내 집이 없고, 늘 깨어 있고 싶지만
동시에 잠이 필요하니까요. 너도 나도 우리 모두
집에서 자자, 잘 곳 없으면 우리 집으로 와서 자 등 여러
의미를 담고 있어요. 이 시집이 지금 나의 집이기도
하고요. 좀더 들여다보자면 '우리 / 집에서 / 자요'에서
'우리'에 해당하는 챕터 1 '안녕히 오세요'는 내가
살고 있는 공간으로 사람들을 초대하는 챕터예요.
'집에서'에 해당하는 챕터 2 '퀸사이즈 메들리'는
내가 베풀 수 있는 가장 넓은 범위의 배려, '자요'에
해당하는 '원나잇 메들리'는 상상에 맡길게요.

『애정놀음』은 사랑에 관한 시, 『단순변심』은 이별에
관한 시입니다. 연애할 때와 이별할 때 언제 더 시가
잘 써졌나요?

　　　연애를 하려고 할 때, 헤어지려고 할 때,
혹은 헤어질 것 같을 때가 잘 써져요. 연애할 때는
연애하느라 바쁘고, 헤어지고 나서는 바빠서
바쁘니까요.

시라기보다 '말놀이' 같다는 생각이 들 만큼
언어유희가 느껴집니다. 카피라이터로 활동했던
이력과 관련 있을 텐데요. 카피와 시 사이에
어떤 연관성 혹은 차이점이 있을까요?

　　　카피도 시도 운율이 있죠. 글자에 리듬이
들어 있어서 읽는 이를 수동적으로 만든다는
공통점을 갖고 있어요. 그러나 접근 의도는 서로
달라요. '당신을 위로합니다'와 같은 문장은 글이
아니고 멘트예요. 기업의 이윤과 이미지를 위한
광고죠. 누가 뭐라고 조언하고, 타인을 위로하고
어루만지는 건 굉장히 거만한 짓이에요. 그런데
콘텐츠와 텍스트가 발달할수록 그런 것에 심취하는
사람들이 많아지는 듯해요. 자본주의의 한 챕터에
들어가는 이야기, 사람들이 듣고 싶은 말을 해주는
것은 쉬워요. 그러나 저에게는 그렇게 하는 것이
떳떳하지 않아요. 카피는 '어떤 맛을 내야 사람들이
좋아할까'를 고민하는 것이고, 시는 '어떻게 해야
내 몸에 덜 해로울까'를 고민하는 것이에요. 카피를
쓸 때는 스트레스를 받고 시를 쓸 때는 괴로워요.
맛이 없더라도 상관없다고 생각해요. 우선 건강하고
볼 일이에요.

자신을 '시정잡배'로 표현했어요. 『서울시』 하상욱
시인과 『이환천의 문학 살롱』의 이환천 시인도 자신을
낮추어 표현하는데요. 새로운 흐름을 만들어가는
독립출판계 시인들 가운데 작가님만이 추구하는 시의
방향은 무엇인가요?

　　　시를 쓰면서 계속 소리 내서 불러봐요.
눈으로, 입으로 달라붙을수록 마음이 놓여요.
늘 쓰는 익숙한 말을 가지고 운율을 만들려고 해요.
저는 등단한 작가도 아니고, SNS에서 화제를 모으는
인물도 아니에요. 앞으로도 그렇게 되고 싶지 않아요.
저는 시인이 아니에요. '나는 나'로 지내려고 노력해요.
시를 쓰는 순간만은 시인일 수 있는 것 같아요.

독립출판물 가운데 단연 높은 판매지수를 기록하고
있습니다. 인기의 요인은 무엇이라 생각하나요?

　　　깨기지만 밉지 않은, 그런 애 같은 부분을
좋아하는 것 같아요. 저는 계산하지 않는 편이에요.
틀릴 수도 있지만 암산하는 것을 좋아해요.
타인이 나에게 거는 기대나 '저 사람은 이런 사람
일 거야'라고 나에 대해 내리는 정의를 깨는 게
재미있어요. 누군가 '너는 왜 그렇게 안 해?'라고
물을 때 속으로 웃으며 '너는 왜 그렇게 하는데?'라고
되물어요.

시 외에도 자신의 이십대를 의미 있게 만드는
다른 것이 있다면요?

　　　홀로서기를 위해 노력하고 있다는 것. 내가
살고 싶은 삶을 포기하지 않았다는 것.

작가님만의 아지트를 소개해주세요.

태재
주방에 놓인 식탁

태재 지금 살고 있는 집의 주방에 하얀 정사각형 식탁이 있어요. 이전에 살던 여자 분이 화장대로

쓰던 건데 두고 가셨어요. 밥을 먹을 때도, 글을 쓸 때도, 책을 포장할 때도 이 식탁에서 해요.

나를 에워싼 제약이 창의성을 자극할지도 몰라요

한유주(울리포프레스)

일찍 소설가가 된 편이라 어떻게 하면 좋은 소설을 쓸 수
있을까, 좋은 소설이란 무엇일까를 생각하면서 이십대를
지냈어요. 학교에 다니고, 아르바이트를 하고, 글을
쓰고…… 그렇게 살았어요. 삼십대가 되어도 세상이, 혹은
내가 바뀔 거라고 생각하지 않았고, 실제로도 그래요.
오히려 사는 게 좀더 어려워졌어요. 예전보다 책임져야
할 일도 많아졌어요. 좋은 소설이 무엇인지는 여전히
모르겠고요.

모든 죽음은 자연사다

– 자건 드뉘망

한유주

나를 에워싼 제약이
창의성을
자극할지도 몰라요

한유주(울리포프레스)
- 『뽈바지』, 『7』 등

책을 쓰고 만든 특별한 계기가 있나요? 언제, 어떤 것과
마주했을 때 '굳이' 글로 남겨야겠다고 생각하나요?

　　　제가 쓴 책을 직접 만들지는 않았지만,
1인 출판사 '울리포프레스' 발행인으로서 자끄
드뉘망이라는 시인의 시집을 제작했습니다. 기존의
문학 출판사에서 낼 법하지 않은 책을 저자와
협의해서 독립출판 형식으로 선보였습니다.

책이 나왔을 때 누가 가장 먼저 생각났나요?
어떤 분에게 가장 먼저 드렸나요?

　　　『뽈바지』의 저자 자끄 드뉘망에게 가장 먼저
드렸습니다. 그리고 사전 주문한 독자들께 전달해
드렸어요. 가장 먼저 생각난 사람은 역시 저자와
책을 만드는 과정에 도움 준 분들이었습니다.

독립책방과 독립출판물을 찾는 사람이 늘어가고
있습니다. 그들은 왜 독립책방을 찾아서 독립출판물을
사고 읽는 걸까요? 그곳에서, 그 책을 통해 어떤 가치를
찾고 있는 걸까요?

　　　대형 출판사에서 상업적이지 않다는 이유로
만들지 않는 책들이 많잖아요. 하지만 그런 책에
대한 갈급함은 늘 있고요. 독립책방에서 거창하지
않지만 중요한 의미를 지닌 책을 찾고 싶은 독자는
늘 있을 거예요.

지금 사는 삶의 공간에서 가장 마음에 드는
'곳'은 어디인가요? 작가님이 지금 가장 사랑하는
'일'은 무엇인가요?

　　　여섯 명의 친구들과 나누어 쓰는
작업실입니다. 자동차 공업소 2층에 위치한 작은
공간이에요. 이곳에서 개인적인 작업을 하고, 북
디자이너 친구와 공동 작업도 하고, 책이 나오면
보관합니다. 밤에는 모여서 보드게임을 하고요.
함께한 지 2년이 안 되었는데 너무 소중한 존재가
되었어요. 여기서 원고를 쓰고, 책을 만드는 일을
가장 사랑합니다.

작가님의 이십대는 어땠나요?
지금 우리는 어떤 세상을 살고 있는 걸까요?

　　　일찍 소설가가 된 편이라 어떻게 하면 좋은
소설을 쓸 수 있을까, 좋은 소설이란 무엇일까를
생각하면서 이십대를 지냈어요. 열아홉 살에
대학에 입학했는데, 그 순간부터 스물아홉 살까지
내내 아르바이트를 했어요. 학교에 다니고,
아르바이트를 하고, 글을 쓰고…… 그렇게 살았어요.
삼십대가 되어도 세상이, 혹은 내가 바뀔 거라고
생각하지 않았고, 실제로도 그래요. 오히려 사는
게 좀더 어려워졌어요. 예전보다 책임져야 할
일도 많아졌어요. 좋은 소설이 무엇인지는 여전히
모르겠고요.

유독 '인생의 평균 속도'를 강조하는 이 사회에서
규칙을 지키며 살다가 마침표를 찍던 순간이 누구나
있습니다. 작가님은 어땠나요? 언제, 무슨 일로 가장
힘들었나요? 그리고 지금 평범한 일상을 지켜나가는
용기는 어디에서 얻나요?

    몇 년 전, 잘할 수 없는 일을 덜컥 맡았다가
실패한 적이 있습니다. 후유증이 제법 오래 갔고,
지금까지 영향을 끼치고 있습니다. 결국 시간을 들여
노력해야 한다는 생각으로 용기를 얻고 있어요.

'하고 싶은 일'과 '해야 하는 일'에 대해 어떤 원칙을
갖고 있나요?

    '돈이 얼마나 들어가고 / 발생하는가'를 먼저
생각합니다.

첫 책은 몇 부를 찍었나요? 총제작비는 어느 정도
소요되었나요? 제작비는 어떻게 마련했는지
궁금합니다.

    『뽈바지』는 500부를 찍었어요. 인세와
편집 인세를 포함해서 360만 원가량 들어갔어요.
'텀블벅'으로 일부를 후원받았고, 나머지는 자비로
충당했습니다.

**독립출판은 작가가 직접 제작-입고-유통을 주도적으로
할 수밖에 없을 텐데요. 편집-디자인-인쇄 등은 어떻게
해결했나요? 독립책방 유통도 직접 챙겨서 하고 있나요?**

    편집은 평소 알고 지내는 편집자가
도와주었어요. 약소하나마 인건비를 지급해 드렸어요.
인쇄도 그분이 주로 거래하는 인쇄소에서 했습니다.
디자인도 역시. 그 밖의 유통은 제가 직접 하고
있습니다. 책을 운반할 때 카트를 유용하게
사용하고 있어요.

나를 에워싼 제약이 창의성을 자극할지도 몰라요 한유주(울리포프레스)

작가님에게 좋은 자극을 안겨준 독립출판물은 무엇인가요? 혹은 작가는 누구인가요?

이인규 작가의 독립잡지《안녕, 둔촌주공아파트》(마을에숨어)를 흥미롭게 읽었습니다. 그림책『애플시나몬의 야채소동』(울리포프레스)의 그림을 그린 이자혜 작가의『미지의 세계』(유어마인드), 그리고 여러 시인들이 모여 '눈치우기'라는 이름으로 만든 문학잡지《총서 1-조립형 텍스트》와《총서 2-겨울시집》도 좋아합니다.

출판사 이름 '울리포(OuLiPo)'라는 말은 프랑스어로 Ouvroir de Littérature Potentielle(잠재적 문학의 작업장)의 약자로 알고 있습니다. 이름을 짓게 된 계기가 궁금합니다.

울리포라는 단어를 한글로 썼을 때 어색하지 않았어요. 만리포, 삼천포같이 바닷가처럼 느껴지는 어감이 좋았어요. 처음부터 지켜온 생각은 기존의 문학 출판사가 만들지 않는 책을 출판하자는 거였어요. 가령 자끄 드뷔망은 소설가 김태용과 같은 인물인데, 한국에서는 소설가로 등단하면 시집을 내지 못해요(간혹 있지만 아주 드문 경우입니다). 울리포에서 했던 실험 가운데 '글을 쓸 때 제약이 있으면 작가는 창의성을 발휘할 수 있다'는 명제가 있는데, 개인적으로 한국 문단의 이러한 상황이 일종의 제약처럼 느껴졌습니다.

1인 출판사를 운영하다보면 여러 가지 일을 혼자서 처리해야 할 텐데요. 1인 출판의 장점과 단점은 무엇인가요? 1인 출판을 준비하는 분에게 조언도 부탁드릴게요.

장점은 모든 것을 혼자서 결정하는 것인데, 이는 곧 단점이기도 합니다. 개인적으로 입고와 배송이 힘들었어요. 인쇄소에서 갓 나온 500권의 책들을 혼자 운반했고요. 일일이 포장해서 우체국까지 운반하는 것도 너무 힘들었어요. 인쇄비를 마련하는 것도 늘 고됩니다. 첫 책을 낼 때 단가를 잘못 계산해서 이것저것 제하고 나니 적자였어요. 두번째 책은 호기롭게 인세를 20퍼센트 지급하는 바람에 적자가 났고요. 세번째 책과 네번째 책은 단가 문제는 없었지만, 초판(500부)을 300부가량 더 찍을걸 하고 후회했습니다. 무엇보다 나 홀로 결정할 때 원고를 봐줄 사람이 없다는 게 문제입니다. 주변 사람에게 원고를 보여드리고, 여러 관점의 조언을 들으면 좋겠습니다. 교정/교열이나 디자인도 마찬가지입니다.

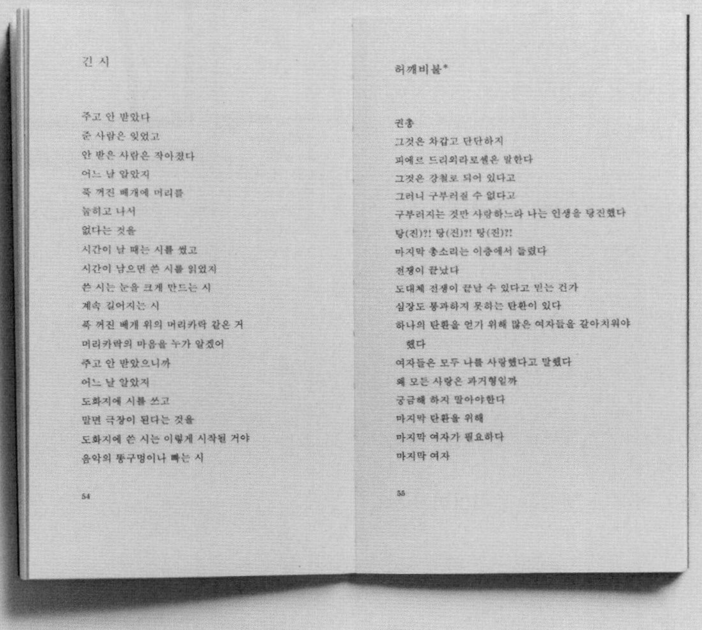

긴 시

주고 안 받았다
준 사람은 잊었고
안 받은 사람은 작아졌다
어느 날 알았지
푹 꺼진 베개에 머리를
눕히고 나서
없다는 것을
시간이 날 때는 시를 썼고
시간이 남으면 쓴 시를 읽었지
쓴 시는 눈을 크게 만드는 시
계속 길어지는 시
푹 꺼진 베개 위의 머리카락 같은 거
머리카락의 마음을 누가 알겠어
주고 안 받았으니까
어느 날 알았지
도화지에 시를 쓰고
말면 극장이 된다는 것을
도화지에 쓴 시는 이렇게 시작될 거야
음악의 똥구멍이나 빠는 시

54

허깨비불*

권홍
그것은 차갑고 단단하지
피에르 드리외라로셸은 말한다
그것은 강철로 되어 있다고
그러니 구부러질 수 없다고
구부러지는 것만 사랑하느라 나는 인생을 탕진했다
탕(진)?! 탕(진)?! 탕(진)?!
마지막 총소리는 이층에서 들렸다
전쟁이 끝났다
도대체 전쟁이 끝날 수 있다고 믿는 건가
심장도 통과하지 못하는 탄환이 있다
하나의 탄환을 얻기 위해 많은 여자들을 갈아치워야
했다
여자들은 모두 나를 사랑했다고 말했다
왜 모든 사랑은 과거형일까
궁금해 하지 말아야 한다
마지막 탄환을 위해
마지막 여자가 필요하다
마지막 여자

55

책을 내는 자신만의 분명한 철학이 느껴집니다. 작품을 고르는 기준이 궁금합니다.

딱히 기준이라 할 만한 건 없지만, 제가 좋아하는 작가들의 b-side* 원고를 눈여겨보고 있습니다.

책을 펴낸 시간 동안 스스로 칭찬해주고 싶은 일은 무엇인가요? 혹시 후회하는 일도 있나요?

책 상자를 나르면서 '나는 참 힘이 세군' 하고 스스로를 칭찬했습니다. 교정/교열을 서너 번 더 볼걸 하는 아쉬움이 듭니다.

첫 장편소설『불가능한 동화』는 2014년 1월 연극으로도 만들어졌습니다. 다시 협업하고 싶은 분야나 프로젝트가 있나요?

구체적으로는 없습니다. 당시 연극을 했던 친구들과 협업해보고 싶은 마음은 있어요. 같은 책으로요.

자신을 가장 잘 표현하는 단어나 문장은 무엇일까요?

'잠'입니다.

많은 사람들이 삶을 막막해하는 것 같아요. 힘든 시간이 이어지고 있어요. 막막한 순간에 삶의 의지를 북돋아주는 것은 무엇인가요?

자고 나면 괜찮을 거야.

* b-side, 즉 B면은 검정색 비닐 음반 LP(A면과 B면)에서 B면이 직면한 숙명을 작가의 원고에 대입시킨 것으로 보인다. LP의 앞, 뒤면 사이에는 히트곡이라는 기준에 따라 서열을 나누었다고 보는 게 일반적이다. 상업적 가능성이 높은 곡을 A면, 상대적으로 대중성이 약한 곡을 B면에 배치하기 때문이다. 하지만 역설적으로 B면은 뮤지션이 자신이 하고 싶은 음악을, 마음껏 쏟아낸 경우가 많다. (편집자)

인터뷰. 박은정

작가님만의 아지트를 소개해주세요.

 한유주
작업실

한유주 작업실입니다.

유머, 삶을 담담히
바라볼 수 있는
나만의 여유

현영석

언제 다시 태어날지 모르니 해보고 싶은 건 직접
해보자고 생각했어요. 물론 예전이나 지금이나 힘든 일은
늘 있어요. 그래도 가장 힘들었다고 말할 만한 일은
아직 만나지 않은 듯해요. 좋은 사람들과 함께 시간을
보내고 집으로 돌아가는 길에 큰 용기가 나요.

잠시 정신을 잃고

어제 먹다 남긴 치킨이

눈앞에 아른거려 이대로

죽을 수 없다는 생각이 들었다.

— 현영석

유머, 삶을 담담히
바라볼 수 있는
나만의 여유

현영석
-《록셔리》

자신의 책을 쓰고 만든 특별한 계기가 있나요?
언제, 어떤 것과 마주했을 때 '굳이' 글로
남겨야겠다고 생각하나요?

어릴 때부터 영화, 만화, 음악 등을 즐겼어요.
창작물을 좋아하다보니 만들고 싶은 마음이 생겼어요.
구체적인 계획은 없었어요. '나도 언젠가 재밌는
걸 만들어야지'라는 막연한 생각만 가지고 음악을
만들까, 영화를 만들까 몽상하는 수준이었어요.
2009년 디자인학과에 편입하면서 그래픽 프로그램을
자주 만지게 됐어요. 한두 번 책을 만드는 과제를
하다보니 재밌더라고요. 누군가를 웃기고 싶은
욕구는 늘 있었고, 책을 제작하는 툴도 다룰
수 있으니 '그럼 웃기는 책을 만들어보자' 하고
《록셔리》1호를 만들었어요. 친구를 만나면 하나
마나 한 농담으로 시간을 보낼 때가 많은데요. 실속
없는 잡담에서 종종 재미있는 아이디어를 발견해요.
그때마다 '이 농담을 눈으로 볼 수 있게 만들고
싶다'고 생각해요. 자리에서 바로 '이런 걸 만들면
어떨까' 말을 꺼내면 의기투합해 이런저런 디테일을
붙이며 수다를 떨어요. 바로 그 순간, 재밌고 신이
나서 만들고 싶은 의욕이 커집니다.

첫 책이 나왔을 때 누가 가장 먼저 생각났나요?
어떤 분에게 자신의 책을 가장 먼저 드렸나요?

극적으로 누가 생각나지는 않았어요.
인쇄소에서 첫 책을 받은 날이 2월 29일, 다음날이
삼일절, 그 다음 날 3월 2일이 인턴으로 첫 출근하는
날이었어요. 그러다 보니 '자유 시간이 얼마 남지
않았어. 빨리 책방에 입고하고 놀자'라는 생각에
마음이 급했어요. 책은 부모님께 가장 먼저
보여드렸어요. 표지에 제가 코믹한 모습으로
나오는데, 책을 훑어보신 아버지께서 수고했다고
격려해주셨고 어머니는 '아이고~' 하시며 웃으셨어요.
가족들 앞에서는 과묵한 편이거든요.

독립책방과 독립출판물을 찾는 사람이 늘어가고
있습니다. 그들은 왜 독립책방을 찾아서 독립출판물을
사고 읽는 걸까요? 그곳에서, 그 책을 통해 어떤 가치를
찾고 있는 걸까요?

　　이야기를 전개하는 방식과 시도가 다양해서
재미있으니까요. 제작 과정에 다른 사람의 간섭이
적어서인지 만드는 사람의 매력을 가까이 느낄 수
있어서 좋아요. '와, 이런 소재로도 재밌게 만들 수
있구나' 감탄할 때도 많아요. 독립출판물은
1인 혹은 적은 인원으로 만드는 경우가 많아요.
당연히 일반 책보다 홍보 채널이 많지 않죠.
아예 홍보하지 않는 분들도 있고요. 결국 독립책방을
직접 찾아 책장을 넘기면서 '아, 이런 책도 있구나'
하고 알게 되죠. 저 역시 그런 방식으로 갖고 싶은
책을 발견할 때 기뻐요.

**자신이 지금 사는 삶의 공간에서 가장 마음에 드는
'곳'은 어디인가요? 작가님이 지금 가장 사랑하는
'일'은 무엇인가요?**

　　친구가 아는 형과 함께 커피와 맥주를 파는
가게를 열었어요. 집에서 도보로 십 분이면 도착하는
곳이라 거의 2주 동안 살다시피 했어요. 친구도 있고,
맥주도 있고, 커피도 있고, 튀김도 있고, 좋아하는
게 많은 곳이에요. 제가 지금 가장 좋아하는 일은
달리기예요. 마음이 어수선하고 체력이 소진되는
걸 느낄 때마다 6~8km를 달려요. 아무 생각
없이 그냥 뛰어요. 정해놓은 거리를 달리고 나면
호흡을 가다듬기 어려울 정도로 힘이 쭉 빠지지만
그만큼 에너지가 차오르는 기분이 들어요. 마음도
가벼워지고요. '재부팅(Reboot)'을 마친 컴퓨터의
기분이 이렇지 않을까 싶어요.

**작가님의 이십대는 어땠나요?
지금 우리는 어떤 세상을 살고 있는 걸까요?**

　　고민도 많았고 실수도 많았고 스스로에 대한
불만도 많았던 시간이었어요. 괴로운 일도 많았는데
돌이켜보니 이상하게 재밌게 보냈다는 생각밖에
들지 않네요. 지금은 감정의 움직임이 예전보다 커진
시대가 되었어요. 무슨 일인지 중간은 흐릿해지고
어두운 생각과 밝은 생각을 반복하는 기분이 들어요.
평온한 감정을 오랫동안 유지하기 쉽지 않은 세상이
되어버렸어요.

**유독 '인생의 평균 속도'를 강조하는 우리나라에서
그 규칙을 지키며 살다가 마침표를 찍던 순간이 누구나
있습니다. 작가님은 어땠나요? 언제, 무슨 일로 가장
힘들었나요? 그리고 지금 평범한 일상을 지켜나가는
용기는 어디에서 얻나요?**

　　이십대 중반부터는 '인생의 평균 속도'를
거의 의식하지 않고 있어요. 이십대 후반 즈음 전공을
바꿔서 편입했거든요. 친구들보다 늦은 속도였어요.
언제 다시 태어날지 모르니 해보고 싶은 건 직접
해보자고 생각했어요. 그 후로, 다른 사람이 몇 살에
결혼하건 승진하건 영향을 받지 않으려 합니다. 물론
예전이나 지금이나 힘든 일은 늘 있어요. 그래도
가장 힘들었다고 말할 만한 일은 아직 만나지 않은
듯해요. 나중에 돌아보고서 뒤늦게 '아, 내 인생에서
그때가 정말 힘든 순간이었구나' 하게 될지
모르지만요. 좋은 사람들과 함께 시간을 보내고
집으로 돌아가는 길에 큰 용기가 생깁니다.

**'하고 싶은 일'과 '해야 하는 일'에 대해 어떤 원칙을
갖고 있나요?**

　　　　'하고 싶은 일'은 제가 하고 싶은 대로
하려고 해요. '해야 하는 일'은 전제하는 규칙에 저를
맞추려고 하고요.

**첫 책은 몇 부를 찍었나요? 총제작비는 어느 정도
소요되었나요? 제작비는 어떻게 마련했는지
궁금합니다.**

　　　　출력소에서 두세 권 정도 책을 만들어본
적은 있어도 인쇄는 처음이었어요. 인쇄소에서
최소 수량이 300부라고 해서 큰 맘 먹고 300부를
찍었어요. 총제작비는 꼼꼼히 기록하지 않아서
잘 모르겠어요. 인쇄, 제본 등 후제작에 들어간
비용은 육십만 원대였어요. 견적은 오십만 원가량
나왔는데, 제가 실수하는 바람에 더 들었어요.
소품 준비 비용, 현장 촬영에 들어간 간식과 식사
비용도 더해야 하고요. 제작비는 당시 일하며
받은 월급으로 충당했습니다.

**독립출판은 작가가 직접 제작-입고-유통을 주도적으로
할 수밖에 없을 텐데요. 편집-디자인-인쇄 등은 어떻게
해결했나요? 독립책방 유통도 직접 챙겨서 하고 있나요?**

　　　　기획, 편집, 글, 사진, 디자인 등 대부분의
과정을 혼자서 진행합니다. 물론 완전히 혼자서
만드는 건 아니에요. 제 능력이 부족할 때는 주변에
도움을 요청해요. 사진을 찍고, 모델이 되고, 그림을
그리고, 글을 쓰고, 제목 글씨(레터링)를 만들어주는
분들 덕분에 5호까지 만들 수 있었어요. 고마운
마음을 잊지 않으려 합니다. 인쇄와 제본 등 후반
제작은 인쇄소에 맡깁니다. 유통은 직접 챙기는데요.
최종 파일을 인쇄소에 맡기고 책방에 입고 문의를
합니다. 직접 갈 수 있는 곳은 책을 들고 직접
찾아가고, 그렇지 못한 곳은 택배로 보내요.

**작가님에게 좋은 자극을 안겨준 독립출판물은
무엇인가요? 혹은 작가는 누구인가요?**

　　　　'딴짓의 세상'이라는 이름으로 활동하는
오세범 작가와 사진잡지《블링크(Blink)》를
좋아합니다.

**'잡지'라는 매체는 트렌드에 민감해야 할 텐데요.
작가님의 최근 관심사는 무엇인가요?**

　　　　잡지라고 불리지만 트렌드와는 상관없는
이야기로 내용을 채우고 있어요. 가장 큰 관심사는
언제나 유머예요. 책이든 영화든 음악이든 장르를
가리지 않고 위트 있는 걸 찾아서 봅니다. 흐름과
동떨어진 개그를 하면 저만 웃고 말 테니까요.
감을 익힌다고 할까요. 요즘 적절하지 않은 소재를
사용해서 웃기려는 개그가 말썽이잖아요. 세련된
유머를 구사하진 않더라도 불쾌하거나 무례하게
웃기고 싶진 않아요.

유머, 삶을 담담히
바라볼 수 있는 나만의 여유

현영석

《록셔리》는 '현영석'의 1인 매체입니다. 자신의 취미나 관심사, 취향이 작업에 반영되나요?

그럼요. 초등학생 때는 농구 만화를 보면 농구 선수가 되고 싶고, 축구 만화를 보면 축구 선수가 되고 싶었어요. 피구 선수라는 직업이 있는 게 아니었는데 피구 만화를 보면 갑자기 피구 선수가 되고 싶었고요. 그렇게 얼렁뚱땅 꿈이 바뀌었어요. 관심사나 취향도 비슷해요. 그때그때 가까이 하는 것에 따라, 몰두하는 주제에 따라 관심사나 취향이 자주 바뀌어요. 아직까지 잘 변하지 않는 관심사나 취향은 역시 유머예요. 박장대소보다는 심심하고 썰렁한 개그를 좋아해요. '품' 하고 실소하게 만드는 유머 기법을 발견하면 기억해둡니다. 책을 만들 때 써보려고요.

작가님이 생각하는 '럭셔리'는 어떤 개념인가요?

럭셔리는 말 그대로 럭셔리라고 생각해요. 럭셔리에 빗대어 표현하고 싶은 개념을 따로 갖고 있지는 않아요. 그냥 멋지다고 생각하는 건 있어요. 스스로 생각한 대로 소신껏 잘 사는 사람을 만나면 일주일 정도 기분이 좋아요.

《록셔리》에 등장한 상품 가운데 사업 아이템으로 삼고 싶은 것은 없었나요? '치중피족(4호에 나온 치킨, 중화요리, 피자, 족발을 함께 담은 '짬짜면' 같은 신개념 음식)'은 나오면 큰 인기를 끌 것 같아요.

《록셔리》에서 만든 아이템은 '나에게 이런 농담이 있는데, 이걸 눈으로 볼 수 있게 구체화시키면 재밌겠다'라는 생각으로 가볍게 만들어본 거예요. 사업 아이템으로 고민해본 적은 없어요. 보기에 그럴싸해도 망하기 딱 좋은 아이템이 아닐까요. '굿즈'처럼 만들어 책과 함께 판매하면 어떨까, 라는 생각은 종종 합니다.

스스로 《록셔리》를 '해도, 안 해도 그만일 체험의 기록'이라고 말했습니다. 쓸데없는 것, 잉여의 것에 노력을 기울이는 이유가 있나요?

3호를 완성하고 이런 이야기를 한 적이 있어요. 문래동 '재미공작소'에서 제작에 사용한 소품으로 전시를 했거든요. 전시를 소개하는 말을 고민하다가 그동안 만든 꼭지들을 분류해봤어요. 대부분 '해도 그만 안 해도 그만일 체험의 기록'이더군요. 특별히 '쓸데없는 것, 잉여의 것에 집중하자'라고 의도했던 게 아니었어요. 아무래도 혼자서 기획하니까 저의 취향이 많이 묻어날 수밖에 없어요. 사소하고 엉뚱한 일에 엄청난 디테일을 갖춰 고도의 집중력을 발휘하는 모습에 재미와 감동을 느끼거든요. 일본 영화나 『삐리리~ 불어봐! 재규어』와 같은 만화, SBS 〈생활의 달인〉 같은 프로그램을 보면 '저렇게까지 정성껏 할 필요가 있을까' 하는 장면이 등장해요. 그런데 그게 참 재밌고 좋아요. 그 때문인지 그런 분위기가 자연스럽게 반영되는 듯해요.

2012년 《록셔리》 1호가 나온 후 5호까지 4년의 시간이
흘렀습니다. 이제는 마니아도 생겼는데, 책을 내는 것에
부담과 책임감은 없나요?

　　2호까지는 만드는 과정이 재밌었어요.
한 명이 볼지 백 명이 볼지, 유치원생이 볼지
할아버지가 볼지, 실소를 할지 욕을 할지 전혀 알 수
없었고, 기준으로 삼을 만한 경험도 없어서 기대가
없었어요. 그냥 주변 몇 명만 웃겨도 대만족이라고
생각했어요. 부담이나 책임감이 없었던 거죠. 그런데
3호부터는 조금씩 어렵게 느껴졌어요. 1, 2호를
유통하면서 '재밌게 봤어요' '다음 호도 기대할게요'
등의 피드백을 받았거든요. 그런 분들을 의식할
수밖에 없었어요. 더 웃긴 걸 보여주고 싶은 욕심도
생기고, '혹시 나만 재밌는 건 아닐까?' 확인하고
싶은 마음도 컸어요. 자기 검열도 하게 되고요.
혼자 재밌는 게 아니라 같이 재밌는 걸 만들고
싶어서 느끼는 부담이라면 좋다고 봐요.

매거진은 물론 칼럼, 인터뷰, 블로그를 보면 한결같이
'유머'가 느껴집니다. 작가님이 생각하는 웃음과 유머는
어떤 건가요?

　　유머는 고립의 고통에서 한 발 물러나 삶을
담담히 바라볼 수 있는 여유를 갖게 해줘요.

인터뷰. 박화수

작가님만의 아지트를 소개해주세요.

 현영석
도림천 자전거 도로

현영석 저의 아지트는 도림천을 따라 이어지는 자전거 도로입니다. 이곳을 달려요.
휴대전화 앱을 켜면 1킬로미터마다 걸린 시간과 평균 속도를 알려주는데, 그 정보에 맞춰
페이스를 조절하며 달려요. 신대방역에서 출발해 대림역을 찍고 다시 신대방역으로 돌아오는
코스를 달립니다. 6킬로미터를 달리는 셈인데, 그만큼이 가장 기분이 좋아요. 컨디션이 좋을 때는
신도림역까지 달리기도 하는데 그럼 약 8킬로미터를 뛰는 거예요. 조금 무리했다는 기분이
드는 거리죠.

'독립출판'을 꿈꾸는 너에게

피터
《싱클레어》편집장, 뮤지션

1908년, 일본에서 유학중이던 19세 한국 학생이 기울어가는 나라를 걱정하며
친구들을 모아 토론회를 열었다가 퇴학을 당하게 돼. 그런데 남은 학비가
있었나봐. 당시 희망을 잃어가던 청년에게 그 돈으로 새 희망을 불러일으키고자
잡지를 한 권 만드는데, 그가 육당 최남선이고, 그가 만든 잡지가 바로
《소년》이야. 우리나라 최초의 월간지, 개인잡지이자 독립잡지. 90페이지 정도
되는 글을 최남선이 혼자 썼어. 우리가 잘 알고 있는 그의 작품인「해에게서
소년에게」도 실려 있지. 일본에서 인쇄기까지 공수해온 최남선은 《소년》을
23호까지 발간했고, 나중에는 이광수, 홍명희가 필자로 참여했어.

어느 날, 네가 날 찾아와서 잡지를 만들겠다는 계획을 털어놓았을 때,
나는 처음 충무로에 있는 인쇄소를 찾던 날이 떠올랐어. 인쇄소 사장님은
이십대 초반의 '무모한' 나를 보며 걱정스러운 말투로 이야기하셨지.
        "그거 아나? 인쇄업계에 오랜 격언이 있어. 원수가 있으면 잡지를
내라고 부추기라는 말이 있지. 다 망하거든. 그것도 쫄딱."
        나는 그 말에 겁을 먹지는 않았어. "이분이 시작하는 사람에게
웬 악담인가" 생각했지. 그보다는 떨리는 마음이 컸어. 거대한 인쇄기 사이에서
돌아가는 종이들이 참 역동적이었거든.
        시간이 꽤 지났지만 아직도 망하지 않은 걸 보면 망하는 기준이
달라졌거나 아니면 그 격언이 시대와 맞지 않게 되었는지도 모르지.
더욱이 내 앞에 있는 네가 잡지를 내겠다고 하는 세상이니까. 사실 나는
걱정되기보다 응원의 마음이 솟아나. 후후.

그건 아마도 잡지를 읽는 게 취미였던 터라 2000년 이후 여러 잡지의
흥망성쇠를 보았는데, 그게 오히려《싱클레어》같은 작은 잡지가 살아남는 데
도움이 된 건지도 몰라. 인간의 보편성 때문일까. 비슷한 잡지들이 시도되고
만들어지고 사라져갔지. 2016년인 지금도 비슷한 양상일지도 모르겠다.
숲이 넓으면 좋은 나무가 많다고, 개인적으로 시도하는 사람들까지 합세한
지금의 모습을 보면 그때의 기운과는 좀 다르다는 생각이 들어. 너만 봐도
옛날 같으면 잡지를 만들겠다는 꿈을 꾸지 않았을 것 같거든.

　　　지역을 중심으로 만들어가는 잡지가 늘어나고 있는 것도 희망적이야.
얼마 전, 부산에 내려갔다가《안녕, 광안리》라는 잡지를 보았어. 횟집을 운영하는
분이 후원하고, 계절마다 나오는 형식으로 기획, 발행되고 있더라. 횟집의
후원이라. 뭔가 바닷가와 어울리잖아. 더욱 놀라운 건 내용이 알차고 디자인도
충분하다는 거지.

　　　이밖에도 부산을 중심으로 활동하는 예술가들을 소개하는 잡지《보일라》,
홍대에 관한 소식과 이야기를 담은 동네잡지《스트리트 H》등 지역 매체의
한계를 가볍게 뛰어넘는 잡지들이 지속적으로 나오고 있어. 소수 인원이 적은
자본으로 만들고 있지만 그 풍부함은 여느 잡지 못지않단다. 해외를 향한 잡지도
새롭게 길을 열고 있어.《그래픽》은 디자인과 관련된 전 세계적 주제를 다루고,
이를 영어로도 구성해 해외 독자도 읽을 수 있게 했지.

　　　기존 잡지가 다루지 않았던 새로운 주제를 다루는 잡지도 나타났어.
《헤드에이크》는 독자에게 질문을 던지는 잡지야. 매호 다른 질문을 던지고
나름의 대답을 모아서 잡지를 제작해. 잡지를 제작하는 이들은 이십대 중반의
청년인데, 또래의 답만을 구하는 것이 아니라 다양한 연령 및 분야의 사람들에게
질문을 던지고 답을 구해. 그래서일까. 이 잡지는 이십대뿐만 아니라 폭넓은
연령대의 독자에게 호응을 얻고 있어.

:: 독립은 자치(self-rule)

독립은 스스로 결정하는 거라는 생각이 들어. 작은 일부터 스스로 하려는 마음.
그런 의미에서 '독립잡지'라는 표현은 아직 어색하지만 '소규모 출판물' '작은
잡지'와 더불어 현재 발행되고 있는 여러 형태의 출판물을 표현할 수 있는
단어라고 생각해. 실제로 인쇄와 제본까지 스스로 하는 잡지도 여럿 있으니까.
'독립잡지'라는 말에 동의하든 그렇지 않든 많은 사람들이 이 표현에 익숙해져서
제작자 입장에서는 오히려 편해진 측면도 있어. 내가 만드는 잡지가 어떤
잡지인지 길게 설명해야 하는 수고가 줄어들었거든.

그런데 한 가지, 자본에 대한 욕망이 없는 걸 독립이라고 정의하는 건
조심해야 할 것 같아. 현실의 상황을 나쁘게만 포장할 필요는 없지. 실질적으로
필요한 것들 – 인쇄비, 디자인비, 커피값, 여행 경비 등 – 을 아무렇지 않게 안고
갈 수는 없는 거야. 그러니까 나는 네가 잡지를 만듦으로써 잘 먹고 잘 살기를
원해. 독립잡지를 발행하고 만드는 일이 잘 먹고 잘 사는 것과 관계없다면
재미도 없고 여러 사람에게 피해만 줄 거야.

다시 말해 독립은 '자치'(self-rule)이기도 해. 자치란 개인이 자신의 삶을
스스로 결정하는 개인적인 결심과 행동을 의미해. 그게 가능할 때 독립잡지가
독립적으로 만들어지고 유통된다는 거지.

얼마 전, '인디 비주얼'이라는 잡지를 만드는 분들을 만났어.
아직 대학도 졸업하지 않은 사람들이 모인 그룹은 새로운 기운을 불러일으키고
있어. 잡지를 제작하고 작업을 전망하는 방식에 에너지가 넘치지.
대형 서점은 물론 작은 공간에서도 부지런히 자신의 공간을 넓혀가고 있거든.
사실 독립잡지를 만드는 건 생각보다 귀찮고 번거로운 일이 많아. 등록이나
유통에 적극적이지 않은 경우가 많은 것도 그 때문이야. 하지만 알고 보면
그렇게 어렵고 힘든 일이 아니니까 기왕이면 시도하는 게 중요한 것 같아.
그 과정에서 시행착오도 겪고 좋은 것은 더욱 키워 나가고 부족한 것을 채워
나가면 좋은 것들을 계속해서 만들 수 있을 거야.

:: 깜짝 놀랄 이야기를 해줄게, 잡지를 만드는 건 재밌어

질문을 던져보자. 왜 그렇게 많은 사람들이 잡지를 택하는 걸까? 사람들은
그것을 통해 자신의 존재가 살아 있음을 내보이게 돼. 꿈틀거리는 거지.
세상은 이야기하지. "아이고, 안됐네요. 경기도 나쁘고 취직도 안 되고 경쟁도
치열하고." "그걸로는 먹고살기 힘들어. 그런 일을 하면 가족은 어떻게 부양해?"
등. 하지만 삶은 그런 어두운 부분만 있는 게 아냐. 친구의 편지 한 통, 아름다운
영화 한 편, 그림, 노래, 축제의 밤, 지하철의 시원함, 한강의 반짝임······.
하지만 그 가치를 스스로 찾지 않으면 우리는 점점 어둠 속으로 끌려가게 돼.
그런 차원에서 네가 풀어놓은 새로운 잡지에 대한 생각은 얼마나 달콤한지.
사실 네가 잡지를 만들어서 내게 내밀어도 내 취향이 아닐 수 있어. 너나 나나
이런저런 아쉬움이 클 거야. 그럼 어때. 잡지를 통해 너의 색깔을 확 드러내고,
아쉬운 부분은 다음 호에서 채우면 되지. 그게 잡지의 좋은 점이거든.
다음 호가 있다는 것!

　　　《싱클레어》가 대단하게 많이 팔리는 잡지는 아니지만, 높이를
추구하는 이 시대에 '넓이'를 넓힌 건 사실이야. 지방의 작은 도시에서, 세계의
구석구석에서 소식이 전해져오는 걸 보면. 그 사람들의 글과 음악, 그림, 사진이
이 작은 책에 담겨서 15년간 나올 수 있었던 건 사람들이 조금이나마 서로
이어지고 싶었기 때문이 아닐까. 너와 이어지고 싶은 내 마음처럼.

　　　《소년》은 창간 당시 독자가 6명이었다고 해. 처음 1년은 30여 명 정도였고
나중에도 200명이 채 넘지 않았지. 그보다는 지금 우리의 상황이 낫지 않니?
물론 그 시대에는 '우리'의 인쇄기는 없었겠지만. 네가 잡지를 내고 싶다고 했을 때
《소년》이라는 잡지가 떠올랐어. 너도 육당 최남선과 비슷한 말을 했잖아.
"100년이 지나도 청년의 삶은 여전히 힘들까요?" 당시 최남선도 19세 청년이었고
너도 꽃다운 청년이야. 《소년》의 앞 쪽에는 몇 장의 사진이 실려 있는데
'나이야가라' 폭포도 실려 있어. 그 사진을 보면서 웅대한 생각을 가질 수 있으면
좋겠다고 생각했는지도 몰라.

네가 만들 잡지에는 어떤 글과 사진이 실릴까. 너의 마음처럼 빈 페이지가 많을지도 몰라. 최남선이 이광수와 홍명희를 끌어들였듯이 내게도 한 페이지 정도 부탁해도 돼. 원고료는 같이 나누는 커피 한 잔으로 할게. 그렇게 조금씩 조금씩 이어가기.

그게 독립잡지를 만드는 사람들, 읽는 사람들의 마음이 아닐까. 후후!

:: 독립잡지 개론

몇 해 전부터 '독립잡지'라 불리는 일련의 출판물이 대중의 관심을 받기 시작했다. 혼자 또는 두세 명으로 구성된 집단이 제작하고, 홍대 지역에서 집중적으로 유통되던 이 출판물은 이제 전국 50여 개 독립책방을 중심으로 오프라인에서 판매되고 온라인을 통해 전국은 물론 해외로도 유통되고 있다. '작지만 단단한' 이 출판물은 해를 거듭할수록 더욱 다양하고 풍부해지면서 대중에게 잡지의 한 유형으로 인식되고 있다.

일반적으로 독립잡지라는 말은 '수익과 내용 면에서 독립을 추구하는 잡지'라는 의미로 사용된다. 수익을 광고에 의존하지 않고, 내용은 제작자의 의도를 온전히 반영하고 있기 때문이다.

:: 다품종 소량 생산의 문화 콘텐츠, 독립잡지

과거의 잡지가 주로 계몽을 목적으로 했다면 최근의 독립잡지는 특정 분야의 정보나 취미는 물론 개인의 감정까지 다양한 주제로 구성되어 있다. 이른바 '소품종 대량 생산'에서 '다품종 소량 생산'으로의 전환이 이루어진 것. 이러한 변화는 단순히 잡지의 종류가 다양해졌다는 그 이상의 의미를 갖는다.

:: 무엇이 독립잡지의 다양성을 가져왔을까

대량으로 발간되는 기존 잡지는 가급적 많은 독자들을 만족시키기 위한 방향으로 내용을 제작할 수밖에 없다. 이로 인해 독자의 구체적이고 세세한 요구를 충족시킬 수 없는 한계를 안고 출발할 수밖에 없다. 바로 이 지점에서 '독립잡지'가 본격적으로 출발한다. '독립잡지'가 실제로 출판될 수 있는 데에는 개인이 출판물을 직접 편집할 수 있는 편집 프로그램의 대중화와 소량 출판물도 제작할 수 있는 디지털 프린팅 기술의 보급이 주요한 요인으로 작용했다. 한 명 또는 두세 명으로 구성된 작은 집단이 제작자의 의도를 온전히 반영한 출판물을 직접 제작하고 지출 가능한 비용을 들여 소량으로 출판할 수 있게 된 것이다.

이러한 배경을 바탕으로 제작되는 잡지는 독립잡지의 초기 세대로 불리는《싱클레어》(개인 작업자의 기고를 중심으로 제작되는 문화 잡지), 《보일라》(부산을 기반으로 활동하는 예술가들과 그들의 작업을 소개하는 잡지) 같은 잡지들이 있다. 이들은 유사성과 차이성을 동시에 지니며 여전히 지속가능한 활동을 하고 있다. 제작자의 의도를 잡지에 온전히 반영하는 것이 유사성이라고 한다면, 보다 특화된 주제를 다루거나 발간 부수를 소수로 유지한다는 것이 차이성이라 하겠다.

:: 대표적인 독립잡지들

이들 잡지들은 다양한 주제를 다루고 제작과 유통에서 독특한 시도를 하고 있다. 지역을 중심으로 하는 잡지, 새로운 콘셉트를 시도하는 잡지, 해외 시장을 적극 모색하는 잡지가 대표적이라 하겠다.

먼저 지역을 중심으로 하는 잡지는《안녕, 광안리》와《스트리트 H》가 대표적이다. 두 잡지는 각각 부산과 홍대 지역을 주제로 제작되고 있다. 해당 지역에서 열리는 행사나 주요 이슈를 다루는 이 잡지들은 단순히 지역을 소재로 하는 지역 매체의 기능을 넘어 지역의 특성을 살린 기획으로 풍성한 내용을 자랑한다. 이른바 '동네잡지'라는 수식어에 걸맞게 동네에 사는 이들에게는 동네 소식을 전하고, 동네에 찾아온 낯선 이들에게는 동네를 안내하는 역할도 하는 것이다.

이십대 중반의 청년들이 주축이 되어 만드는《헤드에이크》는 독자의 질문에 답을 하는 것이 아니라, 반대로 독자에게 질문을 던지는 새로운 형식의

잡지다. 독자에게 제시할 대표 질문을 선정하고, 그에 대한 나름의 답을
모색해서 잡지를 제작한다. 질문은 간결하지만 결코 가볍지 않으며, 질문에
대한 폭넓은 대답을 수록하기 때문에 여러 세대 및 계층의 독자에게 호응을
얻고 있다. 미술가 YP가 발간하는 《SSE Zine》은 가능성 있는 신진 작가들을
발굴하고 그의 작품을 개인전 형태로 수록하는 잡지로 책과 온라인으로
동시에 발간하는 것이 특징이다. 전국적으로 원활하게 유통하지 못하는 한계를
온라인을 통해 보완하고, 나아가 해외 독자를 만날 수 있는 기회를 확보한다는
잡지의 의도를 효과적으로 실현하고 있는 것이다.

　　　　해외 시장을 적극 모색하는 잡지로는 《그래픽》을 꼽을 수 있다.
디자인에 관련된 주제를 정하고 그에 대해 심층적으로 내용을 구성하는
이 잡지는 아카이브로서의 가치를 갖기도 한다. 한글과 영어를 병기해서
해외 독자에게도 높은 접근성을 지니고 있다. 패션을 주제로 한 《나진》은
시각적으로 뚜렷한 특성을 지닌 잡지답게 언어의 차이로 인한 어려움을
극복하는 것을 발판 삼아 해외 시장 진출을 적극 추진하고 있다. 각 나라에
흩어져 있는 제작진들이 온라인을 통해 작업하는 새로운 제작 방식을
시도하는 것도 눈에 띈다.

　　　　이밖에도 《maps》《가짜잡지》와 같은 잡지도 주목할 만하다.
《maps》는 기존 잡지와 동일한 문법과 방식으로 제작되지만, 하위문화의
범주에서 스트리트 패션을 다루는 매우 독특한 주제의식을 갖고 있다.
이 잡지는 기존 패션 잡지가 다루지 않는 주제를 다루고, 이러한 맥락에서
광고에서도 제작자들이 지향하는 방향에 부합하는 브랜드를 유치하고 있다.
《가짜잡지》는 두 명의 디자이너를 주축으로 제작되는 데도 불구하고 텍스트를
대단히 강조한 잡지다. 특정 주제에 부합하는 내용이 주로 수록되는 대부분의
잡지와 달리 수록되는 내용의 주제도 다양하다. 하지만 꼼꼼하게 들여다보면
어떤 신호나 의도로 짐작되는 장치를 발견하고, 이를 곱씹게 되는 것이
이 잡지의 매력이다.

피터

《싱클레어》 편집장, 뮤지션.
정치학과 생물학을 공부했다.
오래된 책 읽기를 좋아하고, 고전
읽기에 관한 글을 쓴다. 2000년
독립잡지 《싱클레어》를 창간했다.
밴드 'h. 기타쿠스'에서 기타를 친다.

- blog.naver.com/ebsband
- facebook.com/sinchonseodang

2016 BUSAN ART BOOK FAIR

FROM THE MAKERS

www.fromthemakers.kr

2016. 7. 7 - 7. 10

아트소향

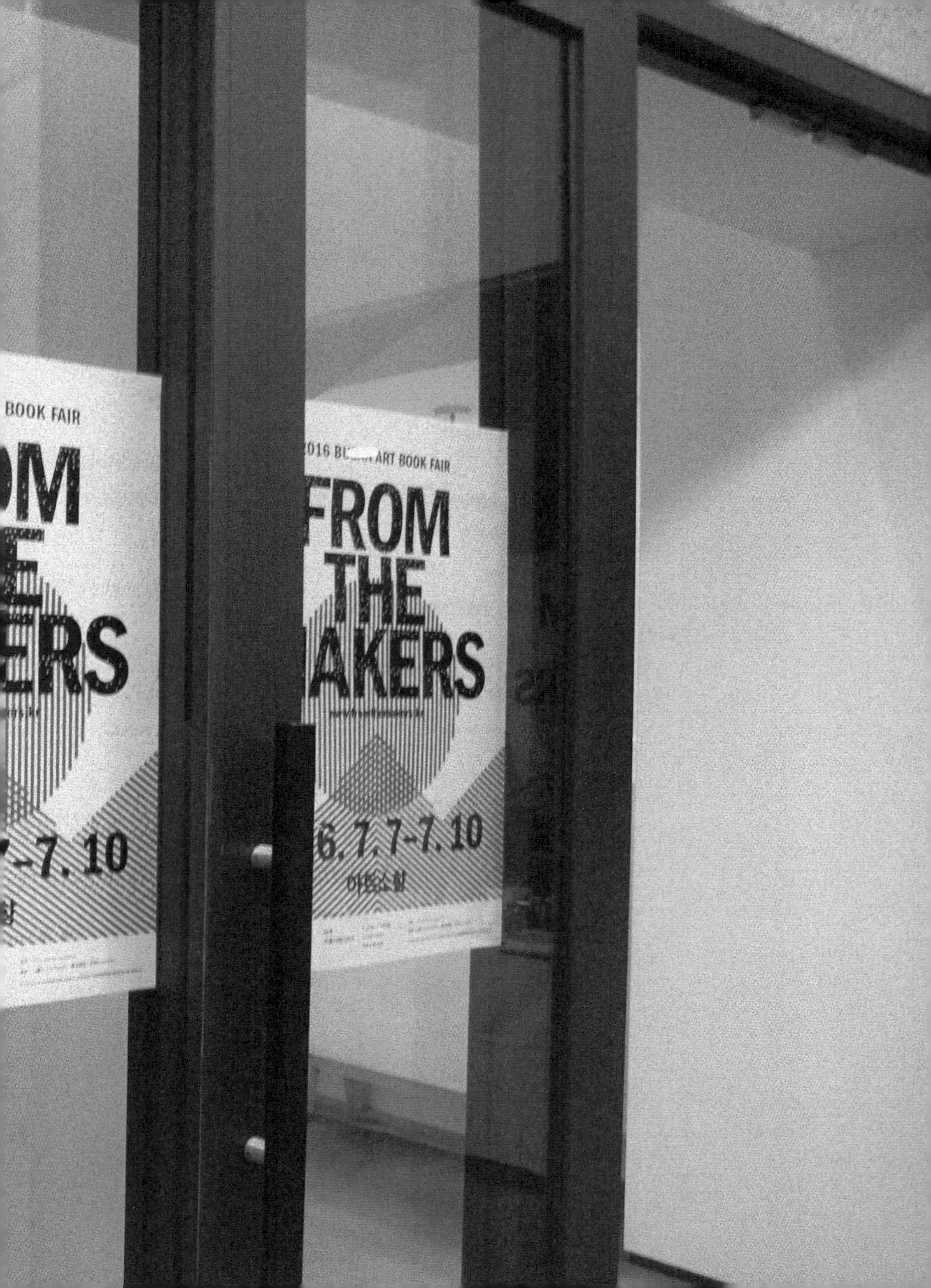
BOOK FAIR
OM
ERS
7–7.10
ART BOOK FAIR
FROM
THE
AKERS
6.7.7–7.10